Francisco Matte Bon

Gramática Comunicativa del español

DE LA LENGUA A LA IDEA
TOMO I

Nueva edición revisada

edelsa

GRUPO DIDASCALIA, S.A.
Plaza Ciudad de Salta, 3 - 28043 MADRID - (ESPAÑA)
TEL.: (1) 416 55 11 - FAX: (1) 416 54 11

Dedico esta obra a todos los que directa o indirectamente la han hecho posible: a mis padres, por el estímulo y el apoyo constantes; a Henri Adamczewski y Jean Claude Chevalier quienes me proporcionaron los instrumentos de análisis utilizados aquí y me enseñaron a pensar y concebir la gramática de una manera original y no como algo recibido que sólo se repite y venera como indiscutible; a mis estudiantes, por todo lo que me han ido enseñando con sus preguntas, sus dudas y sus errores; a Lourdes Díaz y María José Hernández, con quienes he discutido largamente ciertos puntos y con quienes colaboro desde hace años ya, junto con Lourdes Miquel y Neus Sans, en la formación de profesores; a todos los demás colegas y amigos con los que he discutido a lo largo de los años distintos aspectos relacionados con esta gramática: Peter, Graciela, Paco, Sonsoles, Rosa, Amparo, Wolfgang, Susana, Diana, Agustín, Manuel, Jenaro, Domingo, y un largo etcétera; a todos los profesores que con sus preguntas y dudas en talleres y seminarios me han estimulado para seguir pensando, y a los que en su trabajo sientan la inquietud de llegar a análisis gramaticales un poco más satisfactorios; a todos los parientes, colegas y amigos que he ido importunando a través de los años con mis preguntas, comentarios y análisis, a veces interrumpiendo conversaciones que nada tenían que ver con la gramática; a Nicoletta y Nicolás, por el tiempo que esta gramática les ha quitado.

Agradezco a Lourdes Miquel y Neus Sans por el arduo trabajo de relectura de esta obra y por los numerosos comentarios y sugerencias que han aportado; a Iñigo Sánchez Paños, quien revisó todo el manuscrito, a Detlev Wagner, por su lucha para hacer posible la publicación.

AUTOR
Francisco Matte Bon

REDACCIÓN
Íñigo Sánchez Paños

ASESORÍA
Lourdes Miquel y Neus Sans

Primera edición: 1992
Nueva edición revisada: 1995
Primera reimpresión: 1998

I.S.B.N.: 84-7711-104-9
Depósito legal: M-8080-1998

FOTOCOMPOSICIÓN
Ahumesa COMPITEX, S.A.

Impreso en España
PIMAKIUS
Encuadernación
PERELLÓN

INTRODUCCIÓN

PRESENTACIÓN GENERAL

Esta gramática es el resultado de doce años de investigaciones y análisis del funcionamiento del español como sistema de comunicación en el marco de la enseñanza a extranjeros. Se dirige tanto a aquellos que deseen reflexionar sobre el sistema para entender sus mecanismos de funcionamiento (hablantes de español como lengua materna o extranjeros), como a los que necesiten profundizar y mejorar su propia competencia comunicativa en español.

UNA OBRA DE REFERENCIA Y DE ESTUDIO

Se trata de una obra de referencia, porque está concebida para poder ser consultada sobre cualquier aspecto en particular, con la redundancia necesaria para que el lector que acuda a ella en busca de información sobre un determinado problema no tenga que leérsela entera para encontrar la información que precisa[1]. Los dos índices detallados que lleva al final de cada uno de los dos tomos (el índice general y el índice alfabético) ayudan a encontrar con facilidad las distintas referencias.

También es una obra de estudio, porque los capítulos están concebidos de forma autónoma para que el lector interesado pueda ir profundizando en distintos aspectos, pero sin perder de vista el análisis de la lengua como sistema de conjunto. No sólo se describe el funcionamiento de los distintos microsistemas en sus aspectos más superficiales, sino que además se intenta explicar los diferentes fenómenos, tratando siempre de poner en evidencia la coherencia profunda de la lengua y la especificidad de cada uno de los elementos de los que se compone. Se invita además al lector a profundizar en muchos aspectos, especialmente en los apartados titulados CON MÁS DETALLE.

---

1 Naturalmente, al irse familiarizando con ella, el lector irá reconociendo en cada apartado una misma filosofía de la lengua, un mismo tipo de lenguaje, y captará mejor muchos matices: como cualquier otra experiencia humana, el conocimiento de un libro (gramática, diccionario, novela, poesía, etc.) ayuda a tener una idea del conjunto, y a entender mejor el uso y el sentido que se atribuye a cada palabra.

Aun sin pretender ser exhaustivos[2], hemos hecho lo posible por afrontar todos los problemas que preocupan tradicionalmente a los profesores y estudiantes de español como lengua extranjera. Además, se proponen soluciones para muchos de aquellos problemas que surgen en las clases, y para los que todos en algún momento hemos acudido a distintas gramáticas de referencia sin encontrar tan siquiera una simple mención.

FILOSOFÍA Y CONCEPCIÓN

Por su concepción y su filosofía, esta gramática se inscribe en las tendencias más recientes del análisis gramatical en la enseñanza de idiomas modernos. Nace en el aula y para el aula. **En el aula** surgió de la ansiedad y frustración que produce el no tener respuestas para muchos de los problemas planteados por los estudiantes, y la inquietud de tener que contestar, poco convencidos, con esos "suena mal" o "así está mal expresado" o "eso no se dice" a los que todos acudimos tan frecuentemente como profesores, y con los que nos sentimos tan insatisfechos como estudiantes.

Para el aula para ayudar al profesor y al estudiante a encontrar presentaciones que permitan entender los mecanismos de la lengua, buscando la esencia de cada elemento, aunque poniendo también de manifiesto las regularidades del sistema, aun en sus irregularidades: así, por ejemplo, hemos buscado presentaciones originales y sistemáticas incluso en áreas que aparentemente estaban perfectamente resueltas, como las reglas de acentuación o la morfología verbal. No hemos querido escribir una gramática de las excepciones, en la que a cada regla siguieran listas de casos en los que la regla presentada no funciona: lo que llamamos por costumbre "irregularidades" demuestra nuestra impotencia ante ciertos fenómenos que no logramos entender.

Es frecuente en gramática que se establezcan jerarquías entre las formas presentadas, y que se consideren algunas mejores o más correctas que otras. Generalmente, las formas consideradas mejores son las más formales o las más literarias. Esto contradice el funcionamiento real de los idiomas, ya que no se tiene en cuenta el hecho de que no se habla de la misma manera en todas las situaciones: existen distintos registros. Un buen dominio de un idioma consiste, entre otras cosas, en una buena capacidad de adaptarse al registro más apropiado para cada situación. El uso de un registro demasiado culto o demasiado formal en situaciones informales puede crear equívocos y falsas pistas de interpretación de comportamientos y actitudes. En esta gramática hemos querido, pues, replantear una serie de aspectos de la gramática del español en una concepción "comunicativa" de la lengua que tuviera en cuenta estas consideraciones: describir y explicar las distintas posibilidades sin olvidar nunca dar la imprescindible información sobre registros de uso de cada operador y de cada estructura.

Pero, **¿qué es una gramática comunicativa?** En primer lugar, una gramática que se plantea el análisis del funcionamiento de los idiomas desde una perspectiva que tiene en cuenta la comunicación, en la que se analizan todos los matices y nada se da por descontado; y en la que se reconoce un nuevo papel central a las interpretaciones que se dan de los enunciados

---

2 Cosa por otra parte muy difícil, si no imposible: son infinitos los mecanismos y los fenómenos que se pueden analizar, y aun los más estudiados siempre se pueden seguir enfocando desde nuevas perspectivas, con resultados nuevos y nuevas luces para la comprensión global de su funcionamiento, así como del de todo el complejo macrosistema de microsistemas que es la lengua.

analizados, como base para la comprensión del funcionamiento del sistema. Y también **una gramática que sitúa a los interlocutores y la interacción que existe entre ellos en el centro del análisis**. Cobra, pues, una importancia fundamental el modo que tienen los hablantes de decir las cosas en cada situación, según sus intenciones comunicativas.[3]

UNA CONCEPCIÓN DISTINTA DEL LENGUAJE

Una gramática comunicativa implica sobre todo una concepción distinta de lo que es un idioma y el análisis gramatical.

La lengua y la comunicación lingüística funcionan como un sistema de contextualización en el que todo lo que ha aparecido anteriormente constituye una clave de interpretación y una base para todo acto de enunciación subsiguiente. Así, pues, no se repiten cosas que ya se han dicho o que se presuponen cultural o socialmente y, cuando se repiten, se trata de elecciones y decisiones estratégicas por parte del hablante, siempre significativas. Por otra parte, todo lo que ha aparecido en el mundo de la comunicación entre dos interlocutores ayuda a entender las intenciones comunicativas de lo que se van diciendo. La gramática no puede limitarse a estudiar los operadores que funcionan como mecanismos de contextualización como si vivieran en contextos únicos, aislados de todo lo demás y sin tener en cuenta todo lo que ya ha aparecido en el pequeño universo comunicativo en el que se inserta cada uno de sus usos. Por eso, **en esta gramática se estudia la lengua desde una perspectiva dinámica**: son frecuentes, pues, las referencias al contexto anterior.

La mayoría de los manuales de gramática suelen considerar la lengua como un sistema de reglas de combinación de palabras en frases. Así, pues, estudian las palabras clasificándolas en grandes familias con características y comportamientos análogos dentro de la frase: artículos, demostrativos, sustantivos, adjetivos, indefinidos, adverbios, verbos, conjunciones, preposiciones, etc. Se preocupan por las reglas de combinación de las palabras en oraciones, por las de combinación de las oraciones en frases y, sólo en casos excepcionales, por las de combinación de las distintas frases en unidades más amplias. Sin embargo, con este tipo de planteamiento, en el que la frase sigue siendo la unidad central en torno a la que se organiza todo el estudio, surgen numerosos problemas.

En primer lugar, muchas de las frases que se presentan como posibles resultan ser frases construidas artificialmente aplicando reglas morfosintácticas incompletas (debido con frecuencia a que la unidad de análisis sea la frase), y tienen muy pocas posibilidades de utilización en contextos reales en los que se considere todo lo que ya se ha dicho.

Otro gran problema que se plantea con los análisis y las presentaciones que se limitan a estudiar la lengua por grandes familias de palabras que tienen un funcionamiento análogo reside en la frecuente falta de consideración por los matices que caben entre los distintos operadores estudiados: una gramática comunicativa no puede limitarse a dar unas cuantas informaciones generales sobre el comportamiento de los adverbios y a clasificarlos en grandes familias (adverbios de tiempo, de modo, de lugar, de cantidad, etc.) sin estudiar la especificidad de

---

3 Muchos critican superficialmente la expresión "gramática comunicativa" con el argumento de que toda gramática es necesariamente comunicativa. Sin embargo, esto no responde en absoluto a la realidad. Un rápido vistazo a la mayoría de los manuales de gramática lo demuestra claramente.

cada uno de ellos. En esta gramática, nos hemos preocupado poco por la clasificación de las palabras —y mucho por intentar dar cuenta de la especificidad de cada operador gramatical: ¿Qué diferencias hay entre *como, si, en caso de que, con tal de que,* etc. en la expresión de la condición? ¿Qué matices distintos aporta cada uno de estos operadores? ¿En qué contextos se formulan las condiciones con *con tal de que*? ¿En qué contextos con *como*? ¿Qué diferencias hay entre *siquiera* y *al menos*? ¿Y entre *poco* y *un poco*? ¿Cuándo, al hablar del futuro, se usa el presente y cuándo el futuro? ¿Por qué, en algunos casos, no se puede usar el futuro al hablar del futuro? ¿Qué diferencia hay entre *ya que* y *como* en la expresión de la causa? He aquí algunos ejemplos de preguntas que nos hemos ido planteando en la elaboración de esta obra. No hubiera tenido sentido, a nuestro entender, escribir una nueva gramática de "cajones de sastre" en los que se pierden muchas diferencias de significado. Decir que "al hablar del futuro se usa tanto el futuro como el presente", hubiera servido muy poco para entender el funcionamiento real del español como sistema de comunicación. Nuestra intención y nuestro intento es explicar por qué, respetando las reglas de funcionamiento del sistema, el enunciador escoge una posibilidad entre las que tiene a su disposición y descarta las demás, y los demás hablantes del idioma entienden y perciben los distintos matices.

Además, en la mayoría de las presentaciones más habituales del funcionamiento del español, no siempre queda claramente definido el papel y la actitud del enunciador. A menudo se pretende dar cuenta de ciertos mecanismos como si todo en la lengua fuera objetivo, y no se analiza la función central del hablante. En realidad, el enunciador controla y filtra todo lo que dice. Todos los elementos y sucesos extralingüísticos a los que se refiere no son sino una base para la construcción de su discurso. Constantemente, además, el hablante va expresando su participación y dejando clara su posición y su actitud con respecto a lo que dice. Muchos fenómenos en una lengua no se pueden entender claramente si se olvida esta premisa fundamental. Así, por ejemplo, no tiene sentido seguir hablando de deber moral y deber material para dar cuenta de la oposición entre *deber* y *tener que*. Ni se pueden seguir ocultando fenómenos profunda y radicalmente distintos entre sí bajo etiquetas nebulosas como "enfático", tan usadas para despachar con una frase fenómenos tan complejos como la oposición *tampoco/ni siquiera,* o la presencia o ausencia del pronombre sujeto, como tampoco se puede seguir diciendo ingenuamente que "en español el orden de las palabras es libre" y sentirse tranquilos sin preguntarse por las diferencias de significado que existen entre las distintas posibilidades. Para no caer en este tipo de errores, es fundamental preguntarse siempre, entre otras cosas, cuál es el papel y la actitud de la persona que habla en cada momento.

Pero la confusión en muchos análisis a los que estamos acostumbrados no concierne sólo y únicamente al papel del enunciador: con demasiada frecuencia se sigue confundiendo además lo que es la lengua y lo que es el mundo extralingüístico. Así, por ejemplo, al analizar fenómenos exclusivamente lingüísticos que nada tienen que ver con el mundo concreto extralingüístico, como los distintos tiempos verbales y los distintos modos, los manuales se refieren con frecuencia a las características de las acciones, y nos dicen, por ejemplo, que "el subjuntivo expresa acciones irreales" o que "el imperfecto expresa acciones que duran, que se repiten o puntuales". Los tiempos verbales hablan del estatuto que quiere atribuir el enunciador a lo que va diciendo y tienen muy poco que ver con las características de las acciones. La prueba más evidente reside en el mero hecho de que una misma acción se pueda expresar lingüísticamente con distintos tiempos verbales según el contexto y las intenciones del hablante. Una parte importante de los mecanismos y de los operadores analizados por la gramática de una lengua no remite directamente al mundo extralingüístico (y no funciona por lo tanto en la dimensión referencial del lenguaje), sino a la lengua misma, y a las etapas y los procesos de enunciación, es decir a ese control que va manteniendo el hablante en cada momento sobre lo que ya se ha dicho y lo que se presupone, sobre las intenciones comunicativas que va expresando y sobre las operaciones complejas que va efectuando al formular sus enunciados. En esta gramática hemos intentado devolver a la dimensión metalingüística del lenguaje (es decir al nivel en el que la lengua habla de sí misma y no de otra cosa) su justa importancia: no hubiera sido posible no hacerlo, en una gramática que aspira a dar cuenta de los matices y los distintos niveles del funcionamiento de una lengua, para constituirse como instrumento para la comprensión global de los usos del lenguaje en tanto que sistema de comunicación. ¿Cómo entender la diferencia que hay entre *Ahora se ducha* y *Ahora se está duchando* sin distinguir claramente lo exquisitamente lingüístico de lo extralingüístico, y sin analizar las actitudes del hablante con respecto a lo que dice? ¿Y la función de *también*, o la diferencia entre *también, hasta* y *además*? Tales confusiones seculares han sido las que desde tiempo inmemorial han condenado las gramáticas a no lograr dar cuenta de oposiciones como ésta, y a despacharlas con las etiquetas nebulosas a las que aludíamos anteriormente.

Por último, una confusión muy frecuente en los análisis gramaticales·que se encuentran en los libros de gramática y, en particular, en los de gramática para extranjeros, es la confusión entre el elemento analizado y sus contextos de uso, consecuencia del espejismo de las palabras que anteceden o que siguen. Así, por ejemplo, se dice con frecuencia que "el subjuntivo expresa la voluntad" porque se usa el subjuntivo después de verbos como *querer*, o que *"por* expresa el precio" porque se usa *por* en contextos en los que se expresa el precio: las preposiciones por sí mismas no expresan sino relaciones entre elemento, y son tan abstractas que pueden funcionar en múltiples contextos, con efectos expresivos cada vez diferentes. El significado que atribuimos a sus distintos usos depende, claro, de la preposición usada, pero también, y en gran medida, del semantismo de los elementos con los que usamos la preposición, de nuestra experiencia del mundo, etc. En esta gramática hemos velado siempre por evitar estas confusiones.

INTENCIONES COMUNICATIVAS

Pero esta gramática es comunicativa sobre todo por **la organización de sus contenidos**.

Hablar un idioma es transportar y negociar significados a partir de frases. Es importante, pues, aprender a formar frases. Pero no a repetir frases, sino a crearlas. Sin embargo, no es esto lo único importante: hablar un idioma es mucho más. Un idioma es un sistema de actuación social: hablar un idioma es, pues, actuar con él. Así, por ejemplo, no basta con saber formar preguntas y contestar a las preguntas de manera vaga. Considérense los siguientes intercambios:

● **¿Puedo pasar?**
○ **Sí, puedes.**

● **¿Puedo pasar?**
○ **Sí, sí, pasa, pasa.**

En una concepción de la lengua como conjunto de frases y de reglas de combinación de las palabras en frases, el primero de estos dos intercambios puede parecer perfectamente normal. Sin embargo, nuestra experiencia de hablantes del español nos dice que el intercambio normal es el segundo, y que en el primero se dice, en realidad, mucho más de lo que parece. La persona que oye **Sí, puedes** como respuesta a **¿Puedo pasar?** se siente incómoda, no entiende si le han concedido el permiso o no, y llega a pensar que su interlocutor *no quiere que pase*. Por otra parte, ante la respuesta **Sí, sí, pasa, pasa,** ningún hablante del español tiene dudas: todos la interpretan como una concesión plena de permiso. El primero de estos dos intercambios es perfectamente posible. Sin embargo, el hablante que profiere una respuesta como **Sí, puedes** tiene que ser consciente de que es muy probable que su interlocutor se pregunte si realmente le está concediendo permiso, y que intente encontrar una explicación a esta respuesta anómala.

Para dar cuenta de estos fenómenos, no basta con analizar las reglas de composición de las frases. Es importante, además, aprender a *hacer cosas* en un idioma. Los hablantes de un idioma tienen plena conciencia de lo que se suele decir para efectuar los distintos actos lingüísticos en cada situación, de cómo se hacen y expresan normalmente las cosas en su idioma. **Todas las proferencias se interpretan con respecto a estas expectativas.** Cada vez que una persona habla, su interlocutor presupone que quiera colaborar con él para hacer progresar la comunicación, diciendo cosas pertinentes, expresando lo que piensa realmente, y usando el código que es la lengua de manera adecuada: se presupone, pues, que los demás sigan las reglas del juego. Si alguien dice algo inesperado, la reacción inmediata normal del destinatario / oyente será preguntarse qué es lo que está intentando expresar, y buscar una explicación o una interpretación para lo dicho, partiendo de la presuposición de que se están respetando las reglas del juego[4]. La conciencia que tienen los hablantes de lo que se suele decir para expresar cada idea y de los contextos en los que se usa cada operador gramatical adquiere, pues, una importancia fundamental, al constituir la base de interpretación de lo dicho por los demás.

Es éste uno de los motivos por los que, en esta obra, hemos organizado el segundo tomo con criterios nociofuncionales: se trata de ir viendo cómo se habla de las distintas áreas, cómo se expresan las distintas ideas (nociones y funciones). Con esto no queremos ni pretendemos encauzar o limitar de ninguna manera las posibilidades expresivas de los hablantes del español, sino todo lo contrario: nuestro objetivo es permitir una toma de conciencia del funcionamiento del sistema, para que el hablante nativo que lo desee se dé cuenta de lo que hace espontáneamente y sin reflexionar, o para que el extranjero pueda hacer con el español lo que quiera, pero conscientemente y a sabiendas, exactamente como los hablantes nativos, que saben siempre qué matices expresan al decir las cosas de una determinada manera más que de otra.

Los que ante estos argumentos alegan que se trata de fenómenos estilísticos que nada tienen que ver con la gramática no se dan cuenta de que **los efectos estilísticos se basan, precisamente, en el funcionamiento comunicativo de la lengua,** y que los hablantes del español no hablan el español que describen la mayoría de los manuales de gramática. La estilística no puede seguir

---

4 Este mecanismo de interpretación de todo lo dicho se llama *implicatura conversacional* (Grice). Se basa en el principio de que los interlocutores colaboren sinceramente, diciendo cosas pertinentes, en cantidad y en calidad: el principio de cooperación, ampliamente analizado por Grice. (Véase S. Levinson, *Pragmatics*)

siendo la ciencia de lo vago e incierto en la que se esconde todo lo que no logramos definir o explicar. No basta, pues, con saber que no siempre se expresa explícitamente el pronombre sujeto en español. Es fundamental entender en qué contextos se expresa y para qué sirve. Sólo así podremos valorar e interpretar los usos individuales en cada contexto. Ni tampoco podemos seguir diciendo que *con tal de que* es una conjunción condicional, sin preguntarnos cuándo y por qué se usa. Una gramática de la comunicación tiene que ser **una gramática que dé cuenta de los efectos expresivos**: es lo que hemos intentado hacer a lo largo de los dos tomos de esta obra.

Así pues, una gramática comunicativa tiene la doble función de analizar la esencia de cada operador y de estudiar los distintos efectos expresivos con los que puede utilizarse, intentando entender los mecanismos que nos llevan a las distintas interpretaciones. Para ello, una gramática parte de hechos concretos, abstrae y vuelve a los hechos concretos. Tiene, pues, necesariamente, un fuerte componente abstracto, sin el cual no se pueden entender muchos mecanismos lingüísticos. Si la gramática de un idioma no estuviera compuesta por operadores y microsistemas abstractos, éstos tendrían contextos limitados de utilización: aprender un idioma sería pues una labor dificilísima, y la creatividad lingüística casi no existiría. El papel del gramático es intentar entender cómo de los operadores abstractos se llega a los usos concretos y a los distintos efectos expresivos.

ORGANIZACIÓN DE LOS CONTENIDOS

La primera parte de esta obra (TOMO I: DE LA LENGUA A LA IDEA) contiene un capítulo sobre cada uno de los microsistemas complejos, que plantean problemas de distinta índole (morfología, problemas sintácticos, etc.) que parece conveniente agrupar para dar una visión de conjunto del microsistema en cuestión: sistema verbal, sistema nominal, determinantes del sustantivo, preposiciones, perífrasis verbales, etc. En todos los casos, se trata de operadores o microsistemas abstractos que intervienen en distintas áreas nocionales y funcionales. Se han evitado los "cajones de sastre" tradicionales en los que que se agrupaban operadores con una función comunicativa claramente definida, con contextos de uso más limitados. No hay, pues, ningún capítulo sobre las conjunciones y el capítulo sobre los adverbios se limita a presentar algunos problemas generales. Los adverbios y las conjunciones están tratados individualmente en las distintas áreas de la segunda parte de la obra.
En la segunda parte (TOMO II: DE LA IDEA A LA LENGUA), se exploran distintas áreas nociofuncionales y se van presentando los distintos operadores que en ellas intervienen, cada uno individualmente, con numerosos comentarios contrastivos entre los distintos operadores.

Al ser ésta una obra que nace en el ámbito de la enseñanza del español como lengua extranjera, son **numerosos los comentarios contrastivos** con referencias explícitas o implícitas a otros idiomas, especialmente en áreas que constituyen una fuente de errores y dificultades para los estudiantes extranjeros.

Tradicionalmente, las gramáticas dan ejemplos esencialmente de origen literario, con frecuencia arcaicos. En esta obra se ha limitado el número de ejemplos de procedencia literaria porque la literatura es un mundo extremadamente complejo en el que entran muchos factores. La obra literaria constituye un sistema en sí, en el que se pueden modificar ciertos mecanismos y ciertas relaciones: la lengua que en ella aparece se ve, pues, determinada por elementos y criterios cuyo análisis, aun siendo apasionante, hubiera rebasado los límites y los objetivos de esta obra. La literatura se basa en el funcionamiento comunicativo de la lengua: la compresión del sistema y, por tanto, de la gramática comunicativa del idioma constituye un instrumento y una base fundamental para su interpretación. Sin embargo, por tratarse de usos especiales, marcados, no es conveniente abusar de los textos literarios para analizar el sistema (previo a los textos mismos) en el que se basan.

Esperamos que esta gramática pueda contribuir a facilitar el trabajo de profesores y estudiantes, dándoles nuevas luces sobre el funcionamiento del español.

SÍMBOLOS UTILIZADOS

*   (asterisco) Indica agramaticalidad: el enunciado que sigue no obedece a las reglas de funcionamiento del español o, en caso de existir, no es adecuado para el contexto en el que se encuentra. Cuando va entre signos de interrogación indica que hay dudas y que no todos los hablantes coinciden en la evaluación de su gramaticalidad.

⮰ Envío a otro capítulo u otro apartado.

● Interlocutores en las muestras de lengua oral.
○
◻

DEFINICIONES

En esta gramática se usan estos términos con el siguiente sentido:

Contexto: Todo lo que hay alrededor de un enunciado, el pequeño mundo de la comunicación en el que se inserta el enunciado. El contexto incluye todo lo que ha aparecido en la comunicación entre los interlocutores implicados en el intercambio, y no sólo desde un punto de vista lingüístico. Incluye, además, una serie de informaciones (con frecuencia presupuestas) sobre el ambiente sociocultural en el que se mueven los interlocutores, así como la conciencia que tiene cada uno de ellos de lo que es el otro, su carácter, sus reacciones conocidas o imaginadas, del mundo en el que viven, etc. Es importante no caer en el error de pensar que el contexto es el contexto más inmediato. Es importante además tomar conciencia de que muchos elementos que forman parte integrante del contexto no se expresan lingüísticamente. Así, por ejemplo, en el discurso entre los interlocutores puede haber alusiones a la ropa que llevan sin que se haya descrito de manera explícita en el contexto justo anterior. Análogamente, no es necesario que los interlocutores digan explícitamente que en su país hay un gobierno, o el nombre del presidente del gobierno, o la estación en la que están o que en verano hace calor. Todas estas informaciones se suelen presuponer, excepto en los casos en los que uno de los interlocutores las pone en discusión o quiere negociar su importancia, su significación, etc.

Contextualizar: Computar/registrar entre los elementos/informaciones asumidas en el contexto, como una pieza más de las que lo componen. Empezar a considerar un elemento como parte del contexto y portarse como si esto estuviera claro para todos.

Temático: Término que usamos al hablar de los elementos de los que ya se ha hablado o de los que se está hablando, que ya han entrado a formar parte del contexto, y a los que los interlocutores se pueden referir sin necesidad de volver a informar al otro sobre su existencia. La lengua dispone de numerosos recursos para señalar que un elemento ya ha aparecido y es temático.

Tematizar: Señalar, mediante una de las formas o de los operadores de los que dispone la lengua para ello, que cierto elemento es temático, y que por lo tanto ha dejado de constituir una información nueva para los interlocutores y ha entrado en esa contabilidad que mantienen de lo que ha ocurrido entre ellos. Contextualizar se refiere esencialmente al hecho de que los interlocutores empiezan a considerar un elemento como algo que ya está en el contexto, mientras que tematizar hace más hincapié en la operación metalingüística que ello comporta. La tematización se señala explícitamente mediante uno de los recursos de los que dispone la lengua.

Remático: Término que usamos al referirnos a informaciones o elementos que no habían sido mencionados todavía y no se presuponen y que, por lo tanto, constituyen informaciones nuevas. Con frecuencia, el enunciador sigue tratando como nuevas informaciones que ya han aparecido explícita o implícitamente en el contexto pero que, por diversas razones, el hablante no quiere o no puede tratar como informaciones superadas y asumidas, que da por descontadas.

Informar: Dar datos nuevos sobre un sujeto o una situación para que el interlocutor adquiera nuevos elementos. Se pueden dar informaciones simples o presentarlas como algo virtual. Después de oír una información, el interlocutor dispone de nuevos conocimientos sobre el sujeto del verbo o la situación de la que se está hablando. A veces, nos referimos a relaciones entre sujetos y predicados sin querer presentarlas como informaciones, para considerarlas, valorarlas, etcétera.

Presuponer: Actuar como si una información o un elemento del contexto estuviera claramente asumido por todas las personas implicadas en el intercambio comunicativo, dando por descontado que el destinatario del mensaje lo conoce, sin presentárselo como nuevo. En muchos casos, se presuponen informaciones que en realidad son nuevas para el interlocutor porque el hablante en este momento está más preocupado por otra cosa. Según el tipo de relación que exista entre los interlocutores, el destinatario del mensaje podrá no decir nada y aceptar la presuposición, descodificándosela para sí mismo con una deducción sobre la información presupuesta ("*Ha dicho mi mujer: significa que está casado*"), o rechazar la presuposición pidiendo aclaraciones explícitamente ("*Ah, o sea que estás casado*"/"*¿Tu mujer?*").
Es importante tomar conciencia del hecho de que presuposición no tiene nada que ver con realidad. Son frecuentes las confusiones entre presuposición y presuposición de la verdad/ realidad de algo. En esta obra, cuando usamos el término presuposición sólo nos estamos refiriendo al hecho de que se trate una información como si los demás ya estuvieran informados. En ningún caso nos referimos con este término a la presuposición de la verdad de algo.

En esta obra, se establece con frecuencia una diferencia entre **extralingüístico**, **lingüístico** y **metalingüístico**:

Usamos **extralingüístico** para referirnos al mundo concreto al que nos referimos con la lengua, a los referentes de la lengua; y **lingüístico** para referirnos a la lengua en oposición con el mundo extralingüístico. Así, por ejemplo, la palabra "silla" es un elemento lingüístico. El objeto del que hablo, al que me refiero en cada caso al decir "silla" pertenece a lo extralingüístico. Las acciones son sucesos extralingüísticos. Los verbos son elementos lingüísticos que sirven, entre otras cosas, para hablar de las acciones.

Usamos **metalingüístico** para referirnos a lo que en lugar de remitir al mundo extralingüístico, remite a la lengua misma, a las etapas y los procesos de enunciación. Los operadores metalingüísticos son operadores gramaticales que sirven para hablar de lo que decimos.

INTRODUCCIÓN GENERAL AL SISTEMA VERBAL

El verbo es uno de los elementos principales del proceso comunicativo y una de las palabras clave de la frase. Es la palabra que empleamos para decir cosas de personas u objetos, para referirnos a procesos, acciones o estados.

Con la lengua, nos referimos al mundo, pero nunca lo representamos tal y como es, de manera neutra, porque no somos capaces de percibirlo de manera neutra. Siempre hay algo que nos interesa o que nos choca más, y aun en los casos en que no es así, el mismo hecho de que dos cosas nos parezcan igualmente importantes también es significativo, ya que otra persona podría percibirlas de otra forma. Además, cuando nos referimos a cosas que suceden en el mundo extralingüístico, lo hacemos con ciertas intenciones, que pueden variar según el momento, el contexto y el interlocutor al que nos estemos dirigiendo: según las intenciones con las que empleemos un verbo para referirnos a un acontecimiento, escogeremos uno u otro de los distintos tiempos y de los distintos modos de los que dispone el sistema verbal español.

Uno de los problemas que se plantean en los análisis tradicionales es que se acercan al sistema verbal como si todo en él remitiera directamente a lo extralingüístico y funcionara tan sólo en el plano referencial, como reflejo inmediato de realidades concretas. Sin embargo, en la realidad extralingüística sólo aparecen hechos y acontecimientos en sí, como materias primas. Al referirse a ellos con la lengua, el enunciador los filtra y elabora, para convertirlos en una pieza de la construcción compleja que será su discurso: los percibe de una manera u otra, según su intención del momento. Como toda percepción, ésta también constituye un filtro.

El sistema verbal es la herramienta de la que dispone el enunciador para hablar del estatuto que quiere dar a lo que va diciendo y convertir así los sucesos extralingüísticos en elementos de una construcción lingüística: el sistema verbal adquiere, pues, el papel fundamental de aclarar por qué se menciona cada elemento, al atribuirle un estatuto, y se sitúa por lo tanto en el nivel en que la lengua habla de sí misma, de los procesos de construcción del mensaje. Así pues, un mismo hecho podrá ser expresado lingüísticamente de diversas maneras, según las razones por las que lo menciona la persona que habla, que puede, por ejemplo, querer presentar un dato nuevo a su interlocutor (informar), como en:

[1] ● **Pablo es español**

introducir un rasgo más de un marco contextual que está tratando de evocar, como en:

[2] ● **Ese día estaba lloviendo**

[3] ● **En aquella época vivíamos en Barcelona**

presentar una información virtual, como en:

[4] ● **A estas horas, ya estarán en casa**

o simplemente referirse tan sólo a una relación *sujeto — predicado* sin que constituya información nueva, como en:

[5] ● **Quiero que me llames mañana**

Los análisis tradicionales dan cuenta del sistema verbal en términos de acciones que duran más o menos, y que se caracterizan por ser más o menos reales o irreales, más o menos próximas o alejadas en el tiempo, etc. Sin embargo, en este tipo de presentación no se analiza tanto el sistema verbal propiamente dicho, como lo que nos parece que son las acciones, es decir, lo que sucede en lo extralingüístico, más allá de la lengua, y no en la lengua misma. Las acciones son hechos extralingüísticos que existen en sí. Al referirse a ellas lingüísticamente el enunciador las utiliza para ciertas finalidades comunicativas que se propone alcanzar. El sistema verbal es lo que le permite hacerlo: lo que debería analizar el gramático es precisamente el funcionamiento del sistema verbal dentro del dinamismo mismo de la lengua, preguntándose siempre por la función de cada elemento, procurando no limitarse a observar las relaciones que hay entre lo lingüístico y su referente extralingüístico.

La tradición gramatical ha llamado *tiempos* a los distintos grupos de posibilidades formales de las que dispone el enunciador en el sistema verbal. Los distintos tiempos se agrupaban luego en grandes familias con características parecidas, llamadas *modos*. Se hablaba de tiempos porque se analizaba cada uno de estos grupos de formas en relación con un momento o período del tiempo cronológico. Esto ha originado, sin embargo, distintos tipos de problemas: hay una tendencia generalizada en nuestra sociedad a pensar en cada uno de estos *tiempos* como relacionado sólo con un momento o período del tiempo cronológico. Además hay una serie de casos en los que la comprensión del empleo y del funcionamiento de cada uno de ellos tiene muy poco que ver con la problemática temporal.

Por estos motivos, nos parecería conveniente sustituir el término *tiempo* de la terminología tradicional por otro que refleje mejor las distintas implicaciones que tiene el uso de uno u otro de estos microsistemas. Sin embargo, para no desconcertar al lector con una terminología totalmente nueva, se mantendrá aquí el término tradicional. Es importante, pues, recordar que los *tiempos* están relacionados con la problemática temporal, pero no sólo con ella.

El empleo del término *modos* también nos parece asociado a una serie de errores que, a nuestro entender, no ayudan a captar la esencia de cada uno de los distintos modos de los que dispone el enunciador en español, pero que, a pesar de todo, no constituyen un obstáculo tan grave que impida presentar las cosas de otra forma.

En esta obra, se proponen apelativos nuevos para algunos de los tiempos, ya que, en determinados casos, los empleados tradicionalmente no parecen dar cuenta de manera totalmente satisfactoria y coherente del fenómeno al que se refieren. Además, los tiempos van agrupados en modos de manera ligeramente distinta respecto de las clasificaciones habituales, por lo cual también se proponen nombres distintos para algunos de los modos. Sin embargo, para no desconcertar al lector con tantos cambios en la terminología, en los casos en los que nos parecería oportuno introducir un apelativo nuevo sólo nos limitaremos a presentar lo que podría ser una propuesta terminológica adecuada, pero seguiremos empleando la nomenclatura tradicional en el texto. Sólo en los casos en los que la terminología tradicional nos parece confundir y ocultar excesivamente la esencia del fenómeno del que quiere dar cuenta, o al referirnos a conceptos que no se habían planteado en la tradición gramatical, repetiremos en el texto, entre paréntesis, después de cada mención del apelativo tradicional, el término que proponemos nosotros.

Damos a continuación un cuadro general de los modos y tiempos del español. En los casos en que la distribución de los tiempos entre los distintos modos no corresponde a la tradicional, indicamos el apelativo que proponemos nosotros para el nuevo modo; en los que la distribución de los tiempos es igual a la tradicional, empleamos la nomenclatura tradicional seguida, entre paréntesis, por la que proponemos. Para cada modo indicamos, en la columna de la derecha, los tiempos que contiene en nuestra concepción del sistema verbal, con sus apelativos tradicionales, y, entre paréntesis, los que proponemos nosotros cuando son distintos:

MODOS	TIEMPOS [1]	
NO PERSONAL	Infinitivo Gerundio Participio pasado	
VIRTUAL	Futuro de indicativo Condicional [2]	(Presente de virtual) [3] (Adquirido de virtual) [4] [5]
INFORMATIVO	Presente de indicativo Pretérito indefinido de indicativo Pretérito imperfecto de indicativo	(Presente informativo) (Pasado) [6] (Adquirido) [4] [6]
SUBJUNTIVO (NO INFORMATIVO) [7]	Presente de subjuntivo Imperfecto de subjuntivo Futuro de subjuntivo	(Presente) (Adquirido) [4]
IMPERATIVO	Imperativo	

OBSERVACIONES

1. A cada uno de los tiempos corresponde un *tiempo compuesto* o *pasado en el tiempo*. No se incluyen aquí porque, debido a su funcionamiento análogo en relación con los respectivos tiempos, todos ellos serán estudiados juntos en un capítulo aparte.

2. Aunque casi todos los lingüistas perciben la estrecha relación que hay entre estos dos tiempos, en la mayoría de las presentaciones aparecen en modos distintos, o, en raras ocasiones, integrados en el indicativo, es decir con otros tiempos de características bastante distintas. Debido, pues, a sus diferencias con otros tiempos y a las semejanzas entre ellos, los agrupamos aquí en un modo Virtual. El Infinitivo también tiene algunas de las características de los dos tiempos que incluimos en este modo, pero le falta una fundamental: la de informar (aunque sea virtualmente).

3. El apelativo *futuro* parece poco adecuado porque lleva a pensar en el futuro cronológico, cuando en realidad este tiempo se refiere al futuro cronológico tan sólo en algunos de sus empleos. Además, con el nombre de futuro se cae con frecuencia en el error de creer que, para hablar del futuro cronológico, hay que emplear este tiempo: error frecuente en ciertos manuales de español para extranjeros, en los que se presentan diálogos enteros en este tiempo, con muchos usos que resultan "raros" o "agramaticales". Se prefiere aquí hablar de presente de virtual, porque este nombre puede cubrir tanto los usos de este tiempo referidos al presente como los que se refieren al futuro cronológico: hablar del futuro no es más que decir lo que se ve como virtual en el presente.

4. El término *adquirido* presenta la ventaja de mostrar cierta unidad entre tres tiempos que tienen evidentes elementos en común: se trata en los tres casos de cierto *elemento pasado* cuya función es señalar que el predicado pertenece ya al mundo de lo que damos por asimilado (o *adquirido*) porque está proyectado en el pasado de una cronología que puede pertenecer tanto a la realidad extralingüística (calendario) como a una realidad conceptual o metalingüística (cronología de los procesos mismos y las operaciones de formulación del mensaje).

5. Los términos *condicional* y *potencial* (nombre alternativo empleado a menudo en la tradición gramatical) están relacionados sólo con parte de los empleos de este tiempo, y ocultan, por ejemplo, su parentesco con el futuro de indicativo [presente de virtual] y con el imperfecto.

6. Las etiquetas *imperfecto* y *pretérito indefinido* están demasiado relacionadas con intentos de definirlos en términos de un referente extralingüístico, cuando en realidad se trata de operaciones puramente metalingüísticas. No tiene sentido, por lo tanto, hablar de acciones o procesos que duran mucho o poco, ya que esto equivale a hablar de fenómenos que no son lingüísticos. Es como, ante un cuadro y un modelo, analizar el modelo en lugar de analizar el cuadro mismo para dar un juicio sobre el pintor, cuando se sabe que el mismo modelo puede originar cuadros bastante distintos, y no puede decir mucho de las capacidades del pintor o de las potencialidades de los elementos que utiliza.

7. El apelativo *subjuntivo* parece estar demasiado relacionado con análisis que han querido ver este modo en sus posibles referentes más allá de la lengua. El subjuntivo [no informativo] no remite a lo extralingüístico: es el modo que, por excelencia, ignora lo extralingüístico. Es, pues, un error querer analizar a toda costa en términos de lo real o irreal. Aunque con frecuencia haya una coincidencia entre los empleos de este modo y el hecho de que en lo

extralingüístico se trate de referentes irreales, no es más que una coincidencia; y son numerosísimos los contraejemplos en los que el referente de un empleo de este modo es perfectamente real. El subjuntivo remite en realidad a la lengua misma y al proceso de enunciación. Analizarlo en términos de lo que sucede en el mundo es, de nuevo, confundir el modelo con el artista, los materiales que utiliza y la obra de arte misma.

Los distintos tiempos se combinan entre ellos siguiendo una serie de reglas de coherencia, sobre todo en lo que se refiere a su significado. Será esencial, pues, entender cómo funciona cada uno de ellos, para qué sirve, cómo puede utilizarse, etc., ya que una lista de combinaciones posibles no lograría dar cuenta de todos los matices.

Son frecuentísimas las listas en los manuales de gramática. Aunque a veces pueden constituir una información más, que en algunos casos se revele útil, por lo general empobrecen considerable-mente el sistema, porque reducen la lengua a una serie de combinaciones formales, sin ver sus potencialidades expresivas.

En cada tiempo, el enunciador dispone de seis formas para hablar de distintas personas o cosas, según el estatuto que tengan en ese momento en el circuito de la comunicación, excepto en imperativo, y en el modo no-personal. Normalmente, el verbo concuerda con su sujeto, es decir que adopta, entre las seis formas de las que dispone en cada tiempo, la que se refiere al estatuto que tiene en el acto comunicativo la persona o la cosa de la que está hablando (el sujeto gramatical del verbo mismo).

En los capítulos que siguen, estudiaremos los distintos tiempos de los distintos modos tanto desde un punto de vista puramente formal (cómo se obtienen las distintas formas de cada tiempo, es decir cómo se conjugan los verbos en cada tiempo), como en lo que se refiere a sus usos y al funcionamiento de cada tiempo dentro del sistema verbal, analizado sobre todo desde el punto de vista de las operaciones que con él efectúa el enunciador que lo emplea, y no sólo en su dimensión referencial. Los distintos tiempos están en parte relacionados con el tiempo cronológico: algunos de ellos se emplean más bien para hablar del pasado con respecto al momento de la enunciación (tiempo anterior al momento de la enunciación), otros preferentemente para hablar del tiempo posterior al momento de la enunciación (futuro cronológico) o al momento del que se está hablando, etc. Sin embargo, sería un grave error creer que a cada tiempo corresponde un momento del tiempo cronológico, o que a cada momento o período del tiempo cronológico corresponde en la lengua un tiempo: hay una serie de otros factores que también influyen en la elección de uno u otro tiempo, como la actitud de quien habla con respecto a lo que dice, el motivo por el que dice lo que dice, lo que quiere hacer con ello en su discurso (intenciones expresivas), su actitud respecto de su interlocutor y de la situación, etc.

NOTA PARA LA CONJUGACIÓN DE LOS VERBOS

La forma normalmente empleada para referirse a un verbo fuera de contexto, es decir para nombrar un verbo, es el infinitivo; pero no es éste el único empleo de este modo.

Los verbos españoles se dividen en tres grandes familias, según las terminaciones de sus infinitivos:

> verbos que terminan en **—ar**,
> verbos que terminan en **—er**,
> verbos que terminan en **—ir**.

En cada tiempo el verbo adopta unas formas distintas, que permiten entender de qué tiempo y de qué persona se trata (es decir, cuál es el estatuto de su sujeto en el circuito de la comunicación)[1].

Para conjugar los verbos en los distintos tiempos, es decir para obtener las distintas formas personales, se sustituye la terminación **—ar**, **—er**, o **—ir** del infinitivo por las terminaciones que tiene en el tiempo de que se trate el grupo (**—ar**, **—er**, o **—ir**) al que pertenece el verbo —salvo en el caso del futuro y del condicional, cuyas terminaciones se añaden directamente a la del infinitivo.

En las terminaciones de cada tiempo hay un elemento característico de ese tiempo y, además, una marca específica de cada persona —marca que se mantiene en todos los tiempos, excepto en las formas propias del imperativo.

---

1 *Hablante, oyente,* o *tercera persona* (*no persona,* según la terminología de Emile Benvéniste) ausente del circuito de la comunicación. Véase, "La structure des relations de personne dans le verbe" y "L'appareil formel de l'énonciation", en *Problèmes de linguistique générale*, París, Gallimard, 1966 y 1977.

Marcas características de cada persona	
yo	ausencia de marcador específico
tú	-s
él / ella / usted	ausencia de marcador específico
nosotros / nosotras	-mos
vosotros / vosotras	-is
ellos / ellas / ustedes	-n

Es importante notar en cada tiempo la posición del acento (tónico) en la conjugación del verbo, ya que ésta afecta considerablemente a la conjugación misma: hay verbos que, en algunos tiempos, presentan alteraciones en la raíz cuando el acento recae en ella. El funcionamiento de estas y otras irregularidades será analizado en detalle en el capítulo correspondiente a cada tiempo.

Hay un pequeño grupo de verbos que presentan, en algunas personas de algunos tiempos, pequeñas variaciones ortográficas, y podrían parecer por ello —a ojos ingenuos— irregulares, cuando en realidad no lo son más que desde un punto de vista ortográfico. Para evitar problemas, conviene tener presente que, por lo general, siempre se mantiene el mismo sonido consonántico delante de la terminación, y que habrá que adecuar la grafía según la vocal que siga, basándose en las normas gráficas enunciadas en el capítulo correspondiente. Análogamente, cuando una i se encuentra entre dos vocales y no es tónica se transforma en semiconsonante (y): todas las reglas ortográficas enunciadas son esenciales para la conjugación de los verbos.

Normalmente, los derivados de un verbo siguen morfológicamente el verbo a partir del que se forman.

EL INDICATIVO: INTRODUCCIÓN

De todos los modos de que dispone el enunciador en español, el indicativo es, sin lugar a dudas, el que mejor se presta para dar informaciones nuevas, que todavía ni se han hecho explícitas ni los interlocutores pueden suponer, sobre un sujeto gramatical del que se quiera hablar. Esto es lo que mejor lo caracteriza y distingue de todos los demás tiempos y modos del español.

Así, por ejemplo, después de oír una frase como:

[1]   ● **Pablo se casa la semana que viene**

sabemos algo nuevo sobre Pablo: que tiene programado casarse.

EL PRESENTE DE INDICATIVO

1. CONJUGACIÓN

1.1. TERMINACIONES

Para conjugar los verbos en presente de indicativo se sustituyen las terminaciones —**ar**, —**er**, e —**ir** del infinitivo por las de las distintas personas:

Terminaciones del presente de indicativo			
	-ar	**-er**	**-ir**
yo	**-o**	**-o**	**-o**
tú	**-as**	**-es**	**-es**
él / ella / usted	**-a**	**-e**	**-e**
nosotros / nosotras	**-amos**	**-emos**	**-imos**
vosotros / vosotras	**-áis**	**-éis**	**-ís**
ellos / ellas / ustedes	**-an**	**-en**	**-en**

Ejemplos:

habl**ar**	com**er**	escrib**ir**
habl**o**	com**o**	escrib**o**
habl**as**	com**es**	escrib**es**
habl**a**	com**e**	escrib**e**
habl**amos**	com**emos**	escrib**imos**
habl**áis**	com**éis**	escrib**ís**
habl**an**	com**en**	escrib**en**

Observaciones:

1. La desinencia de primera persona es idéntica en los tres grupos: —o

2. Aparecen, como es lo normal en las conjugaciones españolas, los elementos característicos de cada persona.

3. Nótese, en cada caso, la posición del acento, que recae en la raíz en todas las personas, excepto **nosotros** y **vosotros**, que recae en la terminación.

4. Las desinencias de los grupos —**er** e —**ir** son distintas sólo en las dos personas en las que el acento descansa precisamente en la terminación.

6. Es importante tener en cuenta las reglas ortográficas y fonéticas enunciadas en el capítulo correspondiente. Siempre se mantienen los mismos sonidos consonánticos: por eso, en algunos casos, se hace necesario introducir pequeñas adaptaciones de la ortografía.

1.2. VERBOS IRREGULARES

La mayoría de las irregularidades de las conjugaciones afectan a la raíz de los verbos.

En presente, hay un número bastante amplio de verbos con algún tipo de irregularidad. Sin embargo, estas irregularidades pueden sistematizarse.

1.2.1. Verbos con alteraciones vocálicas

Un grupo bastante numeroso de verbos sufre una alteración en la última vocal de la raíz cuando ésta recibe el acento tónico.

1.2.1.1. Diptongo

En la mayoría de los casos, la vocal afectada se transforma en diptongo bajo el peso del acento. Cuando esto sucede, las vocales diptongan de la siguiente manera:

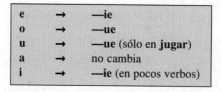

e	→	—ie
o	→	—ue
u	→	—ue (sólo en **jugar**)
a	→	no cambia
i	→	—ie (en pocos verbos)

Ejemplos (nótese la posición del acento, resaltado en negrita):

querer (**ie**)	poder (**ue**)	jugar (**ue**)	adquirir (**ie**)
quiero	puedo	juego	adquiero
quieres	puedes	juegas	adquieres
quiere	puede	juega	adquiere
queremos	podemos	jugamos	adquirimos
queréis	podéis	jugáis	adquirís
quieren	pueden	juegan	adquieren

1.2.1.2. Verbos con otras alteraciones vocálicas

Entre los verbos que sufren alteraciones vocálicas hay un pequeño grupo de verbos en —**ir** con una **e** en la raíz que, en lugar de diptongar, cambian la **e** en **i** : se trata de los verbos en **e—ir**, como pedir[1]

Ejemplos (nótese el acento, resaltado en negrita):

ped**ir**	compet**ir**	re**ír**
pido	compito	río
pides	compites	ríes
pide	compite	ríe
pedimos	competimos	reímos
pedís	competís	reís
piden	compiten	ríen

No todos los verbos en **e—ir** tienen este comportamiento. Algunos de ellos diptongan simplemente.

Ejemplos:

sent**ir**	prefer**ir**
siento	prefiero
sientes	prefieres
siente	prefiere
sentimos	preferimos
sentís	preferís
sienten	prefieren

Los derivados de los verbos en **e—ir** siguen morfológicamente al verbo a partir del cual se han formado.

1.2.2. Verbos con primera persona irregular

Un grupo limitado de verbos presenta irregularidades propias tan sólo en la forma

---

1 El verbo **podrirse** tiene un comportamiento análogo al de los verbos como **pedir,** puesto que cambia la última vocal de la raíz en lugar de diptongar: **o → u**.
Nótese, sin embargo, que este verbo se emplea normalmente en las formas de la no persona (**pudre/pudren**), y que cuando se emplea en otras formas se trata de usos figurados. Existe, además, un verbo que alterna con **podrirse** que es **pudrirse.**

de primera persona, y se conjugan regularmente en las demás personas. Los principales son:

hacer	→	hago, haces, hace...
poner	→	pongo, pones, pone...
salir	→	salgo, sales, sale...
valer	→	valgo, vales, vale...
saber	→	sé, sabes, sabe...
ver	→	veo, ves, ve...
dar	→	doy, das, da...
traer	→	traigo, traes, trae...
caer	→	caigo, caes, cae...

A estos se añaden todos sus compuestos:

deshacer	→	deshago, deshaces, deshace...
rehacer	→	rehago, rehaces, rehace...
componer	→	compongo, compones, compone...
suponer	→	supongo, supones, supone...
anteponer	→	antepongo, antepones, antepone...
sobresalir[2]	→	sobresalgo, sobresales, sobresale...
equivaler[2]	→	equivalgo, equivales, equivale...
prever	→	preveo, prevés, prevé...
atraer	→	atraigo, atraes, atrae...
extraer	→	extraigo, extraes, extrae...
contraer	→	contraigo, contraes, contrae...
recaer	→	recaigo, recaes, recae...
...		...

Entre estos verbos con primera persona irregular, destaca además un grupo considerable de verbos cuyo infinitivo termina en **—acer**, **—ecer**, **—ocer** o **—ucir**. En todos ellos se añade un sonido velar oclusivo sordo [k] entre la raíz y la terminación **—o**.

Gráficamente, la primera persona de estos verbos termina en **—zco**.

Ejemplos:

parecer	→	parezco, pareces, parece...
nacer	→	nazco, naces, nace...
conocer	→	conozco, conoces, conoce...
producir	→	produzco, produces, produce...

No siguen esta irregularidad los verbos **hacer** (como se ha visto más arriba) y **cocer** (ue).

---

2 Verbos que se emplean poco en otras personas que no sea la tercera. **Sobresalir** puede tener algunos empleos referidos a personas, pero en sentido figurado.

1.2.3. Verbos con alteraciones vocálicas y con primera persona irregular (Tercer grupo: III = grupos de irregularidades I + II)

Un pequeño grupo de verbos presenta conjuntamente los dos tipos de irregularidades enunciadas hasta aquí: tienen una forma con irregularidad propia en primera persona y, además, una de las alteraciones vocálicas dichas en 1.2.1.

Ejemplos:

decir	venir	tener
digo	**vengo**	**tengo**
dices	vienes	tienes
dice	viene	tiene
decimos	venimos	tenemos
decís	venís	tenéis
dicen	vienen	tienen

1.2.4. Un grupo de verbos en **vocal + —ir** mantienen una **i** entre la raíz y las terminaciones cuando el acento recae en la raíz (es decir en todas las personas, excepto **nosotros** y **vosotros**). Sin embargo, debido a las reglas ortográficas y fonéticas, dicha **i** se transforma en **y** porque se encuentra en posición átona e intervocálica.

➲ Reglas ortográficas y fonéticas

Ejemplos:

h**ui**r	conc**lui**r	ins**trui**r
huyo	concluyo	instruyo
huyes	concluyes	instruyes
huye	concluye	instruye
huimos	concluimos	instruimos
huís	concluís	instruís
huyen	concluyen	instruyen

Entre estos verbos, destaca el verbo **oír** que, además, presenta irregularidad propia en la forma de primera persona:

oír
oigo
oyes
oye
oímos
oís
oyen

1.2.5. Verbos con irregularidades de acento

En cierto número de verbos en **—iar** y **—uar** se deshace el diptongo final en todas las personas en las que el acento recae en la raíz. Debido a las normales reglas de acentuación, llevan acento gráfico.

Ejemplos:

desafiar	desvirtuar
desafío	desvirtúo
desafías	desvirtúas
desafía	desvirtúa
desafiamos	desvirtuamos
desafiáis	desvirtuáis
desafían	desvirtúan

Aunque estos verbos son numerosos, no todos los verbos en **—iar** y **—uar** presentan esta peculiaridad: algunos de ellos mantienen el diptongo final, y el acento descansa en la sílaba anterior.

Ejemplos:

copiar	averiguar
copio	averiguo
copias	averiguas
copia	averigua
copiamos	averiguamos
copiáis	averiguáis
copian	averiguan

1.3. VERBOS CON IRREGULARIDADES PROPIAS

Son muy pocos los verbos totalmente irregulares (es decir, que no pertenecen a ninguno de los grupos mencionados en 1.2.) en presente. Los principales son:

ser	haber	ir	estar[3]
soy	he	voy	estoy
eres	has	vas	estás
es	ha	va	está
somos	hemos	vamos	estamos
sois	habéis	vais	estáis
son	han	van	están

2. USOS

El presente de indicativo es uno de los tiempos con más usos, y se caracteriza por ser el tiempo menos marcado de todos los que existen en español.

---

3 En realidad, este verbo podría clasificarse en el apartado 1.2.2. si no fuera porque presenta, además de la irregularidad propia de la forma **yo**, un desplazamiento del acento, que recae, en todas las personas, en la terminación.

Este tiempo está estrechamente relacionado con un presente cronológico bastante amplio que, sin embargo, rebasa los límites del momento mismo de la enunciación; también se emplea en relación con el futuro y con el pasado cronológicos, y con un valor universal más o menos desligado de un momento preciso del tiempo cronológico: para pedir y dar información, para dar instrucciones, para pedir favores, para dar definiciones...

2.1. En relación con el presente cronológico, este tiempo puede ser empleado al referirse a hechos puntuales (o de duración limitada), así como a sucesos de mayor alcance temporal:

[1]   ● **Hombre, Pedro... ¿Qué haces por aquí?**
      ○ **Ya ves... paseando.**

[2]   ● **¿Dónde vives?**
      ○ **En Barcelona... Y tú en Madrid, ¿verdad?**

En estos empleos referidos al presente cronológico, este tiempo también puede emplearse al hablar de hechos que suelen repetirse habitualmente o con cierta frecuencia:

[3]   ● **¿Y tú a qué hora te levantas por la mañana?**
      ○ **Yo, a diario, suelo levantarme bastante pronto, a las siete y media, pero los fines de semana me quedo en la cama hasta pasadas las diez.**

CON MÁS DETALLE

La idea de frecuencia, habitualidad o repetición no la da el empleo de este tiempo en sí, sino su combinación con otros elementos, como el contexto lingüístico (la presencia de expresiones como **todos los días, los fines de semana, cada mañana**, etc.), y el conocimiento que del mundo extralingüístico y de la sociedad en la que viven tienen tanto el hablante como el oyente (que descifra el mensaje).

2.2. VALOR UNIVERSAL DESLIGADO DE TODA TEMPORALIDAD

Frecuentemente, se emplea el presente para referirse a hechos de alcance general, o universal, que rebasan toda temporalidad. En tales casos, el hablante los presenta como vigentes en el momento de la enunciación. No se trata tanto de hablar de la acción en sí, como de dar definiciones:

[4]   ● **Dos y dos son cuatro.**

[5]   ● **El aceite flota en el agua.**

A veces, se consigue el mismo matiz con verbos que hablan de acciones. En estos casos también, se considera lo expresado por el verbo como un rasgo que describe una situación, como una característica inherente del sujeto, más que como la enunciación de un acto:

[6]   ● El león mata a su presa antes de comérsela, a diferencia de ciertas
         especies de serpientes, que se la comen viva.

2.3.   EN RELACIÓN CON EL FUTURO CRONOLÓGICO

Son numerosísimos los usos del presente en relación con el futuro cronológico[4]. En muchos de ellos, aunque no en todos, el empleo de este tiempo va acompañado de un marcador de tiempo que señala que se trata de un futuro (**mañana, el año que viene, la semana que viene,** etc.), a no ser que la referencia temporal esté clara en el contexto:

[7]   ● ¿En qué curso estás?
      ○ Termino el año que viene.

Contrariamente a lo que pudiera pensarse, el presente es el tiempo más empleado en la lengua hablada (tanto formal, como informal) para anunciar cosas programadas, planeadas o que van a llegar de modo natural, reservándose el empleo del futuro de indicativo para las predicciones menos concretas:

[8]   Más programado:
      ● Este verano voy a Sicilia.

[9]   Menos programado:
      ● Este verano iré a Sicilia.

2.3.1.   CON MÁS DETALLE: presente de indicativo / futuro de indicativo referidos al futuro cronológico.

En todos estos casos, desempeña un papel fundamental el semantismo de los elementos en juego.

Al emplear el presente de indicativo, el enunciador niega en cierta medida estar haciendo predicciones, y les da a las cosas un estatuto de cosas ya presentes (experimentadas o decididas), "adquiridas" —contrariamente a los casos en los que escoge emplear el futuro de indicativo, tiempo de la predicción por excelencia, con el que subraya el carácter predictivo de lo dicho—. Con el presente de indicativo, el enunciador participa más en lo que dice, por el mero hecho de querer decir/presentar las cosas como un hecho, como algo que es y no como algo que tiene el estatuto de una predicción suya. En la mente de un hablante de español, esta manera de referirse al futuro cronológico vive, como todo en una lengua, en oposición con las demás. Su conocimiento del sistema se hace por tanto especialmente importante, y se enriquece por sí mismo. Saber que para subrayar que lo

---

4 Cuando se habla del futuro cronológico, todos tendemos a pensar en el futuro de indicativo, debido, en parte, a las confusiones ocasionadas por la terminología tradicional.

que se dice es una predicción nuestra se usa el futuro es determinante para la interpretación de la elección del presente para hablar del futuro.

Además, también se usa el futuro cuando no podemos presentar las predicciones como algo ya establecido:

[10]   ● **Si hay huelga de aviones, iré en tren.**

2.4. EN RELACIÓN CON EL PASADO CRONOLÓGICO

Se emplea el presente de indicativo referido al pasado cronológico en contextos en los que aparece o ha aparecido previamente un marcador de tiempo:

[11]   ● **Cervantes publica la primera parte del Quijote en 1605, y la segunda en 1615.**

[12]   ● **Hace unos días salgo de casa y me encuentro con Miguel... nos damos la mano, charlamos un poco, y entonces él va y me coge del brazo y me lleva hasta un bar...**

Cuando el enunciador emplea el presente de indicativo para referirse al pasado, se muestra como testigo de una situación que vuelve a crear; con el pretérito indefinido, por el contrario, se limita a relatar acontecimientos pasados en sí, sin intentar crear ningún otro tipo de efecto expresivo.

EL PRETÉRITO INDEFINIDO

Entre todos los tiempos de que dispone el español, el pretérito indefinido es, sin duda, el más marcado por la problemática temporal: está estrechamente relacionado con el pasado respecto al momento de la enunciación, y se utiliza para informar sobre hechos pasados, contar estrictamente los hechos en sí, sin intentar crear ningún tipo de perspectiva específica.

1. CONJUGACIÓN

1.1. VERBOS IRREGULARES

Los verbos regulares se conjugan en pretérito indefinido sustituyendo las terminaciones —**ar**, —**er** o —**ir** del infinitivo por las de las respectivas personas:

Terminaciones regulares		
	-ar	**-er / -ir**
yo	**-é**	**-í**
tú	**-aste**	**-iste**
él / ella / usted	**-ó**	**-ió** / *vocal* + **yó**
nosotros / nosotras	**-amos**	**-imos**
vosotros / vosotras	**-asteis**	**-isteis**
ellos / ellas / ustedes	**-aron**	**-ieron** / *voc.*+ **yeron**

Ejemplos

hablar	comer	escribir	leer
hablé	comí	escribí	leí
hablaste	comiste	escribiste	leíste
habló	comió	escribió	leyó
hablamos	comimos	escribimos	leímos
hablasteis	comisteis	escribisteis	leísteis
hablaron	comieron	escribieron	leyeron

Observaciones:

1. Las terminaciones son idénticas para los verbos en —er y en —ir.

2. En pretérito indefinido las formas de segunda persona (**tú**) no tienen el elemento —s característico de esta persona en todos los demás tiempos. Sin embargo, se puede observar en el uso corriente, aun entre personas de cierto nivel cultural, una tendencia a la regularización de este fenómeno, que se manifiesta añadiendo una —s final a las formas de segunda persona (**tú**) de este tiempo. El fenómeno no está aceptado socialmente ni en los registros más formales ni en la lengua escrita. En las personas del plural los elementos característicos de cada persona funcionan como en los demás tiempos.

3. En los verbos en **vocal** + —er / —ir, la i de las formas de tercera persona de plural y de singular (**él/ella/usted** y **ellos/ellas/ustedes**) se transforma en **y** debido a las reglas ortográficas enunciadas en el capítulo correspondiente[1].

4. En los verbos regulares, el acento recae siempre en las terminaciones. Es éste un rasgo fundamental para evitar confusiones con las formas de primera, segunda, y tercera persona (**yo**, **tú**, **él/ella/usted**) de otros tiempos.

> canto: *presente de indicativo*, **yo**
> cantó: *pretérito indefinido*, **él/ella/usted**
> cante: *presente de subjuntivo*, **yo**, **él/ella/usted**
> canté: *pretérito indefinido*, **yo**

5. Las formas de primera persona de plural (**nosotros**) de los verbos en —ar y en —ir son idénticas a las del presente de indicativo. Sin embargo, son bastante raros los casos de ambigüedad, ya que el contexto suele aclarar si se trata de presente o de pasado.

1.2. VERBOS CON IRREGULARIDADES VOCÁLICAS

Los verbos en —ir con una **e** o una **o** en la raíz (verbos en **e**—**ir** y en **o**—**ir**, también irregulares en presente)[2] cambian dichas vocales en **i** y en **u** respectivamente en las formas de tercera persona de singular y de plural. En las demás personas, la conjugación de estos verbos es perfectamente regular:

---

1 La **i** átona intervocálica se transforma en semiconsonante (**y**).

2 Estos verbos no tienen todos el mismo comportamiento en presente de indicativo: algunos de ellos diptongan (**sentir**, **dormir**), otros sufren cambios de vocal (**pedir**, **podrir**).

Ejemplos:

pedir	sentir	dormir
pedí	sentí	dormí
pediste	sentiste	dormiste
pidió	sintió	durmió
pedimos	sentimos	dormimos
pedisteis	sentisteis	dormisteis
pidieron	sintieron	durmieron

El verbo **oír** es regular y no presenta esta anomalía.

1.3. VERBOS CON IRREGULARIDAD PROPIA

La mayoría de los verbos irregulares en pretérito indefinido tienen una raíz irregular para este tiempo, a la que se añaden unas terminaciones comunes para todos los verbos irregulares.

1.3.1. Terminaciones

Las terminaciones de los verbos irregulares en pretérito indefinido son las siguientes:

Terminaciones de los verbos irregulares	
yo	**-e**
tú	**-iste**
él / ella / usted	**-o**
nosotros / nosotras	**-imos**
vosotros / vosotras	**-isteis**
ellos / ellas / ustedes	**-ieron / j + eron**

Los verbos cuya raíz irregular del pretérito indefinido termina en **—j** tienen la terminación **—eron** en lugar de **—ieron** en la forma de tercera persona de plural (**ellos/ellas/ustedes**).

1.3.2. Raíces irregulares

Damos a continuación la lista de los principales verbos irregulares en pretérito indefinido, con sus respectivas raíces irregulares. En la conjugación, todos ellos siguen las terminaciones presentadas en 1.3.1.:

poder	→	**pud-**		saber	→	**sup-**

poner	→	**pus-**		querer	→	**quis-**
caber	→	**cup-**		venir	→	**vin-**
haber	→	**hub-**		hacer	→	**hic/z-**
tener	→	**tuv-**		decir	→	**dij-**
estar	→	**estuv-**		traer	→	**traj**
andar	→	an**duv-**				

Además, verbos en -ducir → -du**j**-:

conducir	→	condu**j-**
producir	→	produ**j-**
traducir	→	tradu**j-**

1.3.3. Ejemplos:

infinitivo	→	**poder**	**estar**	**decir**
raíz irregular	→	**pud-**	**estuv-**	**dij-**
verbo conjugado	→	pude	estuve	dije
		pudiste	estuviste	dijiste
		pudo	estuvo	dijo
		pudimos	estuvimos	dijimos
		pudisteis	estuvisteis	dijisteis
		pudieron	estuvieron	dijeron

Nótese el desplazamiento del acento en las formas de primera y tercera persona, comparado con los verbos regulares. En los verbos irregulares, al contrario de lo que ocurre con los verbos regulares, no hay ninguna posibilidad de confusión con otros tiempos, ya que la raíz es distinta.

1.4. VERBOS TOTALMENTE IRREGULARES

Son muy pocos los verbos totalmente irregulares que no siguen las terminaciones irregulares presentadas en 1.3.1.; los principales son **ser**, **dar** e **ir**.

dar	**ser**	**ir**
di	fui	
diste	fuiste	
dio	fue	
dimos	fuimos	
disteis	fuisteis	
dieron	fueron	

Observaciones:

1. A éstos se añade el verbo **ver**, perfectamente regular, que sin embargo presenta una irregularidad ortográfica en las formas de primera y tercera persona (**yo** y **él/ella/usted**): por tratarse de monosílabos, pierde los acentos gráficos.

2. El verbo **dar** sigue las terminaciones regulares de los verbos en —er e —ir, en lugar de seguir las de su grupo (—**ar**). Además, también pierde los acentos gráficos en sus formas monosilábicas[3].

3. Los verbos **ser** e **ir** son idénticos en pretérito indefinido. El contexto suele aclarar, no obstante, de cuál de ellos se trata.

2. USOS

Se suele explicar el indefinido refiriéndose a actos o procesos que duran, que se repiten o puntuales; pero, en realidad, estas distinciones no son pertinentes en el análisis de este tiempo. No existen acontecimientos que, por sí mismos, exijan el empleo del pretérito indefinido más que el del imperfecto o el de un tiempo compuesto. Un mismo acontecimiento puede ser relatado de distintas maneras mediante el empleo de uno u otro de estos tiempos. Para entender el funcionamiento del pretérito indefinido no hay que analizar, pues, lo que son los hechos en su realidad extralingüística, ya que existen independientemente de la lengua. Como ya hemos dicho, al referirse a ellos con la lengua, el enunciador hace con ellos distintas cosas, según sus intenciones y sus intereses del momento: usará el pretérito indefinido cuando quiere informar sobre hechos en sí, sin añadir nada más. El enunciador no quiere describir o evocar una situación, ni referir los hechos en relación con otra situación, sino limitarse a informar sobre cosas sucedidas en el pasado.

➤ Contraste imperfecto / pretérito indefinido
➤ Contraste pretérito indefinido / pretérito perfecto
➤ Hablar del pasado
➤ Imperfecto

En español, al contrario de lo que ocurre en otros idiomas (alemán, francés, italiano) en los que el tiempo equivalente del pretérito indefinido sólo se emplea en los registros más formales, o en los relatos escritos, el pretérito indefinido interviene siempre que se relata o se informa sobre hechos pasados, tanto oralmente como por escrito.

Difícilmente puede emplearse este tiempo con marcadores temporales que se refieren a momentos no acabados, o que abarcan un período de tiempo que termina en el momento de la enunciación (como por ejemplo **todavía**: *"Esperé todavía un rato sin decidirme a hablar."*).

---

3 Los monosílabos no llevan acento gráfico.

EL IMPERFECTO DE INDICATIVO

El imperfecto de indicativo es un tiempo marcado por la problemática temporal cronológica como tiempo del pasado, pero también tiene usos frecuentes relacionados con el presente y el futuro. El enunciador usa este tiempo para presentar sucesos pasados creando una perspectiva o un marco contextual para otros sucesos que quiere relatar, o una situación que quiere evocar.

Además, como se verá, este tiempo tiene numerosos usos funcionales para suavizar ciertas afirmaciones, peticiones, etc.

1. CONJUGACIÓN

Para conjugar los verbos en imperfecto de indicativo se sustituyen las terminaciones —ar, —er o —ir del infinitivo por las de cada persona:

Terminaciones del imperfecto		
	-ar	**-er / -ir**
yo	**-aba**	**-ía**
tú	**-abas**	**-ías**
él / ella / usted	**-aba**	**-ía**
nosotros / nosotras	**-ábamos**	**-íamos**
vosotros / vosotras	**-abais**	**-íais**
ellos / ellas / ustedes	**-aban**	**-ían**

Ejemplos:

hablar	comer	escribir
hablaba	comía	escribía
hablabas	comías	escribías
hablaba	comía	escribía
hablábamos	comíamos	escribíamos
hablabais	comíais	escribíais
hablaban	comían	escribían

Observaciones:

1. Las terminaciones son idénticas para los verbos en —er y en —ir.

2. Se repiten todos los elementos característicos de cada persona en las terminaciones de los tres grupos.

3. El acento descansa siempre en las terminaciones: ningún verbo presenta alteraciones en la raíz.

1.1. VERBOS IRREGULARES

Los verbos irregulares son sólo tres:

ser	ir	ver
era	iba	veía
eras	ibas	veías
era	iba	veía
éramos	íbamos	veíamos
erais	ibais	veíais
eran	iban	veían

2. USOS

2.1. PUNTO DE VISTA TEMPORAL

Desde un punto de vista temporal el imperfecto de indicativo parece ser un tiempo del pasado: si se considera este tiempo aislado, fuera de todo contexto (cosa que sucede raramente: todo lo que se dice en una lengua suele estar en un contexto), se tiende a pensar en el pasado, debido seguramente a la frecuencia con que se usa este tiempo para referirse al pasado. Sin embargo, también se encuentran usos frecuentes de este tiempo en relación con el presente y el futuro cronológicos: en estos casos, el empleo de este tiempo tiene poco que ver con los problemas temporales.

2.1.1. El imperfecto como tiempo del pasado

El enunciador emplea el imperfecto en lugar del pretérito indefinido para referirse a sucesos pasados que no le interesa relatar en sí, sino tan sólo en la medida en que constituyen rasgos o características de una situación que está tratando de reproducir lingüísticamente.

Generalmente, el imperfecto se explica diciendo que se emplea para acciones que duran, acciones que se repiten, acciones inacabadas y acciones que se desarrollan sólo una vez (puntuales). La idea de duración, repetición, puntualidad, o la perspectiva de futuro con respecto a un momento pasado no se debe tan sólo al empleo del imperfecto, sino a una coincidencia de varios elementos, entre los que desempeñan un papel fundamental el contexto, el conocimiento que tienen el hablante y su oyente del mundo con todas las experiencias que comporta, la presencia, en algunos casos, de determinadas expresiones temporales, el conocimiento por parte de quien habla y escucha del uso que se hace de la lengua y el semantismo de cada verbo.

[1] ● **En aquella época iba siempre en metro, porque no tenía coche.**

Así, en este ejemplo, la idea de repetición se debe a la combinación de nuestro conocimiento de lo que es *ir en metro,* con expresiones como **en aquella época** o **siempre**. Por otra parte, la idea de duración, asociada a **no tenía coche** no es sino una consecuencia de la combinación de **en aquella época** con nuestra experiencia de *tener coche.* Sabemos que se refiere a una situación (idea de duración) y no a un acto puntual.

[2] ● **Iba en metro cuando me encontré con él.**

En este otro ejemplo, no se asocia **ir en metro** con una idea de habitualidad o repetición debido a la ausencia de expresiones temporales que le den cierta amplitud, y al hecho de que en este uso se encuentra asociado a **me encontré con él.**

La función del imperfecto es idéntica en todos estos casos. Se trata de presentar la relación entre un sujeto y un predicado como algo totalmente estático, inmovilizado en un instante, igual que cuando se detiene el proyector en una imagen para analizarla y observarla. Además, el imperfecto le atribuye a la relación sujeto —predicado que presenta, el estatuto de mera característica de una situación que el enunciador está intentando evocar o describir: en el imperfecto no suceden cosas, en el sentido de que lo expresado en imperfecto no remite directamente a su referente extralingüístico (acto, acontecimiento o proceso), al contrario de lo que sucede cuando se expresa algo en pretérito indefinido. El imperfecto usa elementos extralingüísticos para plantearlos como marco situacional de una información:

[3] ● **Yo estaba en casa cuando llegó Pedro.**

La oposición imperfecto / indefinido se sitúa por lo tanto en el nivel en el que la lengua habla de sí misma y del estatuto que se quiere dar a lo dicho, y no ya en el plano de la "transparencia", en el que la lengua se borra ante su referente extralingüístico:

[4] ● **Hacía un día horrible.**

Con esta frase, el enunciador da efectivamente una información sobre un fenómeno extralingüístico que antes no estaba disponible para su interlocutor; pero, sin embargo, no es éste el elemento principal del que quiere hablar. Su objetivo no es remitir a su interlocutor a este dato extralingüístico, sino presentar dicha información como contexto de otra cosa que todavía no se ha dicho[1].

[5] ● **Hizo un día horrible.**

Con esta otra frase, lo único que quiere hacer el enunciador es informar a su interlocutor sobre un fenómeno extralingüístico en sí. Lo remite, por lo tanto, directamente a él.

Hay casos en los que el enunciador utiliza el imperfecto para relatar sucesos que le interesan en sí, porque su objetivo principal, en ese momento, no es sólo dar los datos en concreto sino evocar la situación misma en que se produjeron. Estos empleos tienen efectos expresivos múltiples. Algunos de ellos, referidos a sucesos puntuales, son típicos del lenguaje periodístico, que busca efectos impresionistas: reportajes sobre partidos de fútbol, corridas de toros, etc.

[6] ● **Y en ese mismo instante, a veinte kilómetros de allí, estallaba la primera bomba.**

Además, destacan los usos frecuentes del imperfecto para hablar de cosas habituales en el pasado: en tales casos, también lo que quiere hacer el enunciador es evocar/describir una situación/época del pasado en la que se produjeron los sucesos habituales que presenta, y no sólo informar sobre los acontecimientos en sí:

[7] ● **Cuando estaba en Sevilla, siempre me acostaba pasadas las doce y me levantaba hacia las diez.**

2.1.2. El imperfecto se emplea también en relación con el presente cronológico para neutralizar parcialmente el carácter remático (nuevo) de la información y presentarla como algo que ya estaba en el aire:

[8a] ● **¿Tú dónde vas a pasar el verano?**
     ○ **Pues pensaba irme a Canadá a ver a mi hermana.**

El empleo de este tiempo es una estrategia que el enunciador emplea muy a menudo para no mostrarse demasiado decidido, no afirmar con demasiada energía su yo, y parecer, en cierta medida, más dispuesto al diálogo, más disponible.

---

1 En realidad, el imperfecto sirve para presentar la acción verbal como algo que ya estaba en el contexto, para proyectar lo dicho en el mundo de lo que para el enunciador es anterior a la información clave que le interesa dar. Aun en los casos en los que sólo se trata de evocar una situación pasada, o de hablar de hábitos en el pasado, al poner los verbos en imperfecto, el enunciador presenta la acción verbal como algo *anterior,* que ya estaba en el contexto. De ahí que el imperfecto sirva para hablar de situaciones más que de acciones en sí.

En [8a], el enunciador puede tener sus planes hechos, pero se muestra bien dispuesto hacia su interlocutor. En este caso concreto, esto puede significar, por ejemplo, que todavía acepta considerar otras propuestas. Al contrario, en [8b] sólo anuncia sus planes, pero no muestra ninguna disponibilidad hacia el otro:

[8b] ● ¿Tú dónde vas a pasar el verano?
      ○ Pues pienso irme a Canadá a ver a mi hermana.

A veces, lo que se neutraliza son simplemente ciertos rasgos semánticos de un verbo. Es el caso típico de los usos del imperfecto en la expresión de peticiones, deseos, etc.:

[9]   ● Quería un bolso como ésos del escaparate.

En estos contextos, al presentar sus deseos/peticiones/etc., como algo que ya estaba en la situación, el hablante neutraliza su carácter remático y parte de la fuerza ilocutoria que de él depende.

2.1.2.1. El imperfecto como mecanismo de tematización

Es frecuente que el hablante se refiera a informaciones que ya se han dado para pedir confirmación de las mismas o para contrastarlas con otras informaciones mediante el imperfecto:

[10] ● Oye, ¿cómo me has dicho que te llamabas?

[11] ● Acabo de ver a Maite...
      ○ Pero ¿no estaba dando un cursillo en Bucarest?

2.2. FICCIONES

Con frecuencia se emplea el imperfecto de indicativo para hablar de cosas sucedidas en sueños, o para crear situaciones ficticias (especialmente en los juegos de los niños):

[12] ● Soñé que venía mi vecina, y me contaba que había cambiado de trabajo, y que ahora se dedicaba a criar gallinas, y me pedía que le prestara mi casa porque necesitaba más espacio...

[13] ● Yo era el papá, y tú eras la mamá. Vivíamos en una casa muy grande. Yo trabajaba en una oficina...

CON MÁS DETALLE:

Es interesante el hecho de que no se emplee aquí el subjuntivo: la explicación está en que se trata de informaciones nuevas presentadas como rasgos que caracterizan / definen la situación previa, el contexto en el que nos movemos. Esto demuestra claramente que no tiene sentido pretender dar cuenta de la oposición indicativo / subjuntivo diciendo que el indicativo se refiere a hechos reales y el subjuntivo a hechos irreales.

MODO VIRTUAL

La característica principal de los tiempos de este modo es la de informar sobre cosas virtuales o consideradas como tales por el enunciador.

Se emplea el futuro de indicativo (o, en nuestra propuesta terminológica, *presente de virtual*) para predecir cosas virtuales con respecto al momento de la enunciación.

Se utiliza el condicional (o, en nuestra propuesta terminológica, *adquirido de virtual*) para expresar lo que, en ciertas circunstancias, el hablante considera como virtualmente asimilado/asumido con respecto al momento del que está hablando.

Tradicionalmente estos dos tiempos no se agrupan en un modo exclusivo de ellos. Algunos manuales los agrupan a ambos en el indicativo. Otros consideran el condicional como un modo aparte. Sin embargo, estos dos tiempos tienen elementos evidentes en común, que los diferencian de todos los demás tiempos de los que dispone el sistema verbal español: por eso preferimos agruparlos en un modo virtual, aun manteniendo los nombres que la tradición gramatical ha dado a estos dos tiempos, para no confundir al lector con una terminología que no le es familiar.

EL FUTURO DE INDICATIVO

El futuro de indicativo es un tiempo estrechamente relacionado tanto con el presente como con el futuro con respecto al momento de la enunciación.

La mayoría de los análisis presentan este tiempo como tiempo del futuro y añaden que, además, tiene empleos relacionados con el presente, que algunos autores definen como *oblicuos* o *impropios*. Sin embargo, sus usos en relación con el futuro cronológico no son más numerosos que los relacionados con el presente de la enunciación. Por otra parte, no es éste el único tiempo que se utiliza para hablar del futuro, y su empleo tiene unas implicaciones que lo hacen de difícil aparición en ciertos contextos.

En el fondo, hablar del futuro cronológico no es sino expresar lo que en el momento de la enunciación nos parece que puede producirse en el futuro, es decir lo que vemos como virtual en el momento de la enunciación, que es el presente cronológico. El futuro es, pues, una forma para hablar de lo virtual en el presente.

Por estas razones, nos parecería más adecuado hablar de este tiempo como de un *presente de virtual*. Sin embargo, para no confundir al lector con una terminología nueva que no le es familiar, mantendremos aquí el apelativo tradicionalmente aceptado y nos referiremos a él con *futuro*.

1. CONJUGACIÓN

1.1. VERBOS REGULARES

En la conjugación de los verbos en futuro de indicativo se añaden las terminaciones de cada persona al infinitivo del verbo, que, al contrario de lo que ocurre en otros tiempos, no pierde las terminaciones —**ar**, —**er** o —**ir**.

Terminaciones del futuro de indicativo	
yo	**-é**
tú	**-ás**
él / ella / usted	**-á**
nosotros / nosotras	**-emos**
vosotros / vosotras	**-éis**
ellos / ellas / ustedes	**-án**

Ejemplos:

habl**ar**	com**er**	escrib**ir**
hablar**é**	comer**é**	escribir**é**
hablar**ás**	comer**ás**	escribir**ás**
hablar**á**	comer**á**	escribir**á**
hablar**emos**	comer**emos**	escribir**emos**
hablar**éis**	comer**éis**	escribir**éis**
hablar**án**	comer**án**	escribir**án**

est**ar**	s**er**	**ir**
estar**é**	ser**é**	ir**é**
estar**ás**	ser**ás**	ir**ás**
estar**á**	ser**á**	ir**á**
estar**emos**	ser**emos**	ir**emos**
estar**éis**	ser**éis**	ir**éis**
estar**án**	ser**án**	ir**án**

Observaciones:

1. Las terminaciones corresponden exactamente al presente de indicativo del verbo **haber** (sin la **h**), excepto en la forma de segunda persona de plural (**vosotros**), en la que ha perdido una sílaba.

2. Como en todos los demás tiempos, excepto en imperativo, en futuro también aparecen los elementos característicos de cada persona.

3. Nótese que el acento recae siempre en la terminación.

1.2. VERBOS IRREGULARES

Los verbos irregulares son los mismos en futuro y en condicional, y siguen las terminaciones de todos los demás verbos.

Su irregularidad consiste en que en lugar de añadirse las terminaciones al infinitivo, se añaden a una raíz irregular propia de los tiempos virtuales. Dicha raíz se ha constituido a partir del infinitivo, que, en los tiempos virtuales ha perdido una sílaba, y al que se ha añadido, en algunos casos, una consonante.

lista de los principales verbos irregulares con sus respectivas raíces virtuales:

infinitivo		raíz para la conjugación de los tiempos virtuales
querer	→	**querr-**
decir	→	**dir-**
hacer	→	**har-**
haber	→	**habr-**
saber	→	**sabr-**
caber	→	**cabr-**
poder	→	**podr-**
poner	→	**pondr-**
venir	→	**vendr-**
tener	→	**tendr-**
salir	→	**saldr-**

Además de estos verbos, sus compuestos:

contradecir	→	**contradir-**
rehacer	→	**rehar-**
sobreponer	→	**sobrepondr**
intervenir	→	**intervendr-**
convenir	→	**convendr-**
retener	→	**retendr-**
...		**...**

Ejemplos:

venir	**tener**	**decir**	**saber**
vendré	tendré	diré	sabré
vendrás	tendrás	dirás	sabrás
vendrá	tendrá	dirá	sabrá
vendremos	tendremos	diremos	sabremos
vendréis	tendréis	diréis	sabréis
vendrán	tendrán	dirán	sabrán

2. USOS

El futuro tiene usos múltiples, bastante distintos entre ellos, aunque todos perfectamente en la línea de lo que es su esencia.

2.1. PUNTO DE VISTA TEMPORAL

Desde un punto de vista temporal cronológico, el futuro se puede referir tanto al futuro como al presente con respecto al momento de la enunciación.

2.1.1. Referido al futuro cronológico, se utiliza este tiempo para predecir, prever, anunciar cosas que vienen después del momento en el que se desarrolla la comunicación cuando no se viven como totalmente incorporadas en el momento de la enunciación. Puede ir acompañado o no por marcadores de tiempo:

[1] ● **Lloverá en el norte, y en el sur descenderán las temperaturas.**

[2] ● **¿Y cuándo vemos a los Yáñez?**
○ **¡Ay, qué pereza!... Ya quedaremos...**

2.1.2. Referido al presente cronológico

2.1.2.1. El enunciador utiliza el futuro para formular sus hipótesis y expresar lo que a.él le parece probable o posible[1]. Puede haber o no marcadores de tiempo en la frase, ya que el contexto suele aclarar de manera inequívoca si se trata de.un empleo del futuro referido al presente o al futuro:

[3] ● **¿Ya habrán llegado?**
○ **Sí, seguramente a estas horas ya estarán en Madrid.**

2.1.2.2. También se emplea el futuro cuando no se considera del todo plausible una relación *sujeto — predicado*. El efecto expresivo más frecuente es el de "incredulidad":

[4] ● **Tendrá mucho dinero, pero mira cómo anda vestido.**

En estos contextos en que se usa este tiempo para expresar incredulidad, lo único que se hace es simplemente presentar informaciones como algo virtual, negándole así, en parte, el estatuto de información a algo dicho anteriormente y que no se ha aceptado plenamente.

2.1.3. Futuro / presente de indicativo

Estos dos tiempos se oponen tanto en sus empleos en relación con el presente cronológico, como en los que se refieren al futuro con respecto al momento de la enunciación.

En relación con el presente cronológico, el futuro señala que lo expresado es para el enunciador tan sólo virtual, con todos los efectos expresivos que puedan derivar de esto: probabilidad, incredulidad, etc., mientras que el presente de indicativo lo presenta como algo efectivo, que ya es.

En estos casos el futuro es más o menos el equivalente de un presente de indicativo

---

1 Se trata de lo que suele llamarse *futuro de probabilidad*.

acompañado de algún elemento que exprese que se trata de algo que el enunciador sólo considera probable o posible[2]:

[5a] ● ...
      ○ ... **Estará con sus amigos.**

también es equivalente de:

[5b] ● ...
      ○ ... **Probablemente está con sus amigos.**

En sus empleos referidos al futuro cronológico el futuro subraya el hecho de que para quien habla se trata de cosas virtuales, mientras que el presente de indicativo muestra en cierta medida, las cosas como si ya estuvieran perfectamente integradas en el presente de la enunciación. En este sentido es significativa la dificultad de encontrar contextos en los que sean gramaticales los enunciados:

[6a] ● ***Mañana hace buen tiempo.**

y

[7a] ● ***Mañana será mi cumpleaños.**

Sus versiones normales son:

[6b] ● **Mañana hará buen tiempo.**

y

[7b] ● **Mañana es mi cumpleaños.**

Los registros más formales emplean con mayor frecuencia el futuro para referirse a hechos futuros, porque el lenguaje formal tiende a borrar en gran medida toda participación directa de quien habla en lo que dice, y muchos de los elementos que inscriben lo que se dice en la situación (por ejemplo ciertos deícticos, etc.).

2.2. PUNTO DE VISTA NOCIO-FUNCIONAL

Este tiempo se emplea con distintos objetivos e intenciones:

2.2.1. Para dar órdenes de manera bastante categórica, sin que el otro pueda contestar nada: el empleo de esta forma no deja ninguna posibilidad de rechazo de la orden, o de rebelarse ante ella. Se trata de órdenes que se parecen mucho a un punto final sobre un asunto, terminantes, como las leyes, los mandamientos:

[8] ● **No matarás.**

---

2 Esto no impide, naturalmente, que el futuro también pueda ir acompañado de otros elementos que refuercen su carácter virtual.

Las órdenes expresadas en futuro son, en realidad, predicciones, impuestas por el enunciador, de lo que sucederá. De ahí que sean inapelables: si a un sujeto le piden o mandan que haga algo puede rechazar, defenderse, protestar, etc. Si dictatorialmente le presentan el porvenir (se lo imponen), no puede sino doblegarse, y ante la imposibilidad de rebelarse no contesta. Aun cuando no le guste lo que le han mandado, o no crea en la predicción impuesta. Por estos motivos las órdenes formuladas en futuro cobran una fuerza enorme, son terminantes, independientemente de que se realice o no lo mandado.

2.2.2. Se utiliza a menudo el futuro en enunciados que formalmente son preguntas afirmativas o negativas, para expresar la no aceptación plena de la relación *sujeto — predicado*. Los efectos expresivos pueden, en este caso también, ser múltiples: duda, sorpresa, rechazo de algo, desafío, etc. En muchas ocasiones con este tipo de enunciado se trata de conjurar algo indeseado, considerado, en cierto sentido, como "peligro". A veces, la intención comunicativa es provocar algún tipo de reacción por parte del otro.

En la mayoría de los casos estas preguntas son, en realidad, exclamaciones: el hablante expresa de manera totalmente espontánea, con toda su intensidad, un rechazo de la relación *sujeto — predicado* evocada:

[9a] ● **¿Me estaré equivocando?**

[10] ● **¡¿Será imbécil?!¡Habráse visto!**

[11] ● **¿No irás a decirme que ya te vas?**

En este tipo de enunciado lo que hace el hablante es plantear en su forma virtual la relación sujeto — predicado para poder considerarla y observarla. El elemento pregunta presente en estos enunciados permite al enunciador evocar la relación sujeto - predicado en su forma virtual sin que por ello constituya información. En [9b] referido al presente el enunciador afirma una relación sujeto - predicado en su forma virtual (cualquiera que sea el efecto expresivo):

[9b] ● **Me estaré equivocando.**

Al contrario, en:

[9a] ● **¿Me estaré equivocando?**

no se da la afirmación, porque el enunciador sólo quiere considerar la relación en cuestión. Esta consideración puede hacerse desde las perspectivas y actitudes emotivas más variadas (duda, rabia, sorpresa, enfado, etc.), y en cada caso, irá acompañada de una entonación y una mímica adecuadas, que contribuirán considerablemente a la interpretación del efecto expresivo.

3. NO SE USA EL FUTURO

3.1. ORACIONES CONDICIONALES

No se usa el futuro para expresar condiciones que se refieren al futuro: en estos casos se expresa la condición en presente de indicativo si la condición va introducida por **si**, o en subjuntivo si va introducida por otra de las partículas condicionales. La oración principal (es decir la apódosis, lo que depende de la condición) se pone en futuro, presente de indicativo, o en imperativo:

[12]   ● **Si acabamos pronto, iremos al cine.**

[13]   ● **Si acabamos pronto, vamos al cine.**

3.2. ORACIONES QUE DEFINEN

Tampoco se emplea el futuro en las oraciones subordinadas que se refieren al futuro y que sirven como definición de algún elemento (*momento*, *persona*, *lugar*, *objeto*, etc.): en estos casos se pone en subjuntivo la subordinada que define, y en presente de indicativo, en futuro, o en imperativo la oración principal:

[14]   ● **Cuando llegue, llámame.**

[15]   ● **Durante las vacaciones sacaré fotos de todos los sitios adonde vaya.**

Cuando llegue define un momento; **adonde vaya**, un lugar.

EL CONDICIONAL

La función del condicional es informar sobre relaciones entre sujetos y predicados virtuales, como si ya pertenecieran al dominio de las cosas que se han producido, aun siendo virtuales todavía.

Esto le confiere a este tiempo unas posibilidades expresivas considerables, de las que los apelativos tradicionales *condicional* y *potencial* no nos parecen dar cuenta de manera adecuada, ya que no siempre los usos de este tiempo están relacionados con una condición o con la expresión de la posibilidad. Además, hay una relación estrecha entre el condicional y el futuro, ya que este último también informa sobre predicados virtuales, pero a diferencia del condicional que puede funcionar en distintos niveles y con distintas funciones tanto en relación con el presente y el futuro cronológicos como con el pasado cronológico, el futuro sólo sirve para referirse al presente o al futuro cronológico: el futuro sería, pues, el virtual del presente, y el condicional sería el virtual que presenta las cosas como asimiladas. Por este motivo, nos parecería más adecuado inventar un nuevo nombre para este tiempo, como por ejemplo *adquirido de virtual* frente al futuro de indicativo (que sería, en nuestra propuesta terminológica, el *presente de virtual*). Sin embargo, para no crear mayores problemas al lector, no familiarizado con esta terminología nueva, mantendremos en esta obra la terminología tradicional.

➲ Imperfecto de indicativo
➲ Imperfecto de subjuntivo

1. CONJUGACIÓN

1.1. VERBOS REGULARES

Igual que el futuro, el condicional se conjuga añadiendo las terminaciones de cada persona al infinitivo del verbo.

Las terminaciones son idénticas para todos los verbos.

Terminaciones del condicional	
yo	-ía
tú	-ías
él / ella / usted	-ía
nosotros / nosotras	-íamos
vosotros / vosotras	-íais
ellos / ellas / ustedes	-ían

Ejemplos:

hablar	comer	subir
hablaría	comería	subiría
hablarías	comerías	subirías
hablaría	comería	subiría
hablaríamos	comeríamos	subiríamos
hablaríais	comeríais	subiríais
hablarían	comerían	subirían

estar	ser	ir
estaría	sería	iría
estarías	serías	irías
estaría	sería	iría
estaríamos	seríamos	iríamos
estaríais	seríais	iríais
estarían	serían	irían

Observaciones:

1. Las terminaciones son idénticas a las del imperfecto de indicativo de los verbos en —**er** y en —**ir**.

2. Como en todos los tiempos, aparecen los elementos característicos de cada persona.

3. El acento descansa siempre en la terminación.

1.2. VERBOS IRREGULARES

Los verbos irregulares son los mismos que en futuro.

Su irregularidad consiste, como en futuro, en que en lugar de añadirse las terminaciones al infinitivo, se añaden a una raíz propia de los tiempos virtuales, que se ha constituido a partir del infinitivo, que en los tiempos virtuales ha perdido una sílaba, y al que se ha añadido, en algunos casos, una consonante.

Las terminaciones, por otra parte, son iguales para todos los verbos.

Lista de los principales verbos irregulares con sus respectivas raíces virtuales:

infinitivo	→	raíz para la conjugación de los tiempos virtuales
querer	→	querr-
decir	→	dir-
hacer	→	har-
haber	→	habr-
saber	→	sabr-
caber	→	cabr-
poder	→	podr-
poner	→	pondr-
venir	→	vendr-
tener	→	tendr-
salir	→	saldr-

Además de estos verbos, sus compuestos:

contradecir	→	contradir-
rehacer	→	rehar-
sobreponer	→	sobrepondr-
intervenir	→	intervendr-
convenir	→	convendr-
retener	→	retendr-
...	→	...

Ejemplos:

venir	tener	decir	saber
vendría	tendría	diría	sabría
vendrías	tendrías	dirías	sabrías
vendría	tendría	diría	sabría
vendríamos	tendríamos	diríamos	sabríamos
vendríais	tendríais	diríais	sabríais
vendrían	tendrían	dirían	sabrían

2. USOS

2.1. PUNTO DE VISTA TEMPORAL

Desde un punto de vista temporal el condicional se puede referir tanto al pasado cronológico, como al futuro y al presente.

2.1.1. Referido al pasado, se utiliza:

2.1.1.1. Para formular hipótesis, desde el presente de la enunciación, sobre algún momento del pasado cronológico:

[1]   ● **Quién sabe por qué no llegaron anoche...**
       ○ **Ya sabes cómo son... Saldrían tarde, y perderían el tren...**

CON MÁS DETALLE

En la mayoría de estos empleos, el condicional suele estar en oraciones independientes, aunque puede ocurrir que se halle en oraciones subordinadas complemento directo de un verbo que exprese una suposición del hablante: **creer, imaginar, suponer,** etc.

[2]   ● **¿Cómo es que Ernesto no vino ayer a casa de Carmen?**
       ○ **No sé, pero me imagino que estaría trabajando.**

2.1.1.2. Para hablar del futuro con respecto a un momento pasado, desde la perspectiva del presente de la enunciación: se trata de lo que la tradición gramatical denominaba futuro del pasado.

[3a]   ● **Ese mismo año, nuestro autor se volvió a España, donde moriría pocos meses después.**

CON MÁS DETALLE

En los empleos en los que se refiere al futuro con respecto a momentos pasados, el condicional suele estar en oraciones subordinadas: en la gran mayoría de los casos se trata de estilo indirecto (alguien cuenta cosas dichas anteriormente).

Sin embargo, puede ocurrir que se emplee el condicional referido al futuro con respecto a momentos pasados en oraciones subordinadas que no sean de estilo indirecto, o en oraciones independientes:

[3b]   ● **Ese mismo año, nuestro autor se volvió a España, y allí moriría pocos meses después.**

Se dan muchos usos como éstos en el llamado *estilo indirecto libre.*

Aunque el futuro con respecto a un momento pasado se expresa en la mayoría de los idiomas (como en español) con un condicional simple, hay idiomas (como el italiano) en que se expresa con un condicional compuesto.

2.1.2. Referido al presente cronológico, se emplea:

2.1.2.1. Al referirse a hechos que el hablante quiere presentar como irreales porque dependen de condiciones que, según él, no se han cumplido:

[4]   ● Si viviera en Madrid, saldría todas las noches.

[5]   ● Yo que tú no me portaría así.

CON MÁS DETALLE

En un registro muy literario / culto[1], el condicional puede ser sustituido en estos empleos por la forma en —**ra** del imperfecto de subjuntivo[2] sin ningún cambio de matiz.

⮑ Imperfecto de subjuntivo

2.1.2.2. Para suavizar ciertas afirmaciones, de modo que no parezcan demasiado rotundas:

[6]   ● Oiga, ¿puedo hablar con usted un momento?
        ○ Sí, pase, pase...
        ● Es que mañana necesitaría tener la tarde libre. Es que...

Se trata, en la mayoría de estos casos, de la expresión de deseos/necesidades por parte de quien habla, que elige esta forma para ser más cortés y educado, o por respeto a su interlocutor, para no imponerse de manera demasiado rotunda: es ésta una manera más tímida de expresarse que su alternativa en presente de indicativo. Es interesante notar que, normalmente, en estos contextos va acompañado de una justificación explícita del deseo o de la necesidad: es ésta una manifestación de una tendencia cultural del español a suavizar la expresión de los deseos.

2.1.2.3. En enunciados afirmativos, para que no parezcan demasiado enérgicos o bruscos. Esto les da con frecuencia un matiz de mayor respeto hacia el interlocutor; el sujeto enunciador no quiere ponerse demasiado en primer plano:

[7]   ● Y tú ¿qué opinas?
        ○ Yo diría que las cosas no son tan sencillas, y que, antes de juzgar a otro, hay que entender bien por qué hace lo que hace...

2.1.3.   Referido tanto al presente como al futuro cronológico, se emplea:

2.1.3.1. Al referir palabras de otro o dar noticias, para señalar la persona que habla que no se responsabiliza de lo que dice, o que no lo cree totalmente:

[8]   ● Según fuentes oficiosas el Primer Ministro tendría la intención de dimitir.

⮑ Discurso referido

---

1 El empleo de un registro inadecuado para la situación puede resultar presumido, pedante, vulgar, etc. En este caso, la sustitución a la que aludimos es propia del lenguaje escrito.

2 Imposible la sustitución por la forma en —**se**.

2.1.3.2. Al dar consejos con expresiones como **deber, tener que, ser mejor que, ser convenir que, convenir que**, etc.. se ponen estas expresiones en condicional para suavizar la presión ejercida sobre el interlocutor:

[9] ● **Deberías estudiar un poco más, ¿no crees?**

[10] ● **Sería bueno que lo hicieras mañana.**

[11] ● **Yo que tú no me portaría así.**

2.1.3.3. Con el verbo **gustar** que, incluso en presente de indicativo, se refiere a experiencias ya vividas, se emplea el condicional para neutralizar este rasgo y poder usarlo en relación con cosas no vividas (por ejemplo, en la expresión de deseos):

[12] ● **Me gustaría pasar las vacaciones en México.**

⊃ El presente de indicativo

⊃ Para entender 2.3.

2.1.4. Referido al futuro cronológico, se emplea:

Para referirse a hechos que el hablante considera poco probables, porque dependen de condiciones que considera de improbable realización:

[13] ● **Si me tocara la lotería, dejaría de trabajar y me pasaría la vida leyendo.**

2.3. CON MÁS DETALLE

Este tiempo está compuesto por una combinación del elemento *virtual* con el elemento *pasado [adquirido]* y sirve por lo tanto para atribuir predicados que en ciertas condiciones / situaciones pueden ser considerados como virtualmente asimilados *(adquiridos)*, es decir como algo que ya se ha producido, o que podemos considerar ya como perteneciente en su forma virtual al sujeto gramatical o a la situación.

2.3.1. El elemento *virtual* tiene la función que lo caracteriza cada vez que aparece en el sistema gramatical del español: informar sobre cosas virtuales, no realizadas (todavía), pero que podrían realizarse.

2.3.2. El elemento *pasado (adquirido)* puede, como todas las veces que aparece, tener múltiples funciones:

2.3.2.1. Proyectar hacia el pasado el elemento al que se refiere:

[14] ● Tenían que estar aquí a las diez...
○ Ya sabes cómo son... Saldrían tarde y perderían el tren...

[15] ● Ayer me dijo que me llamaría hoy por la mañana.

En todos estos casos, se atribuye un predicado en su forma virtual a un sujeto o una situación del pasado. En el primer ejemplo, dicha atribución se hace desde el presente de la enunciación, es decir que el enunciador expresa lo que en el presente de la enunciación le parece plausible *(virtual)* para la situación pasada a la que se está refiriendo. Esta "suposición a posteriori" se ve proyectada en el pasado por el elemento *pasado (adquirido)*. En el último, se trata de algo que ya estaba presente virtualmente en el momento del que se está hablando; es decir que en la situación misma había unos elementos virtuales "en el aire".

2.3.2.2. Presentar una relación *sujeto—predicado* como un elemento pasado *(adquirido)* en el presente, es decir como relación que ya se ha producido, y que existe. Desde un punto de vista cronológico, el predicado considerado puede referirse tanto al presente como al futuro, ya que el componente *virtual* no da indicación de tiempo. Esta operación que consiste en atribuir el elemento *pasado (adquirido)* a un predicado virtual puede estar o no subordinada a ciertas condiciones:

[16] ● **Ahora me tomaría una cervecita bien fresquita.**

[17] ○ **Si viviera en Madrid, saldría todas las noches.**

2.3.3. La combinación del elemento *pasado (adquirido)* con el elemento *virtual* neutraliza en parte la tendencia a presentar lo dicho como predicciones que la posibilidad de informar confiere al elemento *virtual*. Esto hace que el condicional quede más libre que el futuro para decir cosas virtuales sin que sean interpretadas como predicciones, anuncios, etc. Se explica así el hecho de que se emplee más a menudo el condicional que el futuro para neutralizar afirmaciones, o ciertos rasgos semánticos de algunos verbos:

[18] ● **Deberías estudiar un poco más, ¿no crees?**

[19] ● **Sería bueno que lo hicieras mañana.**

[20] ● **Me gustaría pasar las vacaciones en México.**

También se entiende mejor por qué, una vez neutralizado el carácter predictivo del elemento *virtual*, y, por ende, parte de su fuerza para presentar informaciones nuevas, se emplee tanto el condicional para *decir cosas a medias* (señalar que no hay plena aceptación del predicado) en el presente cronológico:

[21] ● **Según fuentes oficiosas, el Primer Ministro tendría la intención de dimitir.**

EL SUBJUNTIVO

La característica esencial que distingue al subjuntivo de todos los demás tiempos del español es que no presenta informaciones nuevas.

El enunciador pone los verbos en subjuntivo cuando sólo se quiere referir a la relación entre un sujeto y un predicado, sin dar informaciones sobre el sujeto del verbo.

Al contrario, con los verbos en indicativo o en condicional tenemos informaciones nuevas sobre el sujeto de cada verbo.

EL PRESENTE Y EL IMPERFECTO DE SUBJUNTIVO

El funcionamiento del imperfecto de subjuntivo es paralelo al del presente de subjuntivo en la mayoría de sus contextos de uso. En el imperfecto de subjuntivo, se añade, respecto del presente, un elemento *pasado (adquirido)* abstracto, que tiene la función de señalar que la relación a la que se refiere pertenece al universo de lo que se puede considerar como algo que ya es, porque ya se ha producido, ya sea en el plano conceptual abstracto (cronología de las operaciones metalingüísticas), ya sea en una cronología extralingüística. Dicho elemento *pasado* amplía considerablemente las posibilidades de utilización de este tiempo con respecto al tiempo cronológico extralingüístico, ya que le permite funcionar tanto en relación con el presente como con el pasado y el futuro, al contrario del presente de subjuntivo[1].

En todos los usos del subjuntivo, el enunciador se refiere a relaciones entre sujetos y predicados que no constituyen información.

1. CONJUGACIÓN DEL PRESENTE DE SUBJUNTIVO

1.1. TERMINACIONES

Como en casi todos los demás tiempos, la conjugación de los verbos en presente de subjuntivo se obtiene sustituyendo las terminaciones **—ar**, **—er** o **—ir** por las de las distintas personas:

---

[1] El imperfecto de subjuntivo comparte este elemento *pasado (adquirido)* con el imperfecto de indicativo y con el condicional, por lo que hay parecidos y paralelismos entre estos tres tiempos, que los hablantes en algunos casos confunden. Nos parecería conveniente, pues, adoptar para este tiempo un apelativo que diera bien cuenta de dichas relaciones.

➲ Imperfecto de indicativo

➲ Condicional

Terminaciones del presente de subjuntivo		
	-ar	**-er / -ir**
yo	**-e**	**-a**
tú	**-es**	**-as**
él / ella / usted	**-e**	**-a**
nosotros / nosotras	**-emos**	**-amos**
vosotros / vosotras	**-éis**	**-áis**
ellos / ellas / ustedes	**-en**	**-an**

Ejemplos:

cant**ar**	com**er**	sub**ir**
cant**e**	com**a**	sub**a**
cant**es**	com**as**	sub**as**
cant**e**	com**a**	sub**a**
cant**emos**	com**amos**	sub**amos**
cant**éis**	com**áis**	sub**áis**
cant**en**	com**an**	sub**an**

Observaciones:

1. Los verbos en —**er** y en —**ir** tienen las mismas terminaciones, igual que en otros tiempos de la conjugación.

2. Terminaciones muy parecidas a las del presente de indicativo: los elementos característicos de cada persona son los mismos que en los demás tiempos (presentados en esta obra en la NOTA PARA LA CONJUGACIóN DE LOS VERBOS, al principio del estudio del sistema verbal. Lo único que cambia con respecto al presente de indicativo son las vocales propias de cada grupo: los verbos en —**ar** tienen un presente de subjuntivo en **e**; los verbos en —**er** y en —**ir** lo tienen en **a**:

$$\begin{array}{ccc} \textbf{-ar} & \rightarrow & \textbf{e} \\ \left.\begin{array}{l} \textbf{-er} \\ \textbf{-ir} \end{array}\right\} & \rightarrow & \textbf{a} \end{array}$$

Cabe notar, además, que las terminaciones de los verbos en —**ar** en presente de subjuntivo son idénticas a las de los verbos en —**er** en presente de indicativo, y que las de los verbos en —**er** y en —**ir** corresponden a su vez a las de los verbos en —**ar** en presente de indicativo, excepto en el caso de las formas de primera persona de singular.

3. La posición del acento en las distintas personas es como en presente de indicativo.

4. Todos los verbos siguen las terminaciones de su grupo, incluso los irregulares.

5. Como sucede en otros tiempos, hay verbos perfectamente regulares que podrían parecer irregulares porque en su conjugación se plantean pequeños problemas

ortográficos: es importante recordar que se mantienen siempre los mismos sonidos consonánticos y que la grafía se adapta en consecuencia:

coger → **coja, cojas**, etc.

1.2. VERBOS IRREGULARES

1.2.1. Verbos regularmente irregulares

1.2.1.1.Alteraciones vocálicas

Los verbos que sufren alteraciones vocálicas en presente de indicativo las mantienen en presente de subjuntivo. Igual que en presente de indicativo, la alteración se produce cuando la vocal afectada se halla bajo el acento.

Ejemplos:

querer	poder	volar	jugar
quiera	pueda	vuele	juegue
quieras	puedas	vueles	juegues
quiera	pueda	vuele	juegue
queramos	podamos	volemos	juguemos
queráis	podáis	voléis	juguéis
quieran	puedan	vuelen	jueguen

A los cambios vocálicos del presente de indicativo se añade otro para todos los verbos en **e—ir** (como **pedir, sentir**) y en **o—ir** (como **dormir**): sea cual sea su comportamiento en las demás personas (algunos diptongan y otros cambian la **e** en **i**), todos los verbos en **e—ir** cambian la **e** de la raíz en **i** en la primera y segunda personas de plural (**nosotros** y **vosotros**):

Ejemplos:

pedir	sentir	preferir	reír
pida	sienta	prefiera	ría
pidas	sientas	prefieras	rías
pida	sienta	prefiera	ría
pidamos	sintamos	prefiramos	ríamos
pidáis	sintáis	prefiráis	riáis
pidan	sientan	prefieran	rían

Tienen un comportamiento análogo los verbos en **o—ir** (como **dormir** y **morir**), que cambian la **o** de su raíz en **u** en la primera y segunda personas de plural:

dormir
duerma
duermas
duerma
durmamos
durmáis
duerman

1.2.1.2.Los verbos con primera persona irregular en presente de indicativo construyen todo su presente de subjuntivo a partir de dicha forma irregular, que se mantiene por tanto en todas las personas, aunque adaptándose, claro está, a las terminaciones normales de este tiempo:

hacer:

Verbo en —**er**
→ presente de subjuntivo en **a**

Primera persona del presente de indicativo irregular
→ todo su presente de subjuntivo se construye sobre dicha irregularidad:

presente de   presente de
indicativo   subjuntivo

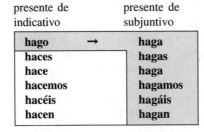

hago →	**haga**
haces	**hagas**
hace	**haga**
hacemos	**hagamos**
hacéis	**hagáis**
hacen	**hagan**

Ejemplos:

Presente de indicativo				
digo	**pongo**	**quepo**	**crezco**	**oigo**
dices	pones	cabes	creces	oyes
etc.	etc.	etc.	etc.	etc.
Presente de subjuntivo				
diga	**pong**a	**quep**a	**crezc**a	**oig**a
digas	**pong**as	**quep**as	**crezc**as	**oig**as
diga	**pong**a	**quep**a	**crezc**a	**oig**a
digamos	**pong**amos	**quep**amos	**crezc**amos	**oig**amos
digáis	**pong**áis	**quep**áis	**crezc**áis	**oig**áis
digan	**pong**an	**quep**an	**crezc**an	**oig**an

1.2.1.3.Los verbos con irregularidades de acento en presente de indicativo mantienen las mismas irregularidades en presente de subjuntivo.

Ejemplo:

desvirtuar
desvirtúe
desvirtúes
desvirtúes
desvirtuemos
desvirtuéis
desvirtúen

1.2.2. Verbos con irregularidades propias

Son muy pocos los verbos totalmente irregulares en presente de subjuntivo. He
aquí los principales, con sus respectivas conjugaciones:

haber	ser	ver
haya	sea	vea
hayas	seas	veas
haya	sea	vea
hayamos	seamos	veamos
hayáis	seáis	veáis
hayan	sean	vean
ir	**saber**	**estar**
vaya	sepa	esté
vayas	sepas	estés
vaya	sepa	esté
vayamos	sepamos	estemos
vayáis	sepáis	estéis
vayan	sepan	estén

Observaciones:

1. Todos estos verbos siguen las terminaciones que les corresponden en este tiempo. Su
irregularidad se ubica en la raíz.

2. El verbo **estar** es irregular tan sólo por la posición del acento, que, contrariamente
a lo que ocurre en los verbos regulares, recae siempre en las terminaciones.

3. El verbo **saber** se regulariza sobre otro verbo en **—aber**: **caber**. Su conjugación en
este tiempo sigue el mismo modelo.

4. La irregularidad de los verbos **ser** y **ver** consiste en que mantienen la **e** de su grupo,
a la que vienen a añadirse las terminaciones del subjuntivo.

2. CONJUGACIÓN DEL IMPERFECTO DE SUBJUNTIVO

La manera más sencilla de conjugar los verbos en imperfecto de subjuntivo es sustituir el grupo
—ron de la forma de tercera persona de plural del pretérito indefinido, por las respectivas
de cada persona:

Terminaciones del imperfecto de subjuntivo	
	-ar / -er / -ir
yo	-ra / -se
tú	-ras / -ses
él / ella / usted	-ra / -se
nosotros / nosotras	'-ramos / '-semos
vosotros / vosotras	-rais / -seis
ellos / ellas / ustedes	-ran / -sen

Ejemplo: **cantar**

pret. indefinido   →   canta—**ron**

Se conjuga en imperfecto de subjuntivo añadiendo las terminaciones de cada persona a la forma **canta—**:

cant**ara**	cant**ase**
cant**aras**	cant**ases**
cant**ara**	cant**ase**
cant**áramos**	cant**ásemos**
cant**arais**	cant**aseis**
cant**aran**	cant**asen**

Ejemplos: **hablar**   **decir**   **pedir**   **querer**

Tercera persona plural del pretérito indefinido:

habla**ron**   dije**ron**   pidie**ron**   quisie**ron**

Imperfecto de subjuntivo a):

hablara	**dijera**	**pidiera**	**quisiera**
hablaras	**dijeras**	**pidieras**	**quisieras**
hablara	**dijera**	**pidiera**	**quisiera**
habláramos	**dijéramos**	**pidiéramos**	**quisiéramos**
hablarais	**dijerais**	**pidierais**	**quisierais**
hablaran	**dijeran**	**pidieran**	**quisieran**

Imperfecto de subjuntivo b):

hablase	**dijese**	**pidiese**	**quisiese**
hablases	**dijeses**	**pidieses**	**quisieses**
hablase	**dijese**	**pidiese**	**quisiese**
hablásemos	**dijésemos**	**pidiésemos**	**quisiésemos**
hablaseis	**dijeseis**	**pidieseis**	**quisieseis**
hablasen	**dijesen**	**pidiesen**	**quisiesen**

Observaciones:

1. Todos los verbos siguen estas conjugaciones, aun los irregulares, ya que, al formarse este tiempo sobre la raíz del pretérito indefinido, las irregularidades eventuales, que son las mismas que en las formas de tercera persona de pretérito indefinido, ya están en la forma que se toma como punto de partida de la conjugación.

2. En este tiempo, también aparecen los elementos característicos de cada persona, señalados en la NOTA PARA LA CONJUGACIÓN DE LOS VERBOS.

3. Existen dos modelos distintos: el modelo en —**ra** y el modelo en —**se**, intercambiables en todos sus empleos, excepto el especificado en 2.5.

4. Las terminaciones son idénticas en ambos modelos para las tres conjugaciones.

3. USOS

Dado el tipo de operación que se efectúa con los tiempos de subjuntivo, no es aclarador estudiar el problema de su uso desde el punto de vista temporal: aunque estos tiempos tienen en sí el concepto de temporalidad, los usos del subjuntivo se alejan bastante de la problemática temporal y sitúan más bien este modo en el centro de los fenómenos metaoperacionales del momento y acto de enunciación.

Cabe señalar, no obstante, que
- el presente de subjuntivo parece incompatible con la idea de pasado (no tiene usos en relación con el pasado);
- el imperfecto de subjuntivo lleva en sí un elemento pasado que amplía considerablemente sus posibilidades de uso respecto al presente de subjuntivo, permitiéndole funcionar tanto en relación con el pasado cronológico como referido al presente y futuro con respecto al momento de la enunciación.

En todos sus empleos, la función de este modo es señalar que lo dicho no constituye información y revelar ese control que mantiene el enunciador en todo momento sobre lo que dice.

En la mayoría de sus usos, los tiempos de subjuntivo se hallan en oraciones subordinadas.

3.1. CASOS EN QUE SE USAN TANTO EL PRESENTE COMO EL IMPERFECTO DE SUBJUNTIVO

3.1.1.   Después de expresiones que presuponen (véase la definición de *presuponer* en la pág. XIV de DEFINICIONES) la relación a la que se refieren, entre las que cabe señalar:

3.1.1.1.Todas las que expresan una reacción ante algo:

> **extrañarle a uno que**
> **sorprenderle a uno que**
> **alegrarse de que**
> **¡qué bonito/bien/mal que (...)!**
> **sentir/lamentar uno que**
> **indignarle a uno que**
> **molestarle a uno que**
> **gustarle a uno que**

Cuando dichas expresiones están en presente de indicativo o en futuro y la relación a la que se refieren concierne al presente o al futuro cronológicos, se usa el presente de subjuntivo:

[1]   ● **Es extraño que cierre la puerta. Debe de estar muy enfadado. Normalmente la deja abierta.**

Información nueva: **es extraño que**
Información presupuesta: **él — cerrar la puerta**

[2]   ● **¡Qué raro que todavía no hayan llegado!**

Cuando la relación concierne al pasado, se usa el imperfecto. En estos casos, la expresión en cuestión está en pretérito indefinido o en imperfecto de indicativo; más raramente, en presente de indicativo:

[3]   ● **No te puedes imaginar lo que me alegré de que tú también estuvieras aquí esos días... No me apetecía nada quedarme sola.**

[4]   ● **Me extraña que no llamara, con lo meticuloso que es en todo.**

Además, hay casos en los que se usa el imperfecto de subjuntivo para plantear una relación sujeto — predicado que se refiere al presente o al futuro: la expresión que lo introduce se halla en condicional y tiene un carácter hipotético que le deriva del elemento *virtual* presente en el condicional:

[5]   ● **Me sorprendería que estuviera en casa a esta hora: siempre llega tarde.**

Observación:

Con el término presuponer no nos referimos de ninguna manera a una supuesta mayor o menor realidad extralingüística[2] de la relación aludida, sino tan sólo al hecho de que haya sido concebida o planteada anteriormente.

---

2 Algunos autores le dan este sentido al término.

CON MÁS DETALLE

Todas las veces que se emplean estas expresiones, ya se ha producido el hecho al que se refiere el enunciador o, en todo caso, ha sido planteado lingüísticamente: se trata, pues, de expresiones que presuponen la relación a la que se refieren.

Es importante notar que, contrariamente a lo que sucede en otros idiomas (como por ejemplo, el italiano), los verbos que introducen una opinión —como **creer**, **pensar**, **suponer**— o expresiones como **me parece** en su forma afirmativa, se emplean con el indicativo o el condicional y no con el subjuntivo, ya que introducen una información nueva (no la presuponen), igual que los verbos como **saber**, **anunciar**, etcétera:

> [6] ● **Sí, creo que tienes razón, será mejor que vayamos en coche.**

creo que: afirmativo

> [7] ● **Me parece que ya no trabaja allí.**

me parece que: afirmativo

En su forma negativa, sin embargo, todos estos verbos presuponen la información a la que se refieren y, por lo tanto, van seguidos de subjuntivo:

> [8] ● **Ya verás cuando se entere Félix... Seguro que se enfada.**
> ○ **No creo que sea capaz.**

Para poder decir **no creo que sea capaz**, el hablante tiene que haber concebido la relación entre el sujeto (**Félix**) y **ser capaz de** —relación que, además, ya ha sido planteada por su interlocutor. Lo que le interesa al hablante que dice **no creo que sea capaz** no es informar, sino tan sólo expresar su punto de vista sobre dicha relación preconcebida e insinuada por su interlocutor.

Los verbos de percepción (ver, oír, sentir, percibir, etc.) tienen el mismo comportamiento.

3.1.1.2. Todos los verbos o expresiones que el enunciador emplea para expresar su voluntad o sus deseos tratando de influir sobre los demás o sobre las situaciones.

Los principales verbos y expresiones de este tipo son:

querer que	**exigir que**
desear que	**mandar que**
rogar que	**aconsejar que**
insistir en que	**prohibir que**
pretender que	**no puede ser que**

Se emplea el presente cuando el deseo se refiere al presente o al futuro con respecto al momento de la enunciación:

[9] ● **Exijo que me llames mañana sin falta.**

[10] ● **Te aconsejo que tengas cuidado... Si sigues así, un día de estos cojo y me marcho... Y te vas a enterar...**

Se usa el imperfecto cuando dichos verbos y expresiones se hallan en pretérito indefinido, en imperfecto de indicativo o en condicional (generalmente, después de una oración condicional):

[11] ● **¿Qué le pasaba a tu hijo anoche? Gritaba como un loco.**
     ○ **Sí, es que quería que lo lleváramos al zoo. No sé por qué justo anoche. Bueno, el caso es que, después de más de media hora con él chillando y suplicando que lo lleváramos, me enfadé y lo mandé a la cama sin cenar.**

Estas expresiones —como las de 3.1.1.— presuponen la relación a la que se refieren. Además, el elemento que introducen es tan sólo objeto de un deseo, algo que el hablante evoca sin que constituya información.

3.1.1.3. Entre las expresiones que presuponen la relación a la que se refieren, cabe destacar la construcción:

> **ser** + *adjetivo* + **que**

con adjetivos que el enunciador emplea para expresar su punto de vista sobre la relación, como por ejemplo:

importante	**extraño**
necesario	**raro**
imprescindible	**sorprendente**
deseable	**impensable**
aconsejable	**inimaginable**
bueno	**natural**
malo	**maravilloso**
mejor	**estupendo**
peor	**fantástico**
fácil	**agradable**
difícil	**desagradable**
comprensible	**probable**
lógico	**improbable**
increíble	**verosímil**

[12] ● **Con el frío que hace, creo que es mejor que nos quedemos en casa.**

Con estas expresiones, el enunciador introduce verbos que no constituyen informaciones sobre su sujeto: generalmente, se trata de informaciones presupuestas.

Como en todos los demás casos, se usa:
→ el presente de subjuntivo cuando la relación de la que está hablando el enunciador con el adjetivo en cuestión se refiere al presente o al futuro con respecto al momento de la enunciación,
→ el imperfecto cuando se refiere al pasado con respecto al momento de la enunciación, o al presente o al futuro si es presentada como algo más bien remoto o hipotético:

[13]   ● **Sería comprensible que se enfadara al enterarse.**

No se usa el subjuntivo con adjetivos empleados para enunciar o informar, que no presuponen la relación a la que se refieren.

3.1.1.4. Con todas las demás expresiones que presuponen la relación a la que se refieren:

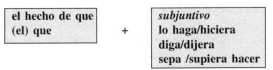

[14]   ● **¡Qué raro que todavía no tenga trabajo! ¡Con el dinero que tienen sus padres!**
       ○ **Bueno, pero el hecho de que sus padres sean ricos no quiere decir que él encuentre trabajo...**

[15]   ● **(El) que estuviera nervioso no justifica que nos tratara tan mal.**

3.1.1.5. CON MÁS DETALLE

En todos estos casos, se trata de verbos o expresiones con las que el hablante expresa su punto de vista sobre una relación presupuesta entre un sujeto y un predicado: no se puede decir **es extraño**, **qué raro**, o **me alegro** de algo que no haya sido concebido previamente o que no se haya producido —al menos conceptualmente— y que no hayamos proyectado en el universo de lo vivido (presupuesto): para poder expresar una reacción ante algo es imprescindible que ese algo sea una información disponible, formulada explícitamente, o tan sólo concebida mentalmente, pero tiene que existir. De igual manera, cuando al expresar nuestra voluntad de que alguien haga algo, tomamos posición sobre una relación sujeto - predicado para decir que queremos que se produzca, lo que hacemos es afirmar una relación preconcebida, pero sin que constituya todavía información. La función del subjuntivo es señalar que se están manejando relaciones, y que dichas relaciones son preconcebidas.

El elemento *pasado* (*adquirido*) presente en el imperfecto de subjuntivo tiene, en estos contextos, la función de proyectar la relación en el pasado cronológico.

3.1.2. Se emplea el subjuntivo en las oraciones subordinadas con las que el enunciador quiera referirse a una entidad del futuro con respecto al momento de la enunciación o con respecto a un momento del pasado del que está hablando, a través de una de sus coordenadas o características utilizándola como definición - nombre de la entidad en cuestión.

Así, pues, para referirnos a un momento del futuro podemos emplear una fecha precisa y decir, por ejemplo, **mañana a las tres de la tarde**, o referirnos a él mediante una definición relacionada con algo que en él va a suceder, como por ejemplo **cuando llegue Andrés**: en el fondo, **cuando llegue Andrés** no es ni más ni menos que una definición de un momento del futuro. Este tipo de recurso se usa especialmente cuando el hablante no dispone del elemento preciso y sólo tiene algún dato que lo puede caracterizar.

En estos contextos, se utiliza:

▸ el presente de subjuntivo en oraciones subordinadas que definen algo en el futuro con respecto al momento de la enunciación;

▸ el imperfecto de subjuntivo en las que definen algo en el futuro con respecto a un momento del pasado, o en el futuro con respecto al momento de la enunciación si tienen carácter hipotético.

En los párrafos siguientes presentaremos más detalladamente los principales operadores que se utilizan para definir momentos, personas, lugares, etc. en el futuro.

3.1.2.1. Desde un punto de vista temporal: se trata de definir un momento. Las expresiones más frecuentes son:

> **cuando**
> **tan pronto como**
> **en cuanto**
> **no bien**
> **así que**
> **el día en que**
> **la noche / la mañana / la tarde / etc. en que**
> **la próxima vez que**
> **la primera / segunda / tercera / etc. / última vez que**
> **hasta que**

[16] ● La próxima vez que repitas eso, me voy a casa de mi madre.

[17] ● ¿Para cuándo puede estar?
      ○ Pues no sé, pero en cuanto esté, lo llamamos.

[18] ● Quedamos en que la próxima vez que nos viéramos te traería la dirección de la empresa.

3.1.2.2. Para definir personas, objetos o entidades.

Las expresiones más frecuentes son:

> **el primero / segundo / etc. / último que**
> **el próximo que**
> **el que**

[19] ● El que adivine la respuesta habrá ganado el juego.

[20] ● Y justo cuando entré anunciaron que al próximo cliente que comprara uno le tocaría un premio.

3.1.2.3. Para definir lugares, modos, etc.

Las expresiones más frecuentes son:

> **donde**
> **adonde**
> **como**
> **el modo en que**
> **la manera en que**

[21] ● Mañana a esta hora te llamo desde donde esté.

[22] ● ... Y me dijo que no importaba cómo lo hiciera, pero quería que al mes siguiente supiera hablar inglés.

3.1.2.4. CON MÁS DETALLE

Entre las palabras / expresiones que se emplean seguidas del subjuntivo para definir algo en el futuro, cabe destacar los compuestos con —**quiera**, que funciona en ellos como sufijo que indica indiferencia por parte del hablante respecto de la definición (identidad) del primer elemento al que va unido el operador —**quiera**:

> **cualquiera que**
> **comoquiera que**
> **cuandoquiera que**

> **quienquiera que**
> **con / de / a / para / etc... quienquiera que**
> **dondequiera que**

[23a] ● Cuandoquiera que me llames, estaré esperándote.

[24a] ● En aquella época, estaba tan enamorado que, cuandoquiera que me llamara, siempre estaba dispuesto a verla.

Excepto la primera (**cualquiera que**), estas expresiones tienen, en el español peninsular, connotaciones culto-arcaizantes, que no tienen en Hispanoamérica, donde son de uso corriente. Lo que en Hispanoamérica se expresa normalmente con estas construcciones, se dice en español peninsular más corrientemente con la construcción:

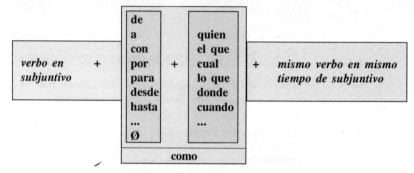

[23b] ● Me llames cuando me llames, estaré esperándote.

[24b] ● En aquella época, estaba tan enamorado que, me llamara cuando me llamara, siempre estaba dispuesto a verla.

3.1.3. Al contrario de lo que sucede en idiomas como el italiano, en español no se usa el subjuntivo en las oraciones interrogativas, ni en las interrogativas indirectas[3]:

[25] ● Mire, todavía no sé cuándo nos entregarán los nuevos modelos, pero cuando nos los traigan la llamo.
○ ¿No sabe más o menos cuándo será?

[26] ● He llamado, pero me han dicho que todavía no sabían cuándo les entregaban los nuevos modelos, pero que cuando los tuvieran me llamaban.

3.1.4. Se usa el subjuntivo en las oraciones que expresan finalidad, introducidas por expresiones como:

> **para que**
> **a fin de que**

---

3 Debido a que la pregunta es un mecanismo de solicitud de información.

Cuando la finalidad se refiere al presente o al futuro, se usa el presente de subjuntivo:

[27] ● ...Y en la maleta te he puesto una bolsa para que metas la ropa sucia.

Cuando las mismas oraciones se refieren al pasado, o en los casos en los que la finalidad en cuestión depende de una ficción expresada en condicional, se usa el imperfecto de subjuntivo:

[28] ● Yo recogería esto para que todo estuviera en orden cuando lleguen.

3.1.5. Condiciones

Se usa el subjuntivo con una serie de expresiones utilizadas para introducir diferentes tipos de condiciones. En presente de subjuntivo, la condición se refiere al futuro cronológico (o al presente, en casos más específicos) y es considerada como realizable. En imperfecto de subjuntivo, la condición se refiere al futuro con respecto a un momento del pasado. He aquí las principales:

con tal de que	con que
excepto que	caso de que
salvo que	en caso de que
a condición de que	a no ser que
siempre que	como (usos condicionales)
siempre y cuando	sin que

[29] ● Podemos ir al concierto de Carreras. Siempre que queden entradas, claro.
○ Seguro que están agotadas. Es lo más probable.

[30] ● ¿Y este coche?
○ Es que como el mío no funcionaba, Javier me ha prestado el suyo... pero con tal de que se lo devolviera antes de las cuatro... O sea que ya lo sabes, no me puedo quedar mucho.

Además, los mismos operadores pueden emplearse en imperfecto de subjuntivo para expresar condiciones que se refieren al presente o al futuro cronológicos cuando la condición expresada es considerada por el enunciador como difícilmente realizable:

[31] ● ¿Adónde vamos? ¿Al "Elefante de Oro"? Dicen que se cena muy bien.
○ De acuerdo... Siempre que esté abierto, claro.
● Tú siempre tan pesimista. Vamos, y en caso de que estuviera cerrado, iríamos (iremos) a otro sitio. ¡Hay tantos!

El operador **si** merece mención aparte: no se emplea nunca con presente de subjuntivo, al ser por sí mismo un neutralizador del carácter informativo de la oración que introduce. Cuando se emplea con imperfecto de subjuntivo, puede referirse a cualquier momento del tiempo cronológico, y la condición/ hipótesis expresada es considerada como referida al futuro con respecto a un momento del pasado, como un irreal del presente, o como algo difícilmente realizable en el futuro. En otros casos, se emplearán otros tiempos.

➲ Expresar condiciones

3.1.6. CON MÁS DETALLE

Como en los casos anteriores tratados en 3.1.1., en todos los empleos enumerados en los párrafos 3.1.2, 3.1.3., 3.1.4. y 3.1.5., la función del subjuntivo es señalar que estamos manejando relaciones que no constituyen informaciones y, además, que dichas relaciones son presupuestas: igual que no se puede decir **es increíble** o **me sorprende** de algo que no haya sido dicho o pensado anteriormente, es decir que no se haya preconcebido, tampoco se puede decir **cuando X** si previamente no se ha concebido **X**. El elemento presuposición puede referirse por consiguiente tanto al hecho de que una información sea temática (esté contextualizada), como al hecho de que la relación manipulada se refiera a conceptos preconcebidos.

3.1.7. Alternancia Subjuntivo - Indicativo /virtual

Hay una serie de casos en los que se puede emplear tanto un tiempo informativo (indicativo o condicional) como el subjuntivo: se emplean aquéllos cuando el enunciador informa, y éste cuando no puede o no quiere informar o presupone la información. He aquí los principales:

3.1.7.1.En las oraciones concesivas, introducidas generalmente por:

> **aunque**
> **por mucho que** + *verbo*
> **por muy** + *adjetivo / adverbio* + **que** + *verbo*
> **por más que** + *verbo*
> **por más** + *adjetivo / adverbio* + **que** + *verbo*
> **a pesar de que**
> **si bien**

Cuando lo dicho constituye información se emplea el indicativo:

[32] ● **Yo, la verdad, no lo entiendo: aunque viene de una familia de lo más culta, ¡de vez en cuando dice cada barbaridad!**

[33] ● **Aunque lo he llevado tres veces al taller, sigue sin funcionar. Yo ya no sé qué hacer.**

Cuando, además, la información tiene carácter virtual se emplea un tiempo virtual (futuro o condicional)[4]:

[34] ● **Aunque yo también tendría mucho que decir, prefiero callarme.**

En [32], [33] y [34] el enunciador presenta lo que introduce con **aunque** como información nueva: informa a su interlocutor (**viene de una familia de lo más culta**, **ya lo he llevado tres veces al taller** y **yo también tendría mucho que decir**) y, a la vez, señala mediante el empleo de **aunque** que, aun considerando la información que está dando, le parece que puede decir lo que viene en la oración principal (**dice cada barbaridad**, **sigue sin funcionar** y **prefiere callarse**).

Cuando lo dicho no constituye información, se emplea el subjuntivo.

Si la oración se refiere al presente o al futuro cronológicos se emplean tanto el presente como el imperfecto de subjuntivo, teniendo en cuenta que el imperfecto añade, respecto del presente, un matiz de hipótesis, mientras que el presente se limita a señalar que se trata de información presupuesta:

[35] ● **¡No te puedes imaginar lo mal que viste! ¡De veras no sé cómo no le da vergüenza!**
      ○ **Pero ¡cómo va a vestir mal, si es riquísima!**
      ● **Ya, ya. Pero aunque tenga dinero tiene un gusto horrible.**

[36] ● **Aunque me lo hayan arreglado tres veces, sigue sin funcionar.**

[37] ● **Ahora no te lo puedo comprar, ni aunque estuviera abierto, porque no tengo dinero.**

Estos ejemplos son totalmente distintos: el enunciador se limita a señalar que aun considerando la información que introduce con **aunque**, y que él ya tiene (información presupuesta), puede decir lo que expresa en la principal. En estos casos, presenta la información contenida en la concesiva como un presupuesto porque ya está en el contexto, su interlocutor ya la tiene (como en [35]), o simplemente porque no le interesa tanto, no le parece lo esencial, para él ya es algo adquirido (presupuesto), y lo que le interesa es ir más allá de dicha información para decir lo que expresa en la principal.

Si la oración se refiere al pasado, para señalar que se trata de información presupuesta se emplea el imperfecto de subjuntivo:

[38] ● **Cuando eras pequeño no estudiabas nada.**
      ○ **Sí, pero aunque no estudiara tenía notas estupendas.**

---

4 Para la elección entre los distintos tiempos posibles, hay que referirse a sus características y sus empleos propios, especificados en los capítulos sobre cada uno de ellos.

CON MÁS DETALLE

Esta visión de las cosas presenta la ventaja de dar cuenta de las operaciones que efectuamos en el nivel en el que la lengua habla de sí misma y del proceso de formulación del mensaje. La insistencia en decir que este modo expresa lo irreal, choca con ejemplos frecuentísimos —como [35]— en los que está claro que lo expresado por el subjuntivo es aceptado por ambos participantes en la comunicación como perfectamente real. Estos errores se deben a querer analizar este modo mirando más su referente extralingüístico. La sensación de "irrealidad" que nos da este modo se debe, en parte, a los contextos en los que se utiliza y, en parte, al hecho de que ignora lo que hay más allá de la lengua, ya que está más preocupado por las operaciones metalingüísticas de la enunciación: información / no información, presuposición de información (tematización, preconcepción, etcétera).

3.1.7.2. En las oraciones de relativo se emplea el subjuntivo cuando la función de la oración de relativo es definir el antecedente al que el enunciador todavía no conoce; y otros tiempos que informen cuando con ella el enunciador se limita a dar más datos sobre un antecedente conocido (es decir: a informar).

Si la oración de relativo se refiere al presente o al futuro cronológico y su función es definir un antecedente desconocido, se utiliza el presente de subjuntivo si el enunciador considera posibles y no demasiado remotas las características expresadas por la oración de relativo, con las que quiere definir el antecedente.

Compárense:

[39] ● No logramos encontrar a María, la secretaria que sabe inglés.

y

[40] ● Necesitamos una secretaria que sepa inglés.

Si dichas características que definen el antecedente le parecen al enunciador más o menos remotas, emplea el imperfecto de subjuntivo. Por otra parte, cuando la oración de relativo se refiere al pasado cronológico, se emplea siempre el imperfecto de subjuntivo si su función es definir el antecedente:

[41] ● Para acabar de aquí a mañana necesitaríamos a una secretaria que pudiera pasar treinta páginas por hora.

[42] ● Llama a este teléfono. Ayer necesitaban a una secretaria que supiera inglés.

CON MÁS DETALLE

Es interesante notar cómo los elementos que definen un sujeto desconocido no pueden constituir información, y sólo es posible referirse a ellos como relación no informativa, temática respecto del antecedente, ya que es un presupuesto suyo, una característica que tiene adquirida aun antes de que lo conozcamos y, por lo tanto, está tan estrechamente ligado con él que forman un bloque. Hay una interesante analogía entre el funcionamiento de las oraciones de relativo que informan (en indicativo o en condicional) o que no informan (en subjuntivo) y el de la posición del adjetivo con respecto al sustantivo: el adjetivo sigue al sustantivo cuando añade información sobre él, mientras que lo antecede si indica una característica temática con respecto al sustantivo, formando bloque con él.

⮑ Posición del adjetivo

3.1.8. Junto a expresiones como **es posible que** o **puede ser que**, que presuponen la relación a la que se refieren y que, por tanto, van seguidas de subjuntivo, puesto que no introducen información nueva, hay expresiones que introducen información nueva (y van seguidas del modo indicativo o condicional), como:

> **a lo mejor**
> **seguramente**
> **probablemente**
> **posiblemente**

[43] ● Estaba raro Arturo, ¿verdad?

○ Seguramente estaba cansado.

[44] ● Por lo visto, el fin de semana pasado, los Muñoz estuvieron en Madrid. Seguramente nos llamaron y no nos encontraron.

Hay otras expresiones análogas, construidas con un verbo (**ser** o **estar**), que introducen información remática (nueva) cuando se hallan en la forma afirmativa, y presuponen la información en la forma negativa:

> **está claro que**
> **está demostrado que**
> **es evidente que**

[45] ● Después de lo que han dicho en la reunión, está claro que no nos van a subir el sueldo.

está claro que: forma afirmativa

[46] ● Ahora que lo ha confesado todo, me siento mucho más tranquilo.

○ Pero ¿por qué? Si era evidente que había sido él.

● Sí, eso es lo que dicen todos; pero, para mí, lo que no estaba nada claro era que se lo hubieran robado.

era evidente: forma afirmativa
no estaba nada claro: forma negativa

Hay, asimismo, un grupo de expresiones que marcan el límite entre estos dos grupos que pueden emplearse en uno o en otro de estos modos:

> **quizá(s)**
> **tal vez**

Entre los hablantes cultos, no obstante, se observa una tendencia a preferir el subjuntivo al indicativo con estas dos expresiones:

[47] ● **¿Sabes? Quizá mañana venga mi hermana.**

➲ Expresar hipótesis

3.1.9. También se emplea el subjuntivo al emitir deseos con **ojalá** y **así** (para expresar malos deseos o maldiciones). Con estos operadores, cuando el enunciador considera los deseos expresados como algo realizable, emplea el presente de subjuntivo. Cuando lo considera más remoto o difícilmente realizable, emplea el imperfecto de subjuntivo. Sin embargo es importante tomar conciencia de que no se trata de mayor o menor probabilidad de realización en la realidad extralingüística, sino de cómo quiere presentar las cosas el enunciador:

[48] ● **Ojalá lleguen pronto. Estoy cansadísimo.**

[49] ● **¿Te has fijado? No me ha saludado. ¡Será imbécil! Así le siente mal ese café.**

[50] ● **O sea que os han puesto en venta el piso...**
○ **Pues... sí. ¡Ojalá no lo vendieran! Porque si lo logran vender, seguro que nos echan.**

3.1.10. Se emplea el subjuntivo en construcciones como:

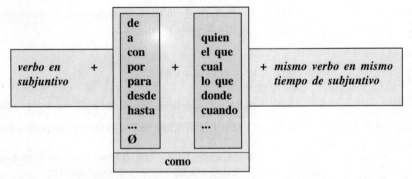

Con estas estructuras, el hablante señala que, para él, es indiferente la identidad / entidad del **lo que, quien, como, cuando, donde...** a efectos de lo expresado en la oración principal:

[51]   ● Pedro, hiciera lo que hiciera, era el favorito de su madre.

[52]   ● Por mí, hables con quien hables, el lunes te vas de aquí.

En estas construcciones, se emplea el presente de subjuntivo si lo expresado se refiere al presente o al futuro, y el imperfecto de subjuntivo si se refiere al pasado, o si depende de una situación ficticia o hipotética o que el enunciador considera remota (en este caso, el verbo principal para el que es irrelevante la identidad del **donde, como, cuando, quien**, etc. se halla en condicional, aunque en algunos casos puede incluso hallarse en futuro):

[53]   ● Hiciera lo que hiciera, yo no cambiaría mi punto de vista.

3.2.   Además de los casos citados hasta aquí, se emplea el presente de subjuntivo como imperativo en aquellos casos para los que no existe una forma propia de imperativo, es decir con las personas **usted/es** y **nosotros**.

Se emplea asimismo en todos los tradicionalmente llamados imperativos negativos[5]:

[54]   ● ¡Cuidado! No te sientes en esa silla, está rota y te puedes caer.

⊃   El imperativo

3.3.   DISCURSO REFERIDO

3.3.1.   Se emplea también el presente de subjuntivo para repetir las órdenes que ya han sido formuladas una primera vez en imperativo o, en el estilo indirecto, para referir las órdenes emitidas anteriormente cuando el enunciador las repite como algo suyo:

[55]   ● Por favor, llámame mañana.
        ○ ¿Cómo dices?
        ● Que me llames mañana.

[56]   ● Era Juan. Dijo que lo llames en cuanto termines.

⊃   Sobre los actos de habla y la información

3.3.2.   Se emplea el imperfecto de subjuntivo en el estilo indirecto para referir órdenes pronunciadas en el pasado respecto del momento de la enunciación:

---

5   En estos casos también se trata de presuposiciones: todas las veces que se emplea un imperativo negativo, el enunciador ha concebido anteriormente la posibilidad de que la persona a la que se dirige haga la cosa expresada en imperativo negativo. Si esto no fuera así, no emplearíamos nunca imperativos negativos. De ahí que se emplee el presente de subjuntivo en estos contextos. También se explica su empleo en aquellos casos en los que no existe forma propia de imperativo: se trata de las personas en las que la función **tú** está en parte neutralizada, aunque presente (**usted** es un **tú** que el enunciador no quiere presentar como tal; **nosotros**, en los casos que permiten el imperativo incluye en un solo conjunto tanto al enunciador como al destinatario, confundiendo en parte los papeles). Por tanto, lo único que puede hacer el enunciador es afirmar una relación no informativa, que no puede tener la fuerza de un imperativo propiamente dicho, debido a la ausencia de la rematicidad característica del imperativo.

[57]   (El jefe no lo ha querido recibir)
● **Cuando me vio vestido así lo único que me dijo fue que me fuera a cambiar si quería hablar con él.**

⮩ El discurso referido

3.4. SI

Como ya se ha señalado, en algunos casos, se emplea el imperfecto de subjuntivo con el operador **si** para formular hipótesis que el enunciador considera remotas, difícilmente realizables o, si se refieren al presente, simplemente irreales:

[58]   ● **Yo, si pudiera, suprimiría el servicio militar obligatorio.**

⮩ 2.1.4.

3.5. CON MÁS DETALLE

La función del elemento *pasado* (*adquirido*) presente en el imperfecto de subjuntivo puede ser múltiple:

◗ Proyectar en el pasado las relaciones a las que se refiere el enunciador al emplear el subjuntivo. Por eso se emplea este tiempo cada vez que la relación a la que se refería el hablante con el presente de subjuntivo remite al pasado cronológico.

◗ Operador metalingüístico
El elemento *pasado* (*adquirido*) puede tener, en este tiempo también, como en el imperfecto y en el condicional, una función de metaoperador muchísimo más abstracta y metafórica: señalar que la relación es algo que ya se ha producido conceptualmente, "adquirido", es decir, que el enunciador considera como asumido / asimilado, como si existiera. Es lo que sucede en las oraciones condicionales con el operador **si**:

[59]   ● **¡Qué lata! Ahora que se han marchado todos, nos queda lo más desagradable: fregar los platos.**
○ **¿Ves? Si tuviéramos lavavajillas acabaríamos en un minuto.**

En este ejemplo, el enunciador evoca en subjuntivo una relación entre un sujeto y un predicado y, a la vez, la proyecta en el mundo de lo que ya se ha asimilado, gracias al elemento *pasado* que contiene el imperfecto de subjuntivo (**si tuviéramos lavavajillas**), para poder pasar a informar sobre las consecuencias, ya asimiladas virtualmente, que acarrea dicha situación (**acabaríamos en un minuto**).

⮩ El condicional

3.5.1.   El matiz de irrealidad presente en contextos como [59] le viene de la presencia del operador **si** —y del hecho de que se estén manipulando relaciones— y no informaciones. En los numerosísimos contextos en los que este tiempo se halla en combinación con el elemento virtual, la sensación de irrealidad viene asimismo de esta colaboración. Generalmente, se entiende por el contexto en el que se halla, y por el tipo de datos que se manejan, si el enunciado se refiere al presente, al pasado, o al futuro.

3.5.2.   La forma en —**ra** del imperfecto de subjuntivo puede sustituir al condicional en los casos en los que éste expresa cosas que dependen de una condición. Se trata, sin embargo, de empleos muy literarios. En estos casos —**ra** y —**se** no son intercambiables. La sustitución del condicional por la forma en —**ra** del subjuntivo no es posible en los que el condicional expresa el futuro con respecto a un momento del pasado o la probabilidad en el pasado.

➲ El condicional

EL INFINITIVO

1. MORFOLOGÍA

Los verbos españoles se dividen en tres grupos según las terminaciones de sus infinitivos:

- verbos terminados en —**ar**, como **hablar**
- verbos terminados en —**er**, como **comer**
- verbos terminados en —**ir**, como **escribir**

Los infinitivos son invariables, es decir que no se conjugan.

2. USOS

2.1. INTRODUCCIÓN

Con el infinitivo, como con el subjuntivo, el enunciador se refiere a una relación que existe entre un sujeto y un predicado, pero sólo para hablar de que se ha dado o se puede dar ese contacto, esa relación —sin pretender atribuirle el nivel de la predicación (del mismo modo que el subjuntivo no pretende atribuir el nivel de la información).

El infinitivo se usa para remitir directamente a la noción verbal, a la idea semántica evocada por el verbo. El infinitivo es la forma verbal más neutra de la que dispone el enunciador en español. Cada vez que lo emplea, el enunciador sólo quiere remitir a la noción verbal poniéndola en relación con cierto sujeto y / o cierto complemento, sin que dicha noción verbal se transforme en información (simple o virtual), y sin que remita más allá de la lengua, a lo extralingüístico. Esta propiedad de no informar, y de no remitir a lo extralingüístico que tiene el infinitivo, lo pone en un nivel bastante próximo al del subjuntivo, del que algunos autores han dicho, precisamente, que no era más que un "infinitivo conjugado".

El infinitivo se refiere siempre al predicado en su forma más virtual.

Considerado fuera del contexto en el que se halla insertado, al contrario de las demás formas verbales, que permiten entender a qué sujeto(s) se pueden estar refiriendo, debido a que adoptan formas distintas para las distintas personas, con unos marcadores específicos característicos, al no tener formas personales, el infinitivo por sí solo no dice nada sobre el /los posible(s) sujeto(s) a los que se refiere en cada uso.

Formalmente siempre va insertado en una frase con uno o más verbo(s) conjugado(s):

[1]　●　**Me gustaría pasar las vacaciones en España.**

Dentro de ella puede hallarse solo, o formar parte de otra frase - bloque de la que es el centro, insertada en la primera:

[2]　●　**Al marcharse su hijo del pueblo, ellos se quedaron completamente solos.**

Sin embargo, conceptualmente, el infinitivo siempre constituye una frase incrustada en otra, aun cuando aparentemente se halla solo en el contexto. Tiene siempre, por tanto, un sujeto conceptual, aunque no siempre esté expresado explícitamente: una de sus funciones metalingüísticas es precisamente señalar que se está considerando un bloque sujeto — predicado en el que el sujeto ya está tematizado.

CON MÁS DETALLE

El infinitivo remite a la relación entre el sujeto y el predicado en su forma virtual, al contrario del gerundio que remite a una relación del sujeto con un predicado no virtual. Por eso, con verbos que por su semantismo se refieren a una relación posterior (como por ejemplo **querer**, **empezar**, **decidir**, etc.) se emplea el infinitivo, mientras que con verbos que presuponen una relación existente (como **seguir**, etc.), se emplea el gerundio. Es interesante el caso de los verbos como **quedarse**: cuando se refieren a algo venidero se emplean con **a** + *infinitivo*:

[3]　●　**Me quedo a dormir... etc.**

Cuando estos mismos verbos se refieren a una relación presupuesta como preexistente, se emplean con el gerundio:

[4]　●　**Estaba cansado y se quedó en casa viendo la televisión.**

Estos dos tipos de relación *sujeto — predicado* remiten a una relación nueva (remática) en el primer caso y temática en el segundo. La función esencial del infinitivo y del gerundio es señalar que el sujeto ya está contextualizado, y que el enunciador no quiere hacer nada con la relación, excepto referirse a ella.

Además de estas dos etapas por las que pasa la relación sujeto — predicado, hay una tercera, en la que el enunciador se coloca cuando ya no le interesa la relación presupuesta como preexistente, porque se trata de abandonarla: para ello, el enunciador vuelve a la forma virtual representada por el infinitivo, al que añade el operador **de**, cuya función es señalar la ruptura con una relación preexistente, que se abandona. Se recurre a esta construcción con verbos que se sitúan más allá de la relación, (como por ejemplo **dejar**, **cesar**, **parar**, etc.).

2.2. COMPLEMENTOS DEL INFINITIVO

Dentro de la frase—bloque a la que pertenece, el infinitivo puede tener sus propios complementos:

[5] ● **Estaba pensando comprarme un coche nuevo.**

2.3. FUNCIONES SINTÁCTICAS

El infinitivo y la frase—bloque a la que pertenece pueden desempeñar en el enunciado en el que están insertados tanto la función de sujeto como la de complemento: su distribución es paralela a la de los sustantivos, es decir que se pueden emplear en los mismos contextos en los que se pueden emplear los sustantivos; en cierto sentido, se puede afirmar que el infinitivo es el sustantivo del verbo:

[6] ● **Desde luego, en nuestras condiciones, tener que pagar tantos impuestos es una verdadera desgracia.**

[7] ● **Dicen que es más seguro viajar en avión que en coche.**

Igual que los sustantivos, el infinitivo y el bloque al que pertenece pueden ir introducidos por una preposición:

[8] ● **Estaba tan enfadado que se fue sin despedirse siquiera.**

2.4. SUJETOS DEL INFINITIVO

Cada vez que el enunciador emplea un infinitivo, está claro por el contexto a qué sujeto se refiere.

2.4.1. En función de sujeto

Cuando el infinitivo o el bloque al que pertenece desempeñan la función de sujeto del verbo conjugado.

2.4.1.1. Valor impersonal

En la mayoría de los casos no hay ningún sujeto del infinitivo expresado en el contexto; el infinitivo tiene en estos casos valor impersonal:

[9] ● Es peligroso asomarse por la ventanilla de un tren en movimiento.

2.4.1.2. Con sujeto propio

En algunos casos bastante especiales, el infinitivo va acompañado de un sujeto propio:

[10] ● Lo mejor es pedirle a Jacinto que traduzca esto.
      ○ ¿Jacinto traducir esto? Imposible. No podrá.

[11] ● ¿Tu padre llamar a mi madre? Sería una locura.

2.4.1.3. Con verbos y expresiones como **me gusta**, **me apetece**, **me encanta**, etc. en los que en realidad se trata de situar / localizar un proceso espontáneo en un sujeto, el infinitivo es el sujeto gramatical aparente de la expresión **me gusta**, **me apetece**, **me encanta**, etc., pero se refiere (se aplica) al sujeto en el que el enunciador sitúa el proceso, que es su verdadero sujeto; en el ejemplo siguiente, el enunciador sitúa [**nadar gusta**] en **yo**:

[12] ● Me gusta nadar.

Nadar es el sujeto gramatical aparente de **gusta**, aunque en realidad el que **nada** es el sujeto real **yo**, y lo que le **gusta** es la relación **yo — nadar**.

Cuando lo expresado por el infinitivo se refiere a otro sujeto distinto del sujeto en el que el enunciador sitúa el proceso, es decir que el sujeto gramatical es la relación entre la noción verbal y un sujeto distinto del sujeto en el que se verifica el proceso (**gustar**, **encantar**, **apetecer**, etc.), entonces no se puede emplear el infinitivo, y se emplea el subjuntivo:

[13] ● Me gusta que nades.

2.4.2. En función de complemento directo

En los casos en que el infinitivo y el grupo al que pertenece desempeñan la función de complemento directo del verbo conjugado:

2.4.2.1. En la gran mayoría de los casos, el sujeto del infinitivo es el mismo que el del verbo conjugado. La función del infinitivo en estos casos es, precisamente, señalar que se trata del mismo sujeto, y no hace falta repetirlo, sino tan sólo referirse a la noción verbal:

[14] ● Juro decir la verdad, toda la verdad y nada más que la verdad.

Cuando el verbo principal y el verbo secundario se refieren a sujetos distintos, el verbo secundario adopta una forma conjugada.

2.4.2.2. CON MÁS DETALLE

En español, los verbos en infinitivo van introducidos por una preposición sólo y únicamente cuando la expresión o verbo conjugado con el que están empleados requieren normalmente una preposición: para comprobarlo, basta con sustituir el infinitivo por un sustantivo o un pronombre:

estar seguro *de* algo → **estar seguro *de* + infinitivo**

En otros idiomas, el infinitivo siempre va introducido en estos casos por una preposición cuya función es representar de cierta manera la relación predicativa (francés: **de**, italiano: **di**, alemán: **zu**, inglés: **to**, etc.); en español, por el contrario, se halla solo.

En estos mismos contextos, se emplea un infinitivo únicamente cuando el sujeto de la expresión conjugada es el mismo que el del infinitivo:

[15] ● **Estoy seguro de haberlo visto.**

estoy seguro → **yo**
haberlo visto → **yo**

Cuando se trata de sujetos distintos, se emplea una forma conjugada del verbo.

[16] ● **Estoy seguro de que lo has visto.**

estoy seguro → **yo**
lo has visto → **tú**

2.4.2.3. Con verbos de percepción

Con los verbos **oír** y **ver** (verbos de percepción que pueden tener un complemento directo activo), el infinitivo y su sujeto forman un bloque complemento directo. El sujeto conceptual del infinitivo es, por lo tanto, un complemento directo. Cuando está en su primera mención, se expresa explícitamente; cuando ya está contextualizado, se pronominaliza:

[17] ● **Vi entrar al jefe hace una hora, pero todavía no ha salido.**

[18] ● **Lo vi entrar hace una hora, pero todavía no ha salido.**

CON MÁS DETALLE

Con estos dos verbos, pueden emplearse el infinitivo y su sujeto como complemento directo porque el objeto mismo de la percepción es el bloque *sujeto-relación-predicado*, con especial énfasis en la relación misma, es decir en el hecho de que cierto sujeto esté en relación con cierto predicado: con verbos como **ver** y **oír**, la relación se considera temática, y no interesa tanto la entidad misma del predicado como el hecho de que haya relación *sujeto—predicado*.

El empleo de un infinitivo no es posible con otros verbos de percepción (como por ejemplo **notar**, **constatar**, **percibir**, **darse cuenta de**, etc.) que concentran más su atención en el predicado mismo, considerado por estos verbos como remático (nuevo) respecto del sujeto, que ya está tematizado. Como el predicado es considerado remático, y se viene a añadir como elemento nuevo de información, no se emplea un infinitivo, sino un tiempo informativo:

[19a] ● *En ese momento, lo noté llorar.

[19b] ● En ese momento, noté que lloraba.

2.4.2.4. Con verbos que expresan consejo u orden

Con los verbos con los que el enunciador intenta influir sobre los demás (expresan un consejo o una orden), el infinitivo se refiere al destinatario del consejo o de la orden y no al sujeto del verbo conjugado del que depende:

[20] ● Bueno, ¿y tú qué le contestaste?
      ○ Nada: en cuanto abrí la boca me mandó callar.

2.4.3. En función de complemento indirecto, circunstancial o adverbial

2.4.3.1. En los casos en los que el infinitivo desempeña la función de complemento indirecto (modo, finalidad, causa, etc.), puede ir introducido por alguna preposición o locución preposicional (adverbio + preposición, como por ejemplo **después de**, **antes de**, etc.). El infinitivo se refiere al mismo sujeto que el verbo principal conjugado:

[21] ● Hizo todo lo que tenía que hacer sin decir palabra.

[22] ● Me he traído unos cuantos libros para leer por la noche.

2.4.3.2. CON MÁS DETALLE

No todas las preposiciones / locuciones preposicionales pueden introducir un infinitivo solo. Muchas de ellas tienen un semantismo que difícilmente se combina con un infinitivo. Es lo que sucede con: **ante**, **bajo**, **contra**, **debajo de**, **delante de**, **desde**, **detrás de**, **durante**, **hacia**, etc.[1]

---

1 Estas incompatibilidades no se deben a la casualidad, sino al hecho de que la esencia misma de estos operadores y la del infinitivo no tengan ningún punto de encuentro que les permita funcionar juntos. Algunos de estos operadores funcionan sobre todo en un sentido espacial concreto, y no tienen la capacidad de abstracción necesaria para poder combinarse con un infinitivo, que, al remitir a la noción verbal en toda su virtualidad, es una abstracción por excelencia. Esta incompatibilidad es la que impide, por ejemplo,

Cuando los sujetos son distintos, en lugar del infinitivo se emplea una forma conjugada del verbo.

2.4.3.3. CON MÁS DETALLE

Con algunas preposiciones (**sin**, **con**, **tras**, etc.), se puede, en contextos especiales, emplear un infinitivo con un sujeto propio, distinto del sujeto del verbo principal:

[24] ● **Sin hablar tu jefe con el mío, será difícil que se resuelva el problema.**

En estos casos lo mismo se puede expresar con una oración con un verbo conjugado en una forma personal.

2.4.4. Como complemento de sustantivos, adjetivos o participios

El infinitivo puede ser también complemento de un sustantivo, de un adjetivo o de un participio pasado. En estos casos, va introducido por una preposición y se refiere siempre al mismo sujeto al que se refieren el sustantivo, el adjetivo o el participio pasado:

[25] ● **La verdad, no entiendo todo ese afán por viajar. Ni que lo hubieran tenido encerrado toda la vida.**

[26] ● **Siempre está interesado en todo, y anda ansioso por aprender cosas nuevas.**

[27] ● **Ya estoy cansado de repetir siempre lo mismo, o sea que, por favor, entérate de una vez.**

[28] ● **Se me ha roto la máquina de escribir. ¿Me la puedes llevar a arreglar?**

---

el empleo del infinitivo con **debajo de**, **detrás de**, **delante de**, **bajo**, **ante**, **contra**, etc. Sin embargo, si se sustantiviza el infinitivo mediante algún operador que le dé una existencia más concreta (**el** / **su** / **ese** / etc.), refiriéndolo a algo más definido con existencia propia, la combinación con **ante**, **bajo**, **contra**, **desde**, etc. se hace concebible —aunque sigue siendo difícil hallar contextos y verbos con cuyo semantismo pueda funcionar bien. Si es difícil concebir casos en los que puedan emplearse:

[23a] · **Bajo mandar, contra pretender, desde entrar, etc.**

no lo es tanto concebir la aceptabilidad potencial de:

[23b] · **Bajo su mandar, contra ese pretender, desde su entrar, etc.**

aunque los contextos de uso real no sean fáciles de encontrar, debido a la escasez de contextos en los que haya que / se pueda tematizar infinitivos con operadores gramaticales de este tipo.

➲ Sustantivación del infinitivo

2.5. SUSTANTIVACIÓN DEL INFINITIVO

En algunos casos, se puede sustantivar el infinitivo mediante el empleo de un artículo, un demostrativo, un posesivo o cualquier otro determinante del sustantivo:

> [29] ● **El respirar aire puro, el poder andar entre los árboles es lo que más me gusta del campo.**

CON MÁS DETALLE

Se sustantiviza corrientemente con un artículo el infinitivo de la mayoría de los verbos que se refieren a actos cotidianos. Se emplean dichos infinitivos sustantivados de manera impersonal, sin referirlos a ningún sujeto en particular, sobre todo como sujeto gramatical de otro verbo. Sin embargo, se prefiere, aun en estos casos, emplear infinitivos solos, sin ningún determinante, excepto con verbos como **poder**, **querer** y **tener que** que se sustantivizan más frecuentemente:

> [30] ● **Viajar en sí es algo agradable. Lo que cansa es el tener que viajar de noche.**

Son muy pocos los verbos que admiten el empleo con otros determinantes del sustantivo, ya que, en tales casos, se emplean más a menudo otras expresiones, como por ejemplo, **el hecho de que**. En efecto, estas sustantivaciones del infinitivo pueden parecer algo artificiales y rebuscadas, más propias de la lengua escrita que de la lengua hablada: son relativamente frecuentes en poesía:

> [31a] ● **Ese leer tantas novelas policiacas debe de tener alguna explicación.**

> [31b] ● **El hecho de que lea tantas novelas policiacas debe de tener alguna explicación.**

2.6. SUSTANTIVACIÓN PERMANENTE

Algunos infinitivos se sustantivizan tan a menudo que en estos empleos ya no se perciben casi como relacionados con el infinitivo de un verbo, aun cuando ese verbo sigue existiendo y empleándose corrientemente; las gramáticas hablan tradicionalmente de sustantivación permanente.

He aquí los principales:

el quehacer
el poder
el deber
el haber
el ser[2]

---

2 De diferente rango, pero de alta frecuencia de uso en la lengua: **el querer**.

Estos mismos tienen en la mayoría de los casos un plural que también se emplea corrientemente:

> los quehaceres
> los poderes
> los deberes
> los haberes
> los seres

2.7. INTERROGATIVA INDIRECTA: FALTA UN ELEMENTO DE INFORMACIÓN

Se emplea el infinitivo en las oraciones interrogativas indirectas con las que el enunciador señala que le falta un elemento de información mediante el empleo de los operadores **dónde**, **cuándo**, **cómo**, **qué**, **quién**, etc. En estos casos, el infinitivo se refiere al mismo sujeto que el verbo conjugado; se emplea para subrayar que se trata del mismo sujeto:

> [32] ● **Es precioso. A mí también me encantaría comprarlo pero no sabría dónde ponerlo.**

> [33] ● **Vale, de acuerdo, seguiré tu consejo. El problema está en saber cuándo llamarle.**

Cuando los sujetos son distintos, se emplea un verbo conjugado en un tiempo informativo o virtual (indicativo o condicional).

2.8. INTERROGATIVA INDIRECTA CON LA PARTÍCULA SI (TIPO SI/NO)

También se puede emplear el infinitivo en las interrogativas indirectas con **si**, en las que no se trata de un elemento de información que falta, sino de cuestionar toda la relación *sujeto—predicado*. En este caso, la función del infinitivo es también señalar que el verbo conjugado y el que va en infinitivo tienen el mismo sujeto:

> [34] ● **¿Qué haces estas vacaciones?**
> ● **No sé si quedarme para acabar este trabajo, o irme a pasar unos días al campo.**

Generalmente, en este tipo de oración se trata de expresar duda o indecisión por parte del sujeto.

Cuando los sujetos son distintos, se emplea en este caso también un verbo conjugado en un tiempo informativo o virtual (indicativo o condicional).

2.9. OTRAS ORACIONES SUBORDINADAS

2.9.1. Se emplean infinitivos en las oraciones subordinadas cuyo antecedente es un elemento objeto de una interrogación o una búsqueda (deseo, búsqueda, sueño, etcétera). Se trata del complemento directo del verbo principal, que es, además, complemento directo o indirecto del verbo en infinitivo:

[35] ● ¿Te he contado que nos vamos a cambiar de piso? Es que necesitamos una habitación donde podamos instalar el ordenador.

[36] ● Perdona el retraso, pero es que me he pasado la tarde buscando algo que regalarle a mi marido... Es que hoy es su cumpleaños, ¿sabes?

[37] ● Su sueño en este momento es tener una casa en el campo, adonde irse a pasar los fines de semana.

2.9.2. Alternativa con el verbo **poder**

2.9.2.1. En todos estos casos se puede emplear, alternativamente, una forma conjugada del verbo **poder** seguida del infinitivo del verbo en cuestión:

[38] ● ¿Te he contado que nos vamos a cambiar de piso? Es que necesitamos una habitación donde podamos instalar el ordenador.

El hecho de que se emplee el verbo **poder** como alternativa a estas construcciones en infinitivo pone claramente de manifiesto el carácter virtual de todos los empleos del infinitivo.

2.9.3. Sujetos distintos

Cuando los sujetos de los dos verbos son distintos, se emplea una forma conjugada del verbo, generalmente de subjuntivo, por tratarse de oraciones que definen el elemento anterior:

[39] ● Necesitamos a una persona que nos ayude a ordenar todo esto.

➲ Oraciones de relativo

2.9.4. CON MÁS DETALLE

Es muy importante tomar conciencia del carácter virtual de todo infinitivo. Por este carácter virtual es por lo que no se puede emplear un infinitivo en las oraciones de relativo en las que se trate de decir algo más sobre un elemento que no sea objeto de una búsqueda, aun cuando el sujeto del verbo principal y el del subordinado sea el mismo: si el antecedente es algo concreto en lo que está pensando el enunciador, y sobre lo cual quiere informar, empleará siempre una forma conjugada de un tiempo informativo o virtual (indicativo o condicional) por ser éstos los dos únicos modos que informan. El primero se limita a informar, el segundo presenta la información como virtual. Al contrario, cuando el enunciador quiere definir un elemento sin informar sobre él, empleará el subjuntivo cuando los sujetos de los dos verbos son distintos, y el infinitivo cuando se trata del mismo sujeto.

2.10. INFINITIVO EN LUGAR DEL IMPERATIVO

Se utilizan frecuentemente, sobre todo en la lengua hablada, formas de infinitivo en la función de imperativo, en lugar de las formas propias de imperativo para la segunda persona de plural (**vosotros**):

[40]   ● **Entrar, sentaros, etc.**

➲ El imperativo
➲ Pedir cosas a otros

2.11. A + *INFINITIVO*

También se emplea a menudo la construcción **a +** *infinitivo* en sustitución de las formas propias del imperativo (**tú, vosotros/as**), en un registro más informal o familiar.

2.12. INFINITIVO CON PREPOSICIONES

2.12.1. El infinitivo se puede emplear con distintas preposiciones, que mantienen el mismo sentido que tienen cuando se emplean con un sustantivo:

[41]   ● **Hizo todo lo que tenía que hacer sin decir palabra.**

[42]   ● **Me he traído unos cuantos libros para leer por la noche.**

2.12.2. CON MÁS DETALLE

En estos casos, también se puede emplear un infinitivo compuesto (pasado en el infinitivo) para dar una idea de anterioridad.

➲ Pasado en los distintos tiempos

Sin embargo, cuando la claridad del contexto permite la neutralización, se emplean frecuentemente con la misma idea de anterioridad infinitivos simples en español —al contrario de lo que sucede en otros idiomas, en los que sólo se pueden emplear infinitivos compuestos. La versión corriente y habitual de:

[43]   ● **Después de haber comido, saldremos.**

es

[43b]   ● **Después de comer, saldremos.**

2.13. EXPRESIONES CON INFINITIVO

Cabe señalar una serie de expresiones con infinitivos, además de las estudiadas en el capítulo sobre las perífrasis verbales:

> ⮑ Perífrasis verbales

2.13.1. Al + *infinitivo*

2.13.1.1. Con **al** + *infinitivo*, el enunciador se puede referir tanto al hecho mismo de que haya relación *sujeto—predicado*, como al momento en el que se da dicha relación.

En el primer caso, los efectos expresivos se aproximan bastante a la expresión de una causa temática, de la que parte el enunciador para dar otra información remática: **considerando/puesto que x, digo/constato que y**:

[44] ● **Al trabajar tanto, por la noche está agotado y no sale nunca.**

> ⮑ Expresar la causa

En el segundo caso, el efecto expresivo principal es el de temporalidad / simultaneidad: el enunciador se refiere al momento en que el sujeto está / entra en relación con el predicado en infinitivo:

[45] ● **Al marcharse se dejó el paraguas aquí.**

2.13.1.2. El infinitivo empleado en estos casos se refiere al mismo sujeto que el verbo conjugado, excepto en los casos en los que tiene sujeto propio:

[46] ● **Al entrar tu padre, me di cuenta de que te habías dejado la basura en la puerta.**

2.13.2. De + *infinitivo*

2.13.2.1. Con **de** + *infinitivo*, el enunciador expresa una condición.

Si considera la condición como algo que podría realizarse en el futuro o como algo irreal en el presente empleará **de** + *infinitivo simple*:

[47] ● **Yo, de tener dinero, dejaría de trabajar.**

Si, al contrario, considera la condición como algo que ya no se ha realizado y no se puede realizar por estar relacionado con el pasado, entonces empleará **de** + *infinitivo compuesto*[3]:

---

3 Cuando el contexto es claro, se neutraliza a veces y se emplea **de** + *infinitivo*.

---

[48] ● De haberme enterado antes, te juro que me habría quedado en
         casa.

➲ Expresar condiciones

2.13.2.2. El infinitivo empleado en estos casos se refiere al mismo sujeto que el verbo
          conjugado, excepto en los casos en los que aparece expresado un sujeto propio:

[49] ● De haberse enterado Ramón, tú ya no estarías aquí.

2.13.3. Por + *infinitivo*

Además del matiz de causalidad que puede adquirir esta expresión debido al
funcionamiento de la preposición **por** (y además de la expresión **estar + por**),
se utiliza **por + *infinitivo*** para expresar que todavía hay que hacer lo expresado
por el infinitivo:

[50] ● Llevamos una semana trabajando, pero todavía nos quedan unos
         cuantos problemas por resolver.

2.13.4. A medio + *infinitivo*

Con la expresión **a medio + *infinitivo*** se expresa que todavía no se ha terminado
de hacer lo expresado por el infinitivo:

[51] ● Son tremendos. Si no estás todo el día controlando que trabajen,
         son capaces de marcharse y de dejarte el trabajo a medio hacer.

2.13.5. Sin + *infinitivo*

Esta expresión puede tener todos los sentidos que le permite la preposicion **sin**,
y referirse a un modo o algo que no se ha hecho, o a una condición:

[52] ● Mira, a mí no me vengas con cuentos: sé perfectamente que es muy
         difícil aprender algo sin esforzarse un poco.

2.13.6. Con + *infinitivo*

Además de los empleos habituales de la preposición **con**, se emplea esta construcción
para expresar una idea de concesión:

[53a] ● Con trabajar como un burro todo el santo día, no gana lo suficiente
          para poder sobrevivir.

Este enunciado es más o menos equivalente a:

[53b] ● Aunque trabaja como un burro todo el santo día, no gana lo
          suficiente para poder sobrevivir.

Con + *infinitivo* se emplea más frecuentemente en relación con el futuro cronológico:

[54] ● **Con no enfrentarte a ellos no conseguirás nada.**

En estos casos, más que de un matiz concesivo, se trata de una idea de modo, idea que también puede expresarse con un gerundio.

➲ Expresión de la concesión

2.13.7. **Con sólo** + *infinitivo*

Esta expresión se utiliza para expresar una condición única, aunque suficiente, para que se realice algo, y equivale más o menos a **basta con que** + *subjuntivo*:

[55a] ● **Con sólo llamarme, me habrías evitado todas estas horas de espera inútil.**

Es asimismo muy frecuente el uso de **sólo con** + *infinitivo*:

[55b] ● **Sólo con llamarme, me habrías evitado todas estas horas de espera inútil.**

➲ Expresar condiciones

2.13.8. **A no ser, A poder ser, A juzgar por**

Las expresiones **a no ser**, **a poder ser** y **a juzgar por** tienen un sentido bastante próximo a la expresión de condiciones, y son más o menos equivalentes de **excepto que / si no fuera**, **si es posible**, **si se juzga por** respectivamente.

EL IMPERATIVO

Antes de poder hablar del imperativo, es importante establecer una distinción entre lo que llamaremos formas propias de imperativo y el imperativo como función, es decir como microsistema empleado en una serie de contextos distintos, con intenciones comunicativas muy variadas.

Se recurre al imperativo como función para dar órdenes o consejos, para ofrecer, para pedir, para expresar condiciones, etc., aunque no es ésta la única manera de realizar tales actos en español: en todos estos casos, al elegir la función imperativo en lugar de alguna otra de las posibilidades que le ofrece la lengua española para cumplir los mismos actos, el enunciador decide imponer el predicado al sujeto - destinatario, en lugar de introducirlo mediante otros recursos (presente de indicativo en forma de pregunta, etc.).

En las páginas que siguen, con *imperativo* nos referiremos al imperativo como función. Para hablar de las formas propias de imperativo emplearemos la expresión explícita *formas propias de imperativo*.

1. CARACTERÍSTICAS FORMALES

1.1. PERSONAS PARA LAS QUE EXISTE

Por definición, con el imperativo como función sólo se pueden imponer predicados al oyente - destinatario que, además de desempeñar la función de oyente, es, por lo tanto, sujeto (aunque pasivo) gramatical del imperativo. Por este motivo no se concibe un empleo de la función imperativo dirigida a un **yo** (en los casos en los que el enunciador emplea un imperativo dirigiéndose a sí mismo, siempre utiliza las formas de **tú**). Tampoco se conciben empleos directos del imperativo para la tercera persona, ausente del circuito de la comunicación (**él / ella / ellos / ellas**), ya que por definición, al tratarse de ausentes, no pueden funcionar como oyente - destinatario. Por el mismo motivo, en el caso de **nosotros** sólo se puede concebir la función imperativo si en **nosotros** está incluido el destinatario del mensaje.

➲ Usos

1.2. FORMA VERBAL

1.2.1. Formas propias del imperativo

En español, sólo existen dos formas propias de imperativo, que corresponden a las personas que representan de manera más explícita el papel de destinatario del mensaje: **tú** y **vosotros**. Con las demás personas para las que se concibe la función imperativo, en lugar de una forma propia de imperativo, se emplea la forma correspondiente del presente de subjuntivo:

> **habla**
> **hable**
> **hablemos**
> **hablad**
> **hablen**

1.2.2. Las dos formas propias de imperativo (**tú** y **vosotros**) sólo se utilizan en enunciados afirmativos. En enunciados negativos, el imperativo se expresa siempre con las formas correspondientes del presente de subjuntivo.

> **habla** → **no hables**
> **hablad** → **no habléis**

➲ El subjuntivo

1.2.3. Las formas propias de imperativo para el **tú** son idénticas a las formas de tercera persona del presente de indicativo:

> **habla**
> **come**
> **escribe**

Sólo existen ocho formas irregulares, en las que se ha perdido una sílaba:

poner	→	**pon**
venir	→	**ven**
tener	→	**ten**
salir	→	**sal**
decir	→	**di**
hacer	→	**haz**
ir	→	**ve**
ser	→	**sé**

1.2.4. Las formas propias de imperativo para **vosotros** se obtienen a partir del infinitivo del verbo, sustituyendo la —**r** final por una —**d**:

hablar	→	**hablad**
comer	→	**comed**
escribir	→	**escribid**

No existen formas irregulares de imperativo para **vosotros**.

1.2.5. Ejemplos:

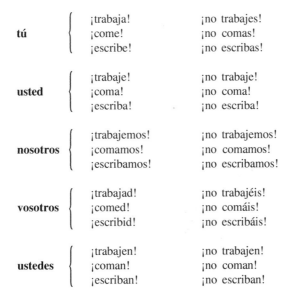

tú	¡trabaja!	¡no trabajes!
	¡come!	¡no comas!
	¡escribe!	¡no escribas!
usted	¡trabaje!	¡no trabaje!
	¡coma!	¡no coma!
	¡escriba!	¡no escriba!
nosotros	¡trabajemos!	¡no trabajemos!
	¡comamos!	¡no comamos!
	¡escribamos!	¡no escribamos!
vosotros	¡trabajad!	¡no trabajéis!
	¡comed!	¡no comáis!
	¡escribid!	¡no escribáis!
ustedes	¡trabajen!	¡no trabajen!
	¡coman!	¡no coman!
	¡escriban!	¡no escriban!

1.3. SUJETO

En los empleos normales del imperativo, como el sujeto-destinatario ya está contextualizado y las mismas formas verbales ayudan a evitar dudas y ambigüedades eventuales, no se emplean normalmente los pronombres personales sujeto.

El pronombre **usted**, por su propio estatuto, se utiliza más a menudo: repetirlo con los imperativos es, en cierta medida, subrayar la formalidad de la relación que hay entre el enunciador y su interlocutor.

1.4. PRONOMBRES COMPLEMENTO

Los pronombres complemento se ponen
- detrás del imperativo afirmativo, unidos a él y entre ellos;
- delante del imperativo negativo, separados de él y entre ellos, y sin acento tónico propio:

[1] ● ¿Te preparo la cena?
     ○ Sí, por favor, prepáramela, que estoy muy ocupado.

[2] ● ¿Qué hago con esta maceta?
     ○ A ver... Déjala ahí encima.

[3] ● Oye, te cuento algo increíble, pero no se lo digas a nadie.

1.5. Como siempre que se juntan dos pronombres complemento, el indirecto va antes del directo, como se observa en los ejemplos [1], [2] y [3].

En las construcciones reflexivas que además del pronombre reflexivo lleven un pronombre complemento directo, el pronombre reflexivo funciona como complemento indirecto, y se pone antes del pronombre complemento directo:

[4] ● Tienes la cara asquerosa. Lávatela.

[5] ● No te lo quites, que hace frío. En cuanto uno entra le da calor, pero después de un minuto ya estás tiritando de frío.

1.6. En las construcciones reflexivas, las formas verbales de **nosotros** y **vosotros** pierden sus respectivas —s y —d finales en los empleos afirmativos del imperativo:

[6a] ● *Veámosnos el martes a las tres.

[6b] ● Veámonos el martes a las tres.

[7a] ● *Acordados de llamar.

[7b] ● Acordaos de llamar.

1.7. En el uso corriente, es frecuente el empleo de un infinitivo en lugar de la forma propia de imperativo para **vosotros**, sobre todo en el caso de las construcciones reflexivas:

[8] ● Acordaros de llamar.

2. USOS DE LA FUNCIÓN DE IMPERATIVO

2.1. Lo primero que hay que señalar al hablar del imperativo es que, contrariamente a la creencia generalizada, se trata de un sistema que no se emplea tan sólo para dar órdenes, y que incluso ésta es la intención comunicativa con la que menos se emplea: entre las numerosas maneras que hay de dar órdenes, el imperativo es, quizá, la que exige más requisitos contextuales para poder ser utilizada.

2.2. SE USA EL IMPERATIVO:

2.2.1. Para dar órdenes

El uso del imperativo para dar órdenes sigue reglas bastante rígidas, que hay que tener en cuenta, para no caer en errores comunicativos. El empleo de un imperativo para dar una orden resulta bastante seco en los contextos en los que no esté contextualizada todavía la idea de pedir; el enunciado:

[9] ● **Póngame una cerveza**

pronunciado tal cual, de entrada, por alguien que acaba de establecer un contacto con el camarero en un bar, resulta, en la mayoría de los casos, descortés. Lo mismo sucede en el ejemplo siguiente, en el que el hablante que dice **póngame una cerveza** se muestra bastante seco, a pesar del empleo de **por favor**:

[10a] ● **Buenos días.**
       ○ **Buenos días. Por favor, póngame una cerveza.**

Sin embargo, el mismo enunciado dicho después de que el camarero se haya puesto en disposición de recibir órdenes, o después de que se haya creado esta situación y actitud mediante otro pedido, parece perfectamente normal:

[10b] ● **¿Qué va a tormar?**
       ○ **Póngame una cerveza.**

[10c] ● **Por favor, ¿me pone un café?**
       ○ **Y a mí, póngame una cerveza.**

Naturalmente, la entonación también contribuye a atenuar la orden dada con un imperativo. La dureza del imperativo se neutraliza parcialmente en las relaciones de confianza, en que es más corriente su empleo.

Aquí son también más frecuentes, no obstante, los usos del imperativo que de algún modo parezcan "previsibles" por el contexto, o por una situación "urgente", o que estén introducidos por operadores que ponen al otro en actitud de espera: **a ver**, **oye**, **mira**, etc.:

[11] ● **Oye, ¿qué significa "golfo"?**
      ○ **A ver, léeme la frase, que depende del contexto.**

[12] ● **Oye, pásame el cenicero.**
      ○ **Toma.**
      ● **Gracias.**

En [11], el que acaba de pedir un favor acepta sin nigún problema el empleo de un imperativo, puesto que su interlocutor está tratando de ayudarle. Por lo tanto, el uso de **a ver** en este contexto no es indispensable.

En relaciones entre personas de rango o posición distinta, se emplean frecuentemente imperativos para dar órdenes. Es ésta una manera de aceptar / subrayar tácitamente la relación impar que existe entre los interlocutores:

[13] ● Mercedes, por favor, tráigame el expediente de la Campsa.
● Ahora mismo, jefe.

Cuando se quiere pedir algo con cierto carácter de urgencia, frecuentemente se repite dos veces el imperativo para neutralizar algo de su perentoriedad:

[14] ● ...y entonces, en ese momento, ...
○ A ver, cállate, cállate...
● ¿Qué pasa?
○ He oído un ruido rarísimo... Por ese lado...

➲ Con más detalle: 3.3. Repetición de un imperativo

2.2.2. Para dar consejos e instrucciones

Son muy frecuentes los empleos del imperativo para dar consejos, recomendaciones, instrucciones, etc.:

[15] ● Hazme caso: llámala e invítala a cenar. Así tendrás más tiempo para decírselo todo con calma.

[16] ● Yo que usted no iría, pero si decide ir, abríguese bien. Verá el frío que hace allí arriba.

2.2.3. Con la intención de ser amable

También son muy frecuentes los empleos del imperativo en situaciones en que se dice al destinatario del mensaje que haga cierta cosa, con la intención de ser amable con él, de que se sienta a sus anchas, de darle ánimos, etc.:

[17] ● Pase, pase, Don Ramiro. Quítese el abrigo... Siéntese... Está usted en su casa...

[18] ● Toma, sírvete más pollo. Aquí tienes más pan también, si quieres...

2.2.3.1. En este ámbito de los imperativos empleados con la intención de ser amable hacia el otro, es importante notar que frecuentemente se dan imperativos repetidos, en los que se neutraliza toda la perentoriedad concebible en un imperativo. Cabe señalar, además, que hay una serie de funciones comunicativas en las que el comportamiento normal y codificado prevé una reduplicación —en muchos casos, de un imperativo. Es lo que sucede, por ejemplo, en la función *conceder permiso*, que se realiza lingüísticamente, en un comportamiento comunicativo normal, con una reduplicación del elemento empleado (ya sea éste o no un imperativo), o con una repetición del sentido:

[19] ● ¿Puedo fumar?
○ Sí, claro, fume, fume / Sí, sí, claro, fume / Sí, claro, por supuesto.

CON MÁS DETALLE

No reduplicar el elemento empleado, en estos casos, es una elección altamente significativa: la comunicación no sigue sus cauces normales, y en la descodificación del mensaje se da, automáticamente, una *implicatura conversacional*[1] inconsciente, que va mucho más allá de lo dicho y lleva al oyente a un nivel en el que se (re)plantea toda la relación con su interlocutor: como el comportamiento cortés más normal prevé la reduplicación –salvo en situaciones muy específicas– su ausencia llevará al oyente a buscar, aunque sea inconscientemente, un motivo o explicación para tal ausencia. Esto puede tener un peso enorme en la relación entre los interlocutores.

2.2.4. Para expresar condiciones

2.2.4.1. Además de los empleos del imperativo para ser amable o dar consejos, se utilizan frecuentemente formas de imperativo al expresar condiciones (o, en todo caso, oraciones próximas a las condicionales) que conciernen al destinatario del mensaje y que el enunciador considera como realizables. En la mayoría de los casos, se trata de aconsejar o disuadir al otro para que haga o no haga cierta cosa:

[20]   ● **Abre la ventana y verás qué frío.**

[21]   ● **Mándale unas flores y todo se resolverá.**

Se puede discutir que en estos casos se trate de condiciones, aunque se trata de oraciones que tienen un sentido muy próximo, y argumentar que en realidad la oración que sigue es la que expresa una consecuencia de la que va en imperativo —y no la que va en imperativo la que expresa una condición. Sin embargo, este tipo de disquisición va más allá del objeto de esta obra: nos limitaremos, pues, a contestar que lo importante para el extranjero es tomar conciencia de la relación causa—efecto que se plantea en estos contextos.

3. CON MÁS DETALLE

3.1. Es importante adquirir conciencia de que, en el fondo, en todos estos casos se trata del mismo fenómeno, y que los efectos expresivos conseguidos dependen, en buena parte, de la naturaleza de los predicados manejados y de los contextos en los que se dan.

Cada vez que un enunciador emplea un imperativo, lo que hace es imponer un predicado a un sujeto destinatario relegado a una posición de receptor totalmente pasivo: el enunciador le "tira un predicado a la cara", cualesquiera que sean el tipo de predicado y sus intenciones comunicativas.

Por este motivo, no se expresa normalmente el sujeto: está presente y es el destinatario del mensaje. Cuando se expresa, no se trata, en cualquier caso, de un sujeto del imperativo (puesto que el único

---

1 Sobre el concepto de *implicatura conversacional*, cf. Grice, *Logic and conversation*.

verdadero sujeto del imperativo es el enunciador), sino de un vocativo cuya función es la de controlar que haya un canal de comunicación o establecer / restablecer uno atribuyendo (imponiendo) al oyente-destinatario pasivo su papel de oyente.

Por eso, además, no se concibe un empleo del imperativo para la *no-persona* (tercera persona), ya que ésta se encuentra ausente por definición y no participa en el circuito de la comunicación: es un mero objeto del discurso entre el hablante y su interlocutor[2]. Cuando el enunciador quiere expresar un deseo suyo sobre una *no-persona*, sólo puede hacerlo de manera explícita e indirecta, o afirmar la relación en su estatuto de relación no informativa, con cierto desfase tematizante, que se manifiesta, en la superficie, a través del operador **que**:

[22]   ● **Que venga Pedro.**

Uno de los motivos por los que se da dicho desfase es precisamente el hecho de que la *no-persona* quede excluida del circuito de la comunicación: en [22], el enunciador ha concebido la relación, pero no puede imponerla directamente al sujeto (**Pedro**), porque no está presente y él está hablando con un intermediario. Tampoco puede formularlo en un tiempo informativo (como por ejemplo el presente de indicativo) o en virtual (futuro o condicional), porque su oyente lo percibiría como información sobre el sujeto (**Pedro**). La única posibilidad que le queda al enunciador es afirmar la relación en su estatuto de relación que no constituye información, proyectándola en el contexto (**que**), pensando en una posible transmisión de su deseo al interesado.

Esta misma dinámica interna del mecanismo "imperativo" es lo que explica, además, que con **nosotros** sólo se puedan emplear imperativos cuando **nosotros** incluye un oyente (caso en el que **nosotros = yo + tú** [+ **el**, etc.]), y que sean imposibles cuando dicha función no está contemplada (caso en el que **nosotros = yo + él** [+ **él**, etc.]). Por el mismo motivo, además, se excluye el empleo de un imperativo para el **yo**, puesto que el **yo** (enunciador) es siempre el que actúa al imponer un imperativo a un sujeto—receptor. Cuando la persona que habla se dirige a sí misma en imperativo, emplea las formas de **tú**; la misma persona física asume así, a la vez, dos funciones metalingüísticas distintas: la de enunciador y la de receptor.

Es interesante notar que sólo las dos personas que contienen de manera más directa y explícita la función de oyente (**tú** y **vosotros**) tienen formas propias de imperativo, y que las demás se ven obligadas a recurrir a una forma de subjuntivo: por distintos motivos, el enunciador sólo puede, en estos casos también, afirmar una relación no informativa, ya sea porque se dirige a un oyente que tiene su función de oyente sólo en parte, porque el enunciador no se la quiere atribuir del todo (como en el caso de **usted / ustedes**) para no ponerlo en el mismo nivel que él mismo, y escoge tratarlo como oyente (**usted-tú**) ausente (de ahí que se empleen las formas verbales de la *no-persona* [tercera persona: **él, ella**]); ya sea porque se trata de persona que, además de incluir la función de oyente, incluye la de hablante (**nosotros = yo + tú** [+ **él**, etc.]). Sin embargo, en estos casos, no se da el desfase representado por **que**, debido a que se trata de personas que incluyen, aunque de manera menos explícita, la —o, al menos, cierta— función de oyente y que participan por lo tanto en el circuito de la comunicación y el enunciador les puede imponer algo directamente, aunque sea una simple afirmación de una relación no informativa.

➲ El subjuntivo

2   Véanse a este respecto los trabajos de Emile Benveniste.

3.2. Al emplear un imperativo, e imponer por tanto un predicado a un sujeto, el enunciador crea automáticamente una relación *sujeto-predicado* que no informa, ya que no rebasa el nivel de la creación autoritaria/arbitraria del enunciador: esto explica que el imperativo se pueda emplear para expresar condiciones, ya que una condición no es más que la evocación lingüística de una situación ficticia (para quien habla en el momento en que habla y la concibe como condición, aun cuando luego, posteriormente, descubre que lo que le parecía tan sólo una creación suya, ha llegado a tener existencia en la realidad).

3.3. Al reduplicar un imperativo, lo que hace el enunciador es reafirmar la relación creada, inmediatamente después de crearla, neutralizando así parcialmente su carácter remático. El efecto expresivo de menor perentoriedad que adquiere todo imperativo reduplicado se debe precisamente a que, por el mismo hecho de reafirmar la relación, se plantean dudas acerca de la misma, que pasa a ser algo que hay que confirmar, repetir, reafirmar, etc. y deja de ser una creación terminante que rebasa el nivel de lo afirmable, confirmable, negable, etc.: para poder vivir como imperativo, con toda su fuerza ilocutoria, un imperativo tiene que ser único en cada momento, no se puede repetir. Para poderlo repetir manteniendo su fuerza hay que añadir un elemento que señale que se trata de una repetición del mismo tipo de acto lingüístico:

[23]   ● ¡Cállate!
         ○ Pero si yo...
         ● ¡Cállate, he dicho!

Este tipo de repetición tiene un carácter más brutal que el empleo de la forma *que + presente de subjuntivo*, más normal para señalar que se está repitiendo un imperativo —es decir, para tematizarlo:

[24]   ● ¡Cállate!
         ○ Pero si yo...
         ● Que te calles.

La mayor dureza de [23] se debe a que el enunciador no tematiza el imperativo, contrariamente a lo que sucede en [24]. Al no tematizar, se acerca más a una repetición del mismo acto de habla que, no perdiendo su carácter remático, cobra mayor fuerza al verse repetido con un operador gramatical (**he dicho**) que por su funcionamiento ignora todo lo que sucede alrededor (con todos los efectos sorpresa que esto puede implicar y la fuerza que puede acarrear).

EL PARTICIPIO PASADO

1. FORMACIÓN

1.1. VERBOS REGULARES

El participio pasado se forma sustituyendo las terminaciones **—ar**, **—er** o **—ir** del infinitivo por **—ado** o por **—ido**, según el siguiente cuadro:

Formación del participio pasado		
—ar	→	—ado
—er —ir	→	—ido

1.2. VERBOS IRREGULARES

Hay un número limitado de verbos con participio pasado irregular, debido a peculiaridades en la propia evolución de la lengua.

Los principales son:

hacer	→	hecho	ver	→	visto
satisfacer	→	satisfecho	escribir	→	escrito
decir	→	dicho	morir	→	muerto
romper	→	roto	abrir	→	abierto
volver	→	vuelto	cubrir	→	cubierto
poner	→	puesto			

Además, los compuestos de los anteriores:

deshacer	→	deshecho	componer	→	compuesto
rehacer	→	rehecho	disponer	→	dispuesto
contrahacer	→	contrahecho	reponer	→	repuesto
contradecir	→	contradicho	devolver	→	devuelto
encubrir	→	encubierto	envolver	→	envuelto
descubrir	→	descubierto	etc.		

y los verbos en **-solver** → **-suelto**:

resolver	→	resuelto
absolver	→	absuelto

Existen, además, verbos que también tienen un participio pasado doble:

freír	→	frito	freído
imprimir	→	impreso	imprimido
bendecir	→	bendito	bendecido
maldecir	→	maldito	maldecido

Por lo general, en estos casos se usa como participio pasado el regular, y como adjetivo el irregular. Sólo en el caso de **freír** se emplea como participio el irregular.

2. USOS

El participio pasado se emplea con verbos auxiliares para expresar distintas ideas.

2.1. TIEMPOS COMPUESTOS

Con el auxiliar **haber**, el participio pasado expresa los tiempos compuestos [*pasado en los distintos tiempos*]

➲ Los tiempos compuestos: el pasado en los distintos tiempos

En estos empleos, es invariable: es decir, que no concuerda ni con el sujeto ni con el complemento, al contrario de lo que sucede en otros idiomas:

[1] ● **¿Cómo es que hablas tan bien alemán?**
     ○ **Es que he vivido tres años en Berlín.**

[2] ● **¿Has hablado con Carmen?**
     ○ **No, todavía no. Espero verla esta tarde.**

2.2. LA VOZ PASIVA

Con el auxiliar **ser**, se forma la pasiva. En estos casos, concuerda siempre con el sujeto gramatical al que se refiere:

[3]　● **Hay que ver lo limpias que están las paredes. Es increíble.**
　　　○ **Es que son pintadas varias veces al año.**

➲　La pasiva

2.3. TENER + *PARTICIPIO PASADO*

Con **tener**, expresa una idea próxima a los tiempos compuestos, aunque con un matiz ligeramente más concreto, poniendo más énfasis en el resultado:

[4]　● **¿Cómo va el libro?**
　　　○ **Pues... Todavía me falta un poco, pero ya tengo unas trescientas páginas escritas.**

➲　Los tiempos compuestos

En estos casos, el participio pasado concuerda siempre con el complemento directo de **tener**.

2.4. ESTAR + *PARTICIPIO PASADO*

Con **estar**, expresa algo que se aproxima a la problemática de la pasiva, aunque no se trata de pasiva, sino más bien del resultado de un proceso o acto:

[5]　● **¿Ya has resuelto tus problemas con la impresora?**
　　　○ **Sí, ya está arreglada, ahora ya funciona bien.**

➲　La pasiva

En estos usos, el participio concuerda con el sujeto de **estar**.

2.5. EN FUNCIÓN DE ADJETIVO

El participio pasado puede emplearse, además, con otros verbos, en función de adjetivo. En estos casos, concuerda en género y número con el sustantivo al que se refiere y sigue el comportamiento de los adjetivos.

➲　Adjetivo
➲　Perífrasis verbales

En sus empleos como adjetivo, el participio pasado tiene generalmente "valor pasivo":

[6] ● **Me pidió aquella foto despegada del álbum, y se la di.**

Se dan, no obstante, algunos casos de participios pasados con valor activo, como por ejemplo:

▶ **cansado**

que está cansado:
[7a] ● **Por la noche, uno se nota cansado.**

que cansa:
[7b] ● **Es un trabajo muy cansado.**

▶ **aburrido**

que está aburrido:
[8a] ● **Cuando uno se encuentra aburrido, no sabe qué hacer.**

que aburre:
[8b] ● **¡Qué película más aburrida!**

▶ **decidido**

que ha sido decidido:
[9a] ● **Eso ya está decidido y no se cambia.**

que actúa con decisión:
[9b] ● **No pensaba que fuera tan decidido.**

2.6. EL PARTICIPIO EN CONSTRUCCIONES ABSOLUTAS

Se emplea, además, el participio pasado en construcciones absolutas, en las que está solo o introducido por **una vez.**

En estos contextos, el participio no va introducido por ningún verbo, y por el mero hecho de pronunciarlo funciona como afirmación.

Los participios pasados de los verbos transitivos casi siempre van seguidos del sustantivo con el que concuerdan.

Al emplear estas construcciones, el enunciador señala que lo expresado por el verbo conjugado que sigue (en raras ocasiones precede) es inmediatamente posterior a lo expresado por la oración en participio absoluto:

[10]   ● **Y luego, ¿qué pasó?**
        ○ **Nada. Una vez abierta la puerta, entraron en casa, y, naturalmente, llamaron a un cerrajero para que la fuera a arreglar... Total que por culpa de un olvido tan tonto perdieron toda la tarde... ¡Y les salió carísimo!**

Así, en [10] **entraron en casa** es inmediatamente posterior a la abertura de la puerta.

2.7. CONCORDANCIA

El participio pasado concuerda siempre en género y número con el sustantivo al que se refiere, excepto en la formación de los tiempos compuestos (auxiliar **haber**), donde es invariable.

EL GERUNDIO

1. FORMACIÓN

1.1. VERBOS REGULARES

El gerundio se forma sustituyendo las terminaciones —**ar**, —**er** o —**ir** del infinitivo por —**ando** o por —**iendo**, según el siguiente cuadro:

Formación del gerundio		
—ar	→	—ando
—er —ir	→	—iendo (*vocal* + —yendo)

1.2. VERBOS IRREGULARES

Hay un pequeño grupo de verbos irregulares en gerundio: se trata de los verbos en —**ir** con una **e** o una **o** en la raíz, que cambian dichas vocales en **i** y **u** respectivamente:

verbos en **e—ir**:

pedir	→	pidiendo
sentir	→	sintiendo
venir	→	viniendo
decir	→	diciendo
preferir	→	prefiriendo
etc.		

verbos en **o—ir**:

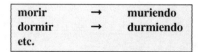

morir	→	muriendo
dormir	→	durmiendo
etc.		

A este modelo se añade el verbo **poder**, cuyo gerundio es **pudiendo**.

2. USOS

En sus diversos empleos, el gerundio puede tener cualquiera de los complementos que tiene todo verbo en cualquier tiempo:

[1] ● **Escribiendo una carta no resolverás nada: lo que tienes que hacer es ir a hablar con él.**

[2] ● **Escuchándolo de nuevo, me di cuenta del error.**

2.1. CON VERBOS AUXILIARES

Se emplea muy a menudo el gerundio con distintos verbos que desempeñan en la oración la función de auxiliar, como **estar**, **ir**, **venir**, **llevar**, etc. Se estudiarán estos usos en el capítulo sobre las perífrasis verbales.

➲ Perífrasis verbales

2.2. DOS ACCIONES PARALELAS

Además de estos empleos, se utiliza el gerundio para referirse a un verbo presentado como algo paralelo respecto de otro verbo:

[3] ● **Saliendo del coche me dijo que era el día más feliz de su vida, pero no me enteré del porqué.**

2.2.1. Los matices que adquieren estos usos pueden ser múltiples:

2.2.1.1. Coordinación

El más neutral es el de coordinación. Lo que el hablante quiere es sencillamente señalar que, además de lo expresado por el verbo conjugado, sucede lo expresado por el verbo en gerundio:

[4a] ● **En ese momento, el coche se subió en la acera, atropellando a tres personas.**

Que es equivalente más o menos a:

[4b] ● **En ese momento, el coche se subió en la acera y atropelló a tres personas.**

2.2.1.2. Marco temporal

El gerundio también puede constituir un marco temporal para lo expresado por el verbo conjugado:

[5] ● **Duchándome he pensado que, si vamos a España, podremos ver a Ingrid.**

CON MÁS DETALLE

El acto o estado expresado por el verbo en gerundio puede ser justo anterior, simultáneo (como en [5]), o justo posterior a lo expresado por el verbo conjugado. En la mayoría de los casos, es difícil establecerlo, pero no tiene mucha importancia para captar la esencia del gerundio, que no dice nada a este respecto, sino que se limita a presentar una acción como marco paralela a otra. El hecho de que, al descodificar el mensaje, pensemos que uno de los sucesos se produce antes que el otro depende enteramente de nuestros conocimientos previos del mundo (sabemos que ciertas cosas suceden antes, paralelamente, o después que otras), y del semantismo de los verbos con los que se emplea el gerundio. Así, por ejemplo, en [3], el que entra puede decir que es el día más feliz de su vida justo mientras entra, o inmediatamente después, si su interlocutor está dentro del sitio adonde entra. Si entra con él, la frase puede perfectamente ser dicha justo antes de entrar. Se trata de disquisiciones sobre lo extralingüístico, que no tienen ninguna relevancia para la comprensión del funcionamiento y de los empleos del gerundio.

2.2.1.3. Modo

En muchos casos, lo expresado en gerundio se refiere al modo en el que se produce lo expresado por el verbo conjugado:

[6] ● **Me lo dijo riéndose sin parar; debía de hacerle mucha ilusión.**

2.2.1.4. Subrayar el hecho mismo expresado por el verbo

A veces, lo que se quiere subrayar con el gerundio es el hecho mismo de hacer lo expresado por el verbo; recordemos el ejemplo [1]:

[1] ● **Escribiendo una carta no resolverás nada: lo que tienes que hacer es ir a hablar con él.**

En estos casos, el matiz puede adquirir aun más precisión e interpretarse como *expresión de la condición, de la causa*, etc.

En la mayoría de los casos en los que el gerundio va seguido por **y todo** (registros informales) o precedido por **aun** (registros formales), se interpreta como *expresión de la concesión:*

[7]　● Aun habiendo vivido más de la mitad de su vida en España, no
　　　　entiende una palabra de español.

3. EL SUJETO DEL GERUNDIO

Normalmente, el gerundio se refiere al mismo sujeto que el verbo conjugado:

[1]　● Escribiendo [tú] una carta, no resolverás nada [tú]...

Cuando el verbo conjugado es un verbo de percepción, el gerundio puede referirse al complemento directo:

[8]　● Al entrar, vi a los niños jugando en el jardín.

Hay casos en los que el gerundio y el verbo principal se refieren a sujetos distintos. En estos
enunciados, ambos sujetos suelen estar especificados para mantener bien claro el contraste, a
no ser que uno de los dos esté ya en el contexto, o que aparezca algún otro elemento que aclare
de manera inequívoca a qué sujeto se refiere el gerundio. Sin embargo, son raros los casos en
los que puede no especificarse el sujeto sin inducir a confusión:

[9]　● Portándonos de esta forma, te garantizo que no nos van a ayudar.

[10]　● Habiéndonos escrito Alba lo que nos ha escrito, ya no sé qué
　　　　podemos hacer.

4. NO SE USA

Contrariamente a lo que sucede en otros idiomas, no se usa el gerundio en español

◗ para formar un *bloque-grupo verbal* (verbo + complementos) y emplearlo como sujeto:

Inglés:
● Speaking many languages is quite useful.

En español en estos casos se emplea el infinitivo:

[11]　● Hablar muchos idiomas es muy útil.

◗ Como adjetivo que añade información sobre un sustantivo, como en el caso del inglés:

● People speaking many languages find a job more easily.

En estos casos, se emplea en español una oración de relativo:

[12]　● La gente que habla varios idiomas encuentra trabajo más fácilmente.

◗ Como sustituto de una oración de relativo, como en alemán:

● Er redete mit einer vor ihm sitzenden Frau.

En estos casos en español se usa una oración de relativo, un adjetivo, un participio, etc.:

[13]　● Charlaba con una señora sentada delante de él (que estaba
　　　　sentada...).

LOS TIEMPOS COMPUESTOS: EL PASADO EN LOS DISTINTOS TIEMPOS

1. FORMACIÓN Y COMPORTAMIENTO FORMAL

1.1. FORMACIÓN

A cada uno de los tiempos de los distintos modos corresponde, en español, un tiempo compuesto.

Los tiempos compuestos se forman con el auxiliar **haber** conjugado en el tiempo que corresponda, según la siguiente construcción:

> **haber +** *participio pasado*

➲ El participio pasado

◗ Ejemplos de pretérito perfecto (*pasado en el presente*):

    [1]   ● **¿Cómo es que hablas tan bien alemán?**
           ○ **Es que he vivido tres años en Berlín.**

    [2]   ● **¿Has hablado con Susana?**
           ○ **No, todavía no. Espero verla esta tarde.**

◗ Ejemplos de pluscuamperfecto de indicativo (*pasado en imperfecto de indicativo*):

    [3]   ● **Bueno, pero tú, ¿cómo sabías que iba a venir?**
           ○ **Porque había hablado con su mujer aquella mañana.**

[4]   ● Cuando le preguntaron si conocía al señor Pérez, ella contestó que sólo se había cruzado con él un par de veces por la escalera, y se apresuró a añadir que aquel día no lo había visto.

▶ Ejemplos de tiempos compuestos de subjuntivo (*pasado en subjuntivo presente e imperfecto*):

[5]   ● Para mí, está claro que ha sido ella.
      ○ Mira, aunque haya tenido un comportamiento extraño, no tienes ninguna prueba para demostrarlo.

1.2. EL AUXILIAR NO SE SEPARA DEL PARTICIPIO PASADO

Al contrario de lo que sucede en otros idiomas (inglés, italiano, francés, alemán, etc.), en los que son posibles enunciados como:

[6a]   Inglés:
       ● I have always lived here.
       Francés:
       ● J'ai toujours habité ici.
       Italiano:
       ● Ho sempre vissuto qui.
       Alemán:
       ● Ich bin immer hier gewesen.

en español no se puede separar el auxiliar del participio pasado:

[6b]   ● Siempre he vivido aquí.

o:

       ● He vivido siempre aquí.

pero no:

       ● *He siempre vivido aquí.

1.3. AUXILIAR

En español, el único auxiliar que se emplea para formar los distintos tiempos compuestos es **haber**, que se utiliza con cualquier tipo de verbo —al contrario de lo que sucede en otros idiomas, en los que los tiempos compuestos se forman con otros auxiliares, además del equivalente de **haber**[1].

---

1 Tal es el caso, por ejemplo, del francés, del alemán y del italiano, idiomas en los que el equivalente de los distintos tiempos compuestos del español puede formarse con **être** o con **avoir** (francés), con **sein** o con **haben** (alemán), con **essere** o con **avere** (italiano).

[7]   Francés:
      ● Cette semaine je suis allé trois fois au cinéma.
      Alemán:
      ● Diese Woche bin ich dreimal ins Kino gegangen.
      Italiano:
      ● Questa settimana sono andato tre volte al cinema.
      Español:
      ● Esta semana he ido tres veces al cine.

1.4. CONCORDANCIA DEL PARTICIPIO PASADO

En otros idiomas (por ej. en francés y en italiano), en el equivalente de los distintos tiempos compuestos del español el participio pasado concuerda, según los casos, con el sujeto gramatical o con el complemento directo. En español, en la construcción **haber** + *participio pasado*, el participio pasado es siempre invariable: no concuerda nunca ni con el sujeto gramatical, ni con ningún complemento:

> [8] Francés:
> ● **Nous ne sommes pas allés le voir parce que nous n'avons pas eu le temps.**
>
> Italiano:
> ● **Ancora non siamo andati a trovarlo perché non ne abbiamo avuto il tempo.**
>
> Español:
> ● **Todavía no hemos ido a verlo porque no hemos tenido tiempo.**

2. USOS

2.1. EN GENERAL

2.1.1. Se emplean los distintos tiempos compuestos para referirse a hechos pasados con respecto a los distintos tiempos, es decir anteriores con respecto al tiempo en que se halla **haber**, y no en sí. Los empleos de estas construcciones son los normales de **haber** en el tiempo considerado. El participio pasado se refiere a algo anterior, pasado.

2.1.2. CON MÁS DETALLE

Para entender bien cómo se emplea cada tiempo compuesto, es indispensable tener claro el funcionamiento del tiempo en el que se halla **haber**, ya que, con un tiempo compuesto, el enunciador presenta lo expresado por el participio pasado como algo que no le interesa en sí, sino tan sólo en relación con este tiempo. La función de **haber** en estas construcciones es señalar que el sujeto gramatical *posee* algo abstracto, representado por lo expresado por el participio pasado:

> [9] ● ¿Cómo es que hablas tan bien inglés?
>   ○ He vivido diez años en Inglaterra.

En [9], la respuesta del hablante señala que actualmente (este *actualmente* explica por qué en este ejemplo se utiliza **haber** en presente) *posee*, entre sus experiencias pasadas, *diez años de vida en Inglaterra*. Sea cual sea el tiempo considerado, la función de **haber** en el tiempo compuesto que le corresponde es señalar que el sujeto gramatical *posee* entre sus experiencias anteriores, en el tiempo considerado, lo expresado por el participio pasado. Es interesante notar que, en muchos otros idiomas, uno de los auxiliares que se emplean para formar los distintos tiempos compuestos puede utilizarse, además, para expresar la posesión en general. En español, **haber** tenía inicialmente esta función. Luego, se fue especializando en la expresión de la *posesión metalingüística*, y la expresión de la posesión concreta, extralingüística, pasó a **tener**. No es una casualidad que **haber** entre también en la formación del futuro.

2.2. EL PRETÉRITO PERFECTO: PASADO EN PRESENTE DE INDICATIVO

2.2.1. Significación y usos

Cuando el enunciador emplea el pretérito perfecto no le interesa contar el hecho al que se refiere en sí, sino tan sólo en la medida en que está en relación con el tiempo *presente de indicativo*, sea cual sea el tipo de relación que haya entre los dos: el acontecimiento pasado puede constituir una explicación de la situación descrita en presente de indicativo o, sencillamente, seguir teniendo relevancia en dicha situación:

[10a] ● **¿Has visto a Belén?**

puede parafrasearse, según el contexto:

[10b] ● **Actualmente ¿tienes** ver a Belén **en pasado?** (*Es decir:* **¿estás en condiciones de ayudarme a encontrar a Belén?** /o/ **¿estás al tanto de todo?** /o/ **¿en qué estado de ánimo estás?** [sé, por ejemplo, que tenías que hablar con Belén de algo muy importante] / etc.)

Los ejemplos siguientes ayudan a entender más fácilmente el empleo del pretérito perfecto:

[11] Al ver a alguien que llega con un brazo roto:
● **¿Qué te ha pasado?**
○ **He tenido un accidente con la moto.**

[12] ● **¿Cómo es que hablas tan bien inglés?**
○ **Es que he vivido diez años en Inglaterra.**

A veces, al emplear el pretérito perfecto y relacionar así los hechos pasados de los que está hablando con el presente, el enunciador presenta lo dicho como algo provisional, o señala que no puede considerarlo del todo como perteneciente al pasado, porque no sabe si van a suceder más cosas. Es el caso típico de ciertos empleos del pretérito perfecto con unidades de tiempo que todavía no se han terminado:

[13] ● **Este mes todavía no hemos ido al cine.**

El hablante que emite una frase como [13] relaciona con el presente el acontecimiento pasado al que se está refiriendo, porque todavía no quiere considerarlo como pasado (considera que *aún podría ir al cine*), o porque el hecho sólo le interesa en relación con una situación presente.

2.2.2. CON MÁS DETALLE

2.2.2.1. Con frecuencia, los empleos de este tiempo van sin ningún tipo de marcador temporal: lo que le interesa al enunciador es hablar de las experiencias pasadas que tiene en su presente el sujeto gramatical, ya sea éste una persona o una situación:

> [14] ● **¿Has leído el Quijote?**
> ○ **Sí, claro. Lo he leído tres veces.**

2.2.2.2. Hay que notar que aun cuando el pretérito perfecto va acompañado de algún tipo de marcador temporal, difícilmente puede tratarse de marcadores temporales que remitan a un pasado acabado, puesto que se trata de un tiempo del presente:

> [15] ● ***El año pasado me he comprado un coche.**

(Suelen darse, eso sí, en ciertos usos más bien dialectales de León, Asturias, Burgos, etc.)

Sin embargo sí se pueden encontrar contextos en los que se añade *a posteriori* a un empleo del pretérito perfecto, un marcador de tiempo que se refiere a un período acabado:

> [16] ● **¿Qué hacías ayer en ese coche rojo?**
> ○ **¿No te lo he contado? Me he comprado un coche nuevo... En septiembre.**

En estos casos, el marcador de tiempo es una información que se añade posteriormente a lo que ya se ha dicho.

2.2.2.2.1. En realidad, incluso es discutible que se trate de empleos del pretérito perfecto con marcadores temporales que remiten al pasado, puesto que el marcador temporal que remite al pasado llega después: en contextos como [16], al emplear el pretérito perfecto, el enunciador habla del presente de la enunciación y de las experiencias pasadas que tiene en el presente de la enunciación el sujeto gramatical de la oración en pretérito perfecto. Lo único que le interesa al hablante que pronuncia la frase **me he comprado un coche nuevo** es la situación actual, en la que y de la que está hablando, y en la que posee la experiencia pasada *comprarse un coche nuevo*. En este contexto metaoperacional, la introducción del marcador **en septiembre** como elemento posteriormente añadido viene a representar un cambio de rumbo, o una digresión, en la estrategia de enunciación adoptada.

2.2.2.3. Con los marcadores temporales que remiten a unidades de tiempo consideradas como inacabadas, se prefiere emplear el pretérito perfecto. Sin embargo, hay que tomar conciencia de que se trata de un criterio más bien subjetivo, ya que el enunciador puede, según el momento y el tema, la intención, etc. que concentre su atención, tomar unidades de tiempo más o menos amplias. Si la unidad de tiempo considerada en ese momento por el enunciador se acerca más a uno de los distintos momentos del día o a las horas podrá decir:

[17] ● Esta mañana fui al mercado.

si lo que le interesa es contar el hecho en sí y en el momento en que habla ya lo siente como algo lejano, sin relación con su presente —aunque la unidad día aún no haya acabado. Por otra parte, si lo que quiere el hablante es enumerar todo lo que ha hecho durante el día, para que se entienda mejor que está cansado, por ejemplo, podrá decir:

[18] ● Esta mañana he ido al mercado, etc.

aún por la tarde, es decir, cuando la unidad de tiempo **mañana** ya se ha acabado; en este caso, el enunciador no está refiriéndose a esta unidad de tiempo, sino a otra más amplia, a la unidad **día**. Por eso mismo se oyen a menudo cosas como:

[19] ● ¡Qué semana hemos tenido! No he parado un sólo instante. El lunes he trabajado todo el día en la oficina del señor Vázquez. El martes he ido a firmar un contrato, luego, a recoger a un cliente al aeropuerto... Total, que ahora lo único que quiero es descansar.

Algunos gramáticos consideran agramaticales tales enunciados.

2.2.3. Tradicionalmente, se consideraba que **he cantado** era un tiempo del pasado (llamado de distintas maneras, según los autores y las escuelas). Todos percibían bastante claramente la relación entre este tiempo y el presente (es significativo a este respecto el apelativo antepresente empleado por Bello). Ningún autor decía explícitamente que en realidad se trataba más de un tiempo del presente que del pasado, ya que es una manera de hablar de cosas pasadas, presentándolas como algo que, en el contexto considerado, no nos interesa en sí, sino en su relación con el presente. La gran mayoría de los autores subrayaban la proximidad de este tiempo con el presente, pero sin llegar a dar el paso decisivo, que es considerarlo como un *tiempo del presente*.

El hecho de haber querido ver el pretérito perfecto o *pasado en el presente* como un tiempo del pasado se debe —en este caso también— a un análisis que miraba más lo que había más allá de la lengua, a lo que remite la lengua, sin preguntarse suficientemente qué era lo que estábamos haciendo con la lengua en el nivel de lo que se dice. Si se piensa en lo que hay más allá de la lengua, y que es a lo que la lengua remite, sólo se hallarán acontecimientos en sí, y éstos sí pueden pertenecer al pasado, pero no hay que confundirlos con lo que se dice. Una distinción como la que hay entre el pretérito indefinido y el pretérito perfecto *(pasado en el presente)* sólo es, por parte del hablante, un refinamiento de la materia viva de la que quiere hablar, es decir del mundo y de la realidad, que existe en sí, a diferencia de los tiempos verbales, que sólo existen en la lengua.

2.2.4. Oposición pretérito indefinido / perfecto / imperfecto

La oposición pretérito indefinido / pretérito perfecto *(pasado en el presente)* es algo exquisitamente lingüístico, que se da en el nivel en el que la lengua remite a sí misma y no en su dimensión referencial. Si se intenta a toda costa encontrar en el mundo real del que hablamos con la lengua una oposición que en él no existe, se caerá, inevitablemente, en aproximaciones y errores como creer que el pretérito perfecto *(pasado en el presente)* se refiere a acciones más recientes. No hay que buscar esta oposición en las acciones y los acontecimientos extralingüísticos en sí, sino en lo que hace el hablante con ellos al evocarlos lingüísticamente:

Con el pretérito indefinido, los presenta como el centro de su interés.

Con el imperfecto, los utiliza para crear un marco contextual, evocar una situación (los hechos ya no interesan en sí, sino tan sólo en la medida en que crean una situación).

Con el pretérito perfecto *(pasado en el presente)*, el enunciador habla de cosas pasadas que le interesan por su relación con el presente de la enunciación: siguen vigentes, explican el presente, etc.

➲   2.2.2. Con más detalle

2.3. EL PLUSCUAMPERFECTO DE INDICATIVO: PASADO EN EL IMPERFECTO

2.3.1. De manera muy parecida, con el pluscuamperfecto de indicativo *(pasado en el imperfecto)*, el enunciador habla de cosas pasadas que le interesan en su relación con una situación pasada de la que nos quiere hablar: son premisas de la situación, la explican, son acontecimientos anteriores que ayudan a crear la situación que nos interesa, etc.:

[20a] ● **Y ¿cómo lo reconociste?**
○ **Es que me habían hablado de él muchas veces, había visto fotos suyas...**

En este ejemplo, el hablante explica las características de cierta situación en la que ya se hallaba cuando sucedió otra cosa. Los hechos de oír *hablar de la persona en cuestión* o de *ver fotos suyas* no interesan sino en la medida en que ayudan a entender la situación pasada en la que la ve y la reconoce: son elementos de experiencia anterior que posee en ese momento.

➲ Imperfecto de indicativo

2.3.2. CON MÁS DETALLE

En el caso de los hechos expresados en pluscuamperfecto de indicativo *(pasado en imperfecto)*, en la gran mayoría de los contextos el enunciador puede emplear el pretérito indefinido en lugar del pluscuamperfecto. Los hechos relatados siguen siendo los mismos, pero cambia la perspectiva creada:

- con el preterito indefinido el enunciador cuenta el hecho en sí, desde su presente, sin relacionarlo con ningún otro momento;
- con el pluscuamperfecto *(pasado en imperfecto)*, el enunciador cuenta el hecho en cuestión sólo en relación con otro momento del pasado del que quiere hablar, como suceso previo a la situación pasada que está intentando describir.

El acontecimiento expresado sólo le interesa en relación con dicho momento. La información es la misma. La perspectiva, es decir lo que hacemos con esa información, es radicalmente distinta.

En el ejemplo [20], la sustitución es difícil porque las dos informaciones expresadas en pluscuamperfecto *(pasado en imperfecto)* están presentadas de tal forma que sólo son pertinentes en este contexto en relación con el momento del que se está hablando, es decir el momento en que el hablante reconoce a la persona en cuestión. Para emplear el pretérito indefinido tendría que añadir algún tipo de información para que estos dos hechos pudieran tener más interés por sí solos, y ser autónomos con respecto al momento del que se está hablando, puesto que con el pretérito indefinido los presentaría como algo que vive solo y que interesa contar en sí:

> [20b] ● ¿Y cómo lo reconociste?
> ○ Es que, cuando estudiaba en Barcelona, me hablaron mucho de él, y vi muchas fotos suyas en revistas, o sea que ya sabía cómo era, y no tuve ningún problema en identificarlo.

En [20b], en lugar de referirse directamente a su experiencia previa, como en [20], el enunciador habla de otro momento (**cuando vivía en Barcelona**) que constituye una premisa para el acontecimiento del que se está hablando (el momento en que lo ve y lo reconoce).

En otros contextos la sustitución es más fácil, y se puede hablar de los mismos hechos desde perspectivas distintas. Compárense:

> [21a] ● ¿Qué te pasa?
> ○ Calla, calla. ¡Qué disgusto! Se me acaba de romper un jarrón precioso que compré en China.

y:

> [21b] ● ¿Qué te pasa?
> ○ Calla, calla. ¡Qué disgusto! Se me acaba de romper un jarrón precioso que había comprado en China.

2.4. EL PASADO ANTERIOR: EL PASADO EN EL PRETÉRITO INDEFINIDO

2.4.1. En este caso, también se trata del mismo fenómeno: el enunciador dice que el sujeto posee, en pretérito indefinido, ciertas experiencias previas:

[22] ● **Recogió todas sus cosas, sacó una maleta, y las metió dentro; luego controló bien que no se le quedara nada. Cuando hubo acabado, llamó un taxi y se fue al aeropuerto.**

2.4.2. CON MÁS DETALLE

2.4.2.1. Hay que señalar que son bastante raros los empleos del pasado anterior *(pasado en pretérito indefinido)*, y que en la gran mayoría de los casos se trata de empleos en oraciones subordinadas temporales introducidas por **cuando**, **tan pronto como**, **en cuanto**, **no bien**, etc.

2.4.2.2. Casi en la totalidad de los casos, el pasado anterior *(pasado en pretérito indefinido)* es sustituible por el pretérito indefinido, o por el pluscuamperfecto *(pasado en imperfecto)*: sólo cambia el registro, puesto que el empleo del pasado anterior es propio de registros cultos[2].

➲ Pretérito indefinido
➲ Imperfecto de indicativo
➲ 2.1.
➲ 2.3.

2.5. EL FUTURO COMPUESTO Y EL CONDICIONAL COMPUESTO: EL PASADO EN LOS TIEMPOS VIRTUALES

2.5.1. CON MÁS DETALLE

Con el futuro y el condicional compuestos *(pasado en los tiempos virtuales)*, lo que hace el enunciador se parece mucho a lo que hemos visto hasta aquí que hace con los distintos tiempos compuestos *(pasado en los distintos tiempos)*: habla de un hecho ocurrido antes del momento del que habla con el futuro o el condicional, lo sitúa con respecto a lo que dice en futuro o condicional, y a lo que con ello está haciendo en el contexto considerado, ya que el hecho considerado sólo le interesa en relación con otro momento del que está hablando. En definitiva lo que quiere el enunciador en estos casos —como en todos los casos en los que emplea un tiempo compuesto— es señalar que el sujeto posee entre sus experiencias previas, en el tiempo considerado, lo expresado por el participio pasado:

[23] ● **Si llegas después de las diez, yo ya habré salido, pero no te preocupes. Instálate. Yo te llamo como a las doce.**

---

2 El pasado anterior marca más que el pretérito indefinido la anterioridad de un hecho con respecto a otro hecho pasado.

[24]   ● No entiendo por qué todavía no está aquí. Ya es tardísimo.
       ○ Habrá perdido el tren.

[25]   ● Si tuviera dinero ahora no estaría en estas condiciones porque ya me habría comprado una casa.

Es interesante notar que, cuando el enunciador habla de algo que hubiera podido ocurrir en el pasado y no ocurrió por no realizarse cierta condición, lo que hace en realidad es informar de manera virtual sobre experiencias pasadas que el sujeto debería haber adquirido antes del momento de la enunciación. Como no se puede presentar algo que hubiera debido ocurrir en el pasado como información virtual sobre el pasado mismo, se presenta como información virtual sobre lo que hubiera debido suceder antes del presente de la enunciación, hablando, por lo tanto, de una situación presente (el momento de la enunciación) que tiene —pero sólo virtualmente— ciertas experiencias pasadas.

2.5.2. El futuro compuesto

Como se ha visto en el capítulo sobre el futuro, este tiempo puede emplearse tanto para referirse al presente como al futuro cronológicos, con distintos matices. El futuro anterior o futuro compuesto funciona de la misma manera.

➲   El futuro

2.5.2.1. Referido al presente cronológico

Referido al presente cronológico, se emplea para hablar de cosas pasadas que el sujeto posee virtualmente en el presente: es el caso típico de lo que las grámaticas llaman tradicionalmente expresión de la probabilidad. Con el futuro compuesto (*pasado en futuro*) el enunciador expresa como cosas que él considera probables las informaciones que daría en pretérito perfecto (*pasado en presente*) si no quisiera darles este matiz de inseguridad o probabilidad:

[26]   ● No entiendo por qué todavía no está aquí. Ya es tardísimo.
       ○ No te preocupes, seguro que llama. Habrá perdido el tren, y estará buscando una cabina.

Se trata, en estos casos, de empleos de esta forma para expresar cosas pasadas que el enunciador considera pertinentes en la situación considerada (la explican, etc.) y presenta como informaciones virtuales.

➲   Expresar lo que se considera probable

2.5.2.2. Referido al futuro cronológico

En sus empleos referidos al futuro cronológico, el futuro compuesto (futuro anterior) es una forma de predicción de experiencias pasadas (anteriores) respecto de cierta situación venidera:

[27]   ● Si llegas después de las diez, yo ya habré salido.

Se trata, por lo tanto, de empleos de esta forma como forma de predicción.

2.5.3. El condicional compuesto

Con el condicional compuesto (*pasado en condicional*), se hace exactamente lo mismo que con el condicional simple (o *presente*). Aquí también, el elemento expresado por el participio pasado tiene carácter de anterioridad respecto del empleo del condicional.

2.5.3.1. Referido al presente cronológico

Referido al presente cronológico, se habla con esta forma de una situación irreal (de ahí que se empleen formas de virtual) que depende de ciertas condiciones no realizadas, en las que lo expresado por el participio pasado sería algo sucedido antes —es decir, una experiencia pasada del sujeto gramatical de la frase. Con el condicional compuesto (*pasado en condicional*) informamos, pues, virtualmente sobre la posesión de ciertas experiencias por parte del sujeto gramatical, posesión que se presenta como imposible, por no haberse realizado las condiciones previas:

[28]   ● **Si tuviera dinero, ahora no estaría en estas condiciones porque ya me habría comprado una casa.**

➲ El condicional

En muchos casos, tanto la condición no realizada como lo que depende de ella, expresado en condicional compuesto, se refieren a hechos concretos que habrían debido producirse en el pasado.

CON MÁS DETALLE

En realidad, aquí también se trata de hablar de una situación presente de la que ciertos hechos pasados son premisas —es decir, de referir hechos pasados a situaciones presentes. Es interesante notar, a este respecto, que al no poder expresar condiciones sobre el pasado (ya que el concepto mismo de condición se refiere necesariamente al presente o al futuro, puesto que es una construcción de hipótesis, es decir un imaginar situaciones distintas, y en el pasado sólo hay hechos que ya se han producido, o que no se han producido y ya no se pueden producir en el pasado), el enunciador se ve obligado, si quiere expresar hipótesis sobre el pasado, a expresar hipótesis sobre un presente distinto, con ciertas características en su pasado (si es posible imaginar situaciones presentes distintas de la actual).

➲ 2.6.

2.5.3.2. Referido al futuro cronológico

Referido al futuro cronológico, se emplea el condicional compuesto para hablar de una situación futura que depende de la realización de una condición que el enunciador considera poco probable, en la que ciertos hechos son algo previo: el sujeto gramatical los posee entre sus experiencias anteriores:

[29]   ● **Ten en cuenta que si me llamaras después de las diez, yo ya habría salido.**

[30]   ● **Pero aún no le he hecho. Es que no entiendo qué tengo que hacer. Si no, habría empezado días atrás.**

2.5.3.3. Referido al pasado

Referido al pasado cronológico, se emplea el condicional compuesto igual que el condicional simple: para expresar lo que el enunciador considera probable en el pasado.

▶ Con el condicional simple, el enunciador informa virtualmente sobre un hecho que le parece probable en un momento del pasado.

▶ Con el condicional compuesto, informa sobre un hecho anterior a una situación pasada, y que le parece probable. Si quisiera presentarlo como simple información, sin darle ese matiz de subjetividad / probabilidad, lo presentaría en pluscuamperfecto de indicativo:

[31]   ● **No sé lo que le pasaba, pero cuando llamó tenía una voz rarísima...**
　　　　○ **Habría tenido una discusión con su jefe.**

2.6. LOS TIEMPOS COMPUESTOS DE SUBJUNTIVO: EL PASADO EN LOS TIEMPOS DE SUBJUNTIVO

2.6.1. Introducción

Como todos los demás tiempos compuestos, los tiempos compuestos de subjuntivo *(pasado en los tiempos de subjuntivo)* indican que lo expresado por el participio pasado es algo anterior al momento al que se refiere el enunciador con el subjuntivo.

➷ Presente de subjuntivo
➷ Imperfecto de subjuntivo
➷ 2.1, 2.2., 2.3., 2.4., 2.5.

2.6.2. El pluscuamperfecto de subjuntivo

Se emplea el pluscuamperfecto de subjuntivo *(pasado en imperfecto de subjuntivo)* para expresar condiciones no realizadas en el pasado:

[32]   ● **Si ese día hubieras estado tú también, no habríamos perdido tanto tiempo.**

Es interesante notar que el elemento *pasado (adquirido)* tiene en estos casos, como todas las veces que se emplea el imperfecto de subjuntivo con el operador **si**, la función de señalar que la relación aludida es un elemento asumido por el enunciador para poder seguir con las operaciones que va efectuando con la lengua, a partir de él, construyendo sobre él. Esto no significa que dicho elemento tenga que tener realidad extralingüística.

3. TENER + *PARTICIPIO PASADO*

3.1. INTRODUCCIÓN

Paralelamente a los distintos tiempos compuestos, formados con **haber**, en el tiempo considerado, seguido del participio pasado del verbo que se quería emplear en pasado, existe una construcción análoga con **tener** en los distintos tiempos, seguido del participio pasado de otro verbo:

> **tener** + *participio pasado*

[33a] ● ¿Qué tal el libro?
○ Todavía me falta un poco, aunque ya tengo escrita más de la mitad.

Esta construcción es distinta de la de los verdaderos tiempos compuestos formados con **haber** + *participio pasado*, porque en lugar de referirse a la posesión abstracta en el tiempo considerado de un acontecimiento pasado, se refiere a algo muchísimo más concreto. En [33a], imaginamos bien una parte del libro encima de la mesa. En [33b], no: sólo se habla de la posesión, en el pasado, del acto de escribirlo, aunque el resultado sea, en última instancia, el mismo:

[33b] ● ¿Qué tal el libro?
○ Todavía me falta un poco, aunque ya he escrito más de la mitad.

En la construcción con **tener** se hace, pues, más hincapié en el resultado.

3.2. CON MÁS DETALLE

Hay casos en los que esta distinción es más difícil de percibir porque el semantismo del verbo empleado en participio pasado no nos ayuda a imaginar resultados tan concretos como con **escribir**:

[34a] ● Te tengo dicho que no quiero que te bañes inmediatamente después de comer. Puede ser peligroso.

[34b] ● Te he dicho que no quiero que te bañes después de comer. Puede ser peligroso.

Aquí también hay, sin embargo, una pequeña diferencia de matiz: en la construcción con **tener**, el enunciador presenta las cosas de manera más expresiva (participa más en lo que dice, se muestra más categórico, etc.), porque emplea una construcción más concreta.

3.3. Cabe señalar que la construcción **tener** + *participio pasado* se emplea tal vez con más frecuencia con participios pasados de verbos que se refieren a actos que tienen un resultado concreto: **escribir**, **pintar**, **arreglar**, etc.. Esto se debe esencialmente al hecho de que con **tener** se expresa más bien un tipo de posesión que remite más directamente a lo extralingüístico.

El sentido de **haber** se ha ido haciendo cada vez más difícil de percibir, porque **haber** siempre se emplea como auxiliar o ha intervenido históricamente en la formación de ciertos tiempos como el futuro: en todos estos casos se emplea con otro verbo que remite a algo más allá de la lengua, en lo extralingüístico. Como **haber**, por el contrario, no remite a lo extralingüístico, sino al proceso de formulación del mensaje, a las operaciones metalingüísticas que con él efectuamos, tiende a borrarse ante el verbo que acompaña: por eso se han analizado tradicionalmente los distintos tiempos compuestos (pasado en los distintos tiempos) como tiempos distintos. **Haber** tendía a borrarse ante otro verbo que remitía a lo extralingüístico, más fácilmente visible y palpable: es más fácil ver el acontecimiento al que remite una formulación lingüística que analizar la formulación misma. Sin embargo, es preferible intentar no confundir estos dos niveles.

ASPECTOS DE LA ACCIÓN VERBAL

Además de todas las formas propias del verbo, el enunciador dispone en español de una serie de recursos añadidos que le permiten matizar mejor su discurso, teniendo en cuenta la coherencia con el contexto anterior, y expresar una amplia gama de actitudes personales con respecto a lo dicho. Entre tales recursos, destaca la posibilidad que ofrece la pasiva —darle la vuelta a una frase, anteponiendo o posponiendo el sujeto si es necesario— para poder mantener una coherencia total con el contexto anterior y seguir así hablando de lo mismo sin que la nueva frase, que puede empezar con un sujeto aún no contextualizado, represente ninguna ruptura con lo anteriormente dicho.

Por otra parte, cabe destacar asimismo toda una serie de expresiones perifrásticas que también permiten al hablante adaptar lo mejor posible su discurso, introduciendo una amplia gama de matices en lo que dice.

LA PASIVA

1. INTRODUCCIÓN

1.1. SUJETO ACTIVO AGENTE

La voz pasiva es un recurso del que dispone el hablante para transformar uno de los complementos de un verbo en su sujeto gramatical. El sujeto activo del proceso se convierte en agente:

[1a] ● **Esta obra será editada por nuestra editorial.**

Esta obra, complemento directo del verbo **editar** en:

[1b] ● **Nuestra editorial editará esta obra.**

se ha transformado en sujeto. **Nuestra editorial,** sujeto en [1b], se ha transformado en agente en [1a].

1.2. CONTEXTOS DE USO

La pasiva se usa esencialmente en artículos periodísticos, relatos de Historia, o contextos en los que se cuenta o ilustra la historia de obras de arte, monumentos, etc., tanto oralmente (por ejemplo un guía turístico), como por escrito (manuales, guías, etc.):

[2] ● **El Monasterio fue construido en el siglo XII.**

La lengua oral informal utiliza con frecuencia un recurso alternativo que consiste en anteponer el complemento directo, retomándolo luego con un pronombre:

[3]   ● Esta gramática la editarán en España.

[4]   ● Esta gramática se editará en España.

1.3. CON MÁS DETALLE

Se emplea la voz pasiva por motivos de coherencia del discurso, cuando el complemento que se decide transformar en sujeto ya está contextualizado, para evitar rupturas con lo anterior: la pasiva permite dar la vuelta a la frase para poder enlazar lo que se va a decir con lo que precede, y seguir así hablando de lo que estaba en el contexto: esto evita la ruptura que supondría, en algunos casos, hablar del sujeto activo del verbo, cuando ya hay uno de sus complementos en el contexto; es probable que se prefiera [1a] a [1b] en contextos en los que se ha hablado de **esta obra**, o se está leyendo el manuscrito, etc. En un contexto como éste (durante la lectura o la escritura de un libro), choca menos [1a] que [1b], ya que [1b] equivale a hablar de algo nuevo introduciéndolo, mientras que **esta obra** está ya, en cierta medida, contextualizado.

Frecuentemente se emplean formas pasivas porque no interesa hablar del sujeto del verbo: sólo se quiere informar sobre el verbo mismo y el complemento que se ha decidido transformar en sujeto gramatical. Naturalmente, en estos casos no se expresa el agente de la pasiva:

[5]   ● Estos zapatos son fabricados en China.

Cuando pronuncia una frase como [5], el enunciador sólo está interesado por los **zapatos**, y su fabricación. No le importa excesivamente quién los produce (personas físicas). En estos casos también, la lengua hablada corrientemente prefiere otros recursos:

[6]   ● Estos zapatos los fabrican en China.

[7]   ● Estos zapatos se fabrican en China.

Sin embargo, no siempre se emplean construcciones pasivas en español en casos similares a estos. Lo que en otros idiomas se puede expresar con una pasiva para señalar que no interesa el agente —sujeto del verbo activo— se expresa a veces con otros medios en español:

[8]   Inglés:
● In Italy, pasta is served with parmesan cheese.

Francés:
● En Italie, les pâtes sont servies avec du parmesan.

Italiano:
● In Italia, la pasta viene servita col parmigiano.

Español:
● En Italia, las pastas se sirven con parmesano.

1.4. En español se establece tradicionalmente una distinción entre la *pasiva de proceso* y la *pasiva de resultado*.

En ambas, por motivos de estrategia y de coherencia textuales, el enunciador decide transformar un complemento directo de un verbo activo en sujeto gramatical de la oración:

◗ En la *pasiva de proceso*, nos habla del acontecimiento mismo, del proceso que vive (sufre) el sujeto gramatical:

[9]   ● **El monumento ha sido restaurado recientemente.**

◗ Con la *pasiva de resultado* ya no interesa el proceso, sino lo que queda después, el resultado:

[10]   ● **Ahora, la catedral está restaurada.**[1]

---

1 Se puede discutir el hecho de que en estos casos se trate de pasiva. En efecto, en todas las llamadas pasivas de resultado se puede considerar que el participio pasado funciona como adjetivo atribuido al sujeto mediante el operador **estar.** Además, el concepto tradicional de pasiva implica generalmente por sí mismo un proceso.

Sin embargo, mantenemos aquí esta distinción porque hay casos en los que una misma estructura de otros idiomas puede expresarse en español tanto con una pasiva de proceso como con una pasiva de resultado:

[11]   Francés:
        ● **Les pâtes sont servies avec du parmesan.**

        Italiano:
        ● **La pasta è servita col parmigiano.**

        Español:
        ● **Las pastas son preparadas con parmesano (se preparan...)**
        ● **Las pastas están preparadas con parmesano.**

La distinción semántica que se plantea en español queda, en dichos idiomas, a cargo del contexto, o de la presencia de algún tipo de marcador (por ejemplo marcadores temporales, o de frecuencia) que aclare la referencia al proceso o a un estado — resultado posterior:

[12]   Italiano:
        ● **Ora la porta è dipinta**
        ● **La porta è dipinta due volte l'anno.**

        Francés:
        ● **La porte est dejà repeinte.**
        ● **La porte est repeinte tous les ans.**

A veces, esos mismos idiomas también disponen de medios para expresar la misma distinción que el español:

[11b]   Italiano:
        ● **La pasta viene preparata col parmigiano.**

En español no se utilizan corrientemente construcciones pasivas que sean ambiguas. Manteniendo aquí esta distinción se quiere llamar la atención de los hablantes de aquellos idiomas (italiano, francés, etc.) en los que ciertas formas de pasiva pueden ser ambiguas y hablar tanto del proceso como del resultado.

2. COMPORTAMIENTO FORMAL

2.1. CON MÁS DETALLE (PARA ANGLÓFONOS)

En todos los idiomas en los que existe la pasiva, el papel de sujeto de una frase pasiva puede ser atribuido a los complementos directos de los verbos transitivos, como en el caso de los ejemplos anteriores.

Además, en algunos idiomas (como por ejemplo el inglés) se puede, mediante el empleo de una pasiva, transformar en sujeto otros complementos de los verbos transitivos, e incluso a veces algunos de los de los verbos intransitivos:

> [13]   Inglés:
> ● **This bed has been slept in.**

> [14]   Inglés:
> ● **I had never before been shouted at like that.**

En español, sólo se pueden construir frases pasivas con los verbos transitivos que tienen un complemento directo conceptual. El único complemento que puede asumir el papel de sujeto gramatical de una oración pasiva es el directo.

Para expresar lo que en un idioma como el inglés se puede expresar mediante una oración pasiva en la que el hablante atribuye la función de sujeto gramatical a un complemento conceptual distinto del complemento directo, o mediante una oración pasiva de verbo intransitivo, en español habrá que recurrir a otras formas:

> [15]   Español:
> ● **Alguien ha dormido en esta cama.**

> [16]   Español:
> ● **Nadie me había gritado nunca de esa manera.**

2.2. FORMACIÓN

2.2.1. Auxiliares

2.2.1.1. La *pasiva de proceso* se forma en español con el auxiliar **ser** seguido del participio pasado del verbo que se quiere pasivizar:

> ser + *participio pasado*

> [17]   ● **Al final de aquel primer juicio fue condenado a veinte años de cárcel, pero, afortunadamente, después de un par de años su abogado presentó nuevas pruebas de su inocencia, se reabrió el caso y fue absuelto.**

En esta construcción, el participio pasado concuerda con el sujeto del verbo **ser**.

Ser es el único auxiliar posible para referirse en pasiva a un proceso, contrariamente a lo que sucede en otros idiomas, en los que también cabe utilizar otros
auxiliares[2].

2.2.1.2. La *pasiva de resultado* se expresa en español con **estar** seguido del participio
pasado del verbo principal:

estar + *participio pasado*

> [18]　● ¿Has vuelto a ver la capilla Sixtina? Está restaurada desde hace
> poco... Es una maravilla. Parece otra...

El participio pasado concuerda con el sujeto de **estar.**

2.2.1.3. Verse

Además de los auxiliares señalados arriba, se pueden construir, en un registro un
poco menos corriente, oraciones que funcionan como la pasiva empleando el
operador **verse** seguido:

◗　del infinitivo del verbo que se quiere pasivizar, para formar pasivas de proceso:

verse + *infinitivo*

> [19]　● En esos años que pasó en la cárcel se vio torturar en más de una
> ocasión.

◗　o del participio pasado, para formar pasivas de resultado:

verse + *participio pasado*

> [20]　● En aquellas circunstancias, me vi obligado a dejarlo todo allí y
> venirme andando.

2　Para italófonos:

Contrariamente a lo que sucede en italiano, idioma en el que se expresa frecuentemente la pasiva de proceso con

venire + *participio pasado,*

el verbo **venir** empleado en español con un participio pasado mantiene el sentido de verbo de movimiento. El participio pasado
que lo sigue funciona como un adjetivo que habla de ciertas características del sujeto.

Por otra parte, lo que en italiano se expresa con

andare + *participio pasado*

(pasiva prospectiva en la que el enunciador se presenta como garante de la necesidad de que se realice el proceso), se expresa en
español con otros medios, como por ejemplo **deber, tener que, es necesario que, es mejor que,** etc. —a veces en combinación
con una pasiva, otras veces con una forma activa.

CON MÁS DETALLE

Además de los usos señalados hasta aquí con verbos transitivos, se encuentran usos de estas construcciones con **verse** seguido de verbos intransitivos:

[21]　● ... **Total que menos de una semana después me vi huir de allí y...**

Estos empleos de **verse** se encuentran generalmente en relatos y pertenecen a un registro más bien literario, por lo que no funcionan con cualquier verbo.

2.2.1.4. Hay un pequeño grupo de verbos en español que pueden ir seguidos de un participio pasado, formando con él una construcción semánticamente bastante próxima a la pasiva y que, en cierta medida, incluye una pasiva: los más frecuentes, y quizá, los más característicos de este grupo son **morir**, **quedar** y **dejar** —porque semánticamente remiten a un proceso esencial / existencial sufrido por el sujeto:

[22]　● **Murió asesinado.**

[23]　● **Con el terremoto, la ciudad quedó totalmente destruida.**

El participio pasado concuerda en cualquier caso con el sujeto del verbo.

CON MÁS DETALLE

Hay muchos verbos que pueden ir seguidos de un participio pasado sin dar esta sensación de proximidad con la pasiva, porque el participio pasado funciona con ellos más como adjetivo que como participio pasado y no remite por tanto a ningún proceso. Se pueden incluir entre los verbos que con un participio pasado no funcionan como pasiva los que remiten a una actividad del sujeto, que no vive / sufre un proceso, sino que actúa. Los participios pasados de los verbos intransitivos tampoco funcionan como pasiva en combinación con otro verbo:

[24]　● **En ese momento, me llamó muy enfadado y me dijo que...**

[25]　● **Cuando oyó lo que le dije, me miró sorprendido.**

La prueba de que en estos casos el participio pasado funciona más bien como adjetivo que como participio pasado que forma parte de una construcción próxima de la pasiva está en que se puede separar del verbo con una coma, sin grandes cambios de significado; al contrario, esto no es posible en [23]. Además, en ejemplos como [24] y [25], es muy frecuente que el participio pasado vaya precedido por un gradativo como **muy**, **bastante**, etc. Esto es más frecuente cuando el participio pasado funciona como adjetivo que cuando remite a un proceso.

2.2.2. Participio pasado

En las oraciones pasivas, el participio pasado del verbo pasivizado concuerda en género y número con el sujeto gramatical:

[26] ● **Los cuadros que ven ustedes allí arriba han sido restaurados varias veces.**

[27] ● **Ahora, las nuevas casas de los colonos ya están acabadas, y dentro de poco se podrán instalar en ellas.**

2.2.3. Agente

En los casos en los que el empleo de la pasiva se debe más a motivos de coherencia textual que a no querer mencionar el sujeto conceptual, se expresa a veces el agente de la pasiva de proceso.

En el caso de la pasiva de resultado, es difícil hablar de agente propiamente dicho, ya que se trata de un estado que no es sino el resultado de un proceso, y el participio pasado funciona más o menos como adjetivo. Sin embargo, con las pasivas de resultado se encuentra a menudo un complemento que puede parecer un agente.

Normalmente, el agente de una pasiva, cuando está expresado, se introduce en español con la preposición **por**:

[28] ● **¿Has visto qué magnífica casa tienen?**
○ **Por lo visto, fue proyectada por un gran arquitecto.**

[29] ● **¿No sabías que Gaudí murió atropellado por un tranvía?**

En registros literarios o formales, se introduce a veces el agente de la pasiva de proceso con la preposición **de**.

También es corriente que se introduzca lo que puede parecer un agente de pasiva de resultado, con la preposición **de**:

[30] ● **Rafael está rodeado de gente muy ambiciosa.**

2.2.4. La pasiva y los distintos tiempos

Se pueden emplear contrucciones pasivas en cualquiera de los tiempos de los que dispone el español. En los tiempos compuestos, el auxiliar de la pasiva se pone en participio pasado, y sigue normalmente al auxiliar **haber** de los tiempos compuestos. En una oración pasiva en un tiempo compuesto habrá por tanto dos participios pasados: el del auxiliar de la pasiva y el del verbo pasivizado:

[31]　● ... O sea que está igual que hace mil años. Y yo que estaba convencido de que había sido restaurado varias veces.

➲　Perífrasis verbales

2.2.5.　CON MÁS DETALLE

Se suele explicar y presentar la pasiva como el resultado de una transformación de la
oración activa, como si al hablar el enunciador construyera primero una oración activa,
para transformarla luego en pasiva[3]. Naturalmente, esto está lejos de la realidad: al hablar,
el enunciador va escogiendo entre los recursos de que dispone, sobre la base de la estrategia
discursiva adoptada desde el principio, sin pasar por etapas intermedias. La transformación
activa pasiva no es, pues, más que un mero ejercicio lingüístico cuya única utilidad puede
ser ayudar al estudiante extranjero a entender las relaciones semántico-sintácticas en estos
dos tipos de recurso, y proporcionarle la posibilidad de practicar la construcción de
oraciones pasivas. Éste es el único motivo por el que nos referimos en el presente apartado
a los mecanismos de transformación.

Transformación activa → pasiva

Al pasar de una oración activa a una pasiva,

❱　el sujeto de la oración activa se convierte en agente de la pasiva. Frecuentemente,
　　sin embargo, no se expresa el agente porque no interesa.

➲　2.2.3.
➲　1.

❱　el complemento directo de la oración activa se transforma en sujeto gramatical de la
　　pasiva.

➲　1.

❱　el verbo de la oración activa se pone en participio pasado y va introducido por el
　　auxiliar que, cuando está en una forma conjugada concuerda en género y número con
　　el sujeto gramatical (como todas las formas conjugadas de un verbo).

➲　2.2.1.
➲　2.2.2.

❱　el auxiliar se pone, en la oración pasiva, en el modo y tiempo del verbo de la oración
　　activa.

➲　2.2.4.

3　Este planteamiento tiene orígenes y justificaciones distintas según las escuelas lingüísticas. Así por ejemplo, la gramática chomskyana,
　que interpreta el funcionamiento de toda frase en relación con una supuesta estructura profunda (significado + origen sintáctico)
　compuesta a partir de un núcleo frase nominal—frase verbal (combinado a veces con otros núcleos análogos que se sitúan en diversos
　niveles), considera la pasiva como el resultado de una transformación de pasivización cuyo origen y cuya razón de ser no siempre
　se analiza/interpreta claramente.

3. CON MÁS DETALLE

Se puede comparar la oposición *pasiva de proceso / pasiva de resultado* a la oposición **haber** / **tener** + *participio pasado*. La relación que hay entre **estar** + *participio pasado* y **ser** + *participio pasado* es la misma que hay entre **tener** + *participio pasado* y **haber** + *participio pasado*.

Es fundamental entender que la pasiva no existe por un capricho del enunciador, sino por motivos de estrategia y de coherencia del discurso. No existen verbos o sucesos que por sí solos requieran más que otros una pasiva, que depende exclusivamente de la perspectiva que quiera crear el enunciador.

Con la pasiva, el enunciador se sitúa en un nivel en que la lengua no remite directamente al mundo extralingüístico y a los acontecimientos de los que habla, sino tan sólo a las estrategias de formulación del mensaje adoptadas, a las operaciones que efectúa quien habla con la lengua, a ese refinamiento por parte del enunciador de la materia prima que le viene del mundo del que habla y al que se refiere. Los hechos en sí son sólo hechos, y se transforman en expresiones lingüísticas por obra de quien habla, que actúa siguiendo sus intenciones comunicativas más allá de la lengua, y de una serie de reglas *metaoperacionales* que rigen el funcionamiento interno de la lengua. La función de la pasiva es permitir o facilitar la cohesión y la coherencia del discurso. Desde esta perspectiva, es obligatoria en algunos contextos — aunque el enunciador puede decidir prescindir de ella. Esta decisión acarrea una serie de consecuencias para el significado (en un sentido muy amplio y total: actitud de quien habla, cómo se presenta, etc.) de lo dicho. Su escaso empleo no depende tan sólo de criterios estadísticos (como parece deducirse de ciertas presentaciones del fenómeno), sino del hecho de que existan en español otras maneras de enlazar con un complemento temático en un contexto: posibilidad de anteponer el complemento directo, posibilidad de posponer el sujeto, etc.

LAS PERÍFRASIS VERBALES

Las perífrasis verbales son expresiones compuestas por un verbo seguido del infinitivo, del participio pasado o del gerundio de otro verbo, introducidos o no por preposiciones, en las que el verbo conjugado y la forma del otro verbo que lo sigue forman un todo semántico y no son interpretables por separado.

La función de las perífrasis verbales es la de permitir al enunciador presentar su punto de vista sobre los hechos extralingüísticos a los que se está refiriendo. La perífrasis verbal no remite siempre, por tanto, directamente a lo extralingüístico, porque con frecuencia no funciona en el nivel referencial del lenguaje, sino más bien en el nivel metalingüístico, en el que el enunciador se expresa sobre los hechos extralingüísticos a los que se está refiriendo. Naturalmente, esto no significa que estos hechos no existan. Están ahí: los dos niveles se sobreponen e interactúan, aunque por motivos de claridad en el análisis tengamos la necesidad de distinguirlos.

Presentamos a continuación las principales perífrasis verbales empleadas en español. Sin embargo, no entraremos en las disquisiciones teóricas generales sobre lo que es una perífrasis verbal (definición), ni sobre la oportunidad de delimitar el campo en términos semánticos (teoría de la pérdida del significado) o en términos sintácticos (posibilidades de sustitución, fenómenos y comportamientos morfosintácticos, etc.), ya que nuestro objetivo aquí no es clasificar, sino presentar el funcionamiento del español como sistema de comunicación. Nos limitaremos, pues, a analizar las principales perífrasis verbales o expresiones próximas de la problemática de las perífrasis verbales, concentrando nuestra atención sobre aquellos puntos que parezcan más significativos para la interpretación y el uso adecuado de dichas expresiones, sin que por ello tengamos que caer en fragmentarias listas, sin intentar ver ni entender nunca la unidad profunda de los distintos operadores analizados.

1.

TENER QUE
DEBER

INFINITIVO

Tradicionalmente, los manuales de gramática española para extranjeros presentan juntos estos dos operadores, porque expresan dos ideas bastante próximas y, a veces, parecen confundirse. En otros idiomas, estas dos líneas se expresan frecuentemente con un único elemento.

1.1. TENER QUE + _INFINITIVO_ / DEBER + _INFINITIVO_

Con **tener que** + _infinitivo_, el enunciador expresa la necesidad, según él, de que un sujeto entre en relación con un predicado.

Tener que + _infinitivo_ se opone a la misma construcción con **deber**, otro operador mediante el cual el enunciador intenta forzar un sujeto a entrar en relación con un predicado. Sin embargo, con **tener que** + _infinitivo_, el enunciador presenta la necesidad de la relación sujeto — predicado como si no dependiera de él, sino de la situación, mientras que con **deber** la reconoce plenamente como algo que dice él, que proviene de él:

[1] ● **Si quieres llegar a tiempo tienes que tomar un taxi.**

[2] ● **No debes decir esas cosas. Te pueden costar caras.**

En [1], la necesidad de que el interlocutor tome un taxi es presentada como algo que depende exclusivamente de las condiciones objetivas, de la situación. En [2], el enunciador reconoce abiertamente que lo que dice es algo suyo, su opinión.

1.1.1. El enunciador adopta frecuentemente la estrategia de emplear **tener que** + _infinitivo_ en lugar de **deber** para presentar algo que no depende de la situación, sino exclusivamente de él, para dar más vigor a lo que dice, sin quererse reconocer como único responsable. Esto le permite enmascarar intenciones comunicativas de las más variadas: consejo enérgico, mandato u orden, prohibición (forma negativa de **tener que** + _infinitivo_):

[3] ● **Tienes que llamarla, no seas tonto. Sería una pena que os dejarais por una estupidez así.**

[4] ● **Ya le he dicho varias veces que no me tiene que molestar cuando estoy hablando con un cliente.**

El empleo de **tener que** + _infinitivo_ en estos casos es una estrategia adoptada por el hablante para dar fuerza y perentoriedad a lo que dice: en efecto, al pretender

/ fingir que lo que dice no depende de él, sino de condiciones / situaciones contextuales externas, le da más peso.

Análogamente, el empleo de **deber** da a menudo la sensación de menor vigor / fuerza en lo que se dice: esto se debe exclusivamente a que por el mero hecho de plantearse como origen de lo que dice, el enunciador lo relativiza.

CON MÁS DETALLE

Ésta parece ser la sensación que tenían muchos autores de manuales tradicionales cuando decían que con **deber** se expresaba el "deber moral": tal explicación muestra claramente que se trata de algo más relativo que con **tener**. Sin embargo, como ya se ha dicho en otros apartados, con este tipo de presentación no se da cuenta de los mecanismos metalingüísticos, del funcionamiento del lenguaje, y se confunde la realidad lingüística de la que se quiere dar cuenta, con la extralingüística a la que remite: la lengua habla del mundo, pero no puede ser analizada pensando sólo en el mundo. El mundo y los hechos de los que hablamos sólo existen en sí. Todas las apreciaciones que podamos dar de ellos son posteriores. El concepto "deber moral" no existe en sí, sino en relación con las personas. Quizá habrían sido más rigurosas las presentaciones tradicionales, si hubieran dicho que con **deber** el enunciador presenta lo que dice como algo basado en criterios morales. Sin embargo, no todos los empleos de **deber** cabrían en esta definición: la oposición **deber / tener que** + *infinitivo* se sitúa en el nivel en el que la lengua habla de sí misma y del propio acto de enunciación.

1.2. Para expresar lo que se considera sólo probable, se emplean tanto **deber de** como **tener que** + *infinitivo*. La diferencia entre los operadores **deber** y **deber de** se neutraliza cada vez más e introduce ambigüedad e incluso malentendidos en el discurso.

▶ Con **tener que** + *infinitivo* en estos casos, el enunciador presenta el infinitivo como algo que le parece muy probable en lo extralingüístico, algo de lo que se siente casi seguro.

▶ Con **deber de** + *infinitivo* el enunciador presenta el infinitivo como una suposición suya, como algo que le parece incluso dudoso.

El uso de **tener que** en estos contextos denota una mayor convicción por parte de quien habla, que atribuye lo que dice a elementos externos, sin reconocerse explícitamente como responsable de lo que dice. El uso de **deber de** parece menos enérgico, al reconocerse el enunciador a sí mismo como origen de lo dicho:

[5a] ● ¿Qué hora es?
      ○ **No sé, pero deben de ser como las siete.**

[6a] ● ¿Y Concha?
      ○ **Debe (de) estar enferma, si no ya estaría aquí. Nunca llega tan tarde.**

[7a] ● **...Y aquí tiene usted el contrato... pero ¿dónde está?... A ver... Mire, lo siento, tengo que habérmelo dejado en la oficina...**

1.2.1. CON MÁS DETALLE

En estos casos también funciona la misma oposición que ya hemos analizado. Se trata simplemente de otro nivel: antes, el enunciador quería imponer cosas al sujeto gramatical[1] en la dimensión referencial del lenguaje, es decir remitiendo a algo que realizar más allá de la lengua, y decía, a la vez, que lo que se estaba diciendo venía de la situación (**tener**) o de él mismo (**deber**). Ahora ya no se trata de imponer nada a nadie más allá de la lengua: el enunciador dice, basándose en los datos que tiene, que puede poner en relación el sujeto y el predicado. Es lo que se hace cuando se expresa lo que se considera probable: se atribuye un predicado a un sujeto.

1.2.2. Para decir lo contrario de lo que se expresa como algo probable mediante el empleo de **tener que** + *infinitivo* o **deber (de)** + *infinitivo,* es decir para expresar que se considera la relación entre el sujeto y el predicado como algo no ya probable sino tan improbable que es imposible, y para rechazar una expresión de probabilidad por parte de otro, se utiliza la forma negativa de **poder**. Lo opuesto de los empleos de **deber** o **tener** de los ejemplos [5a], [6a], y [7a], sería:

[5b] ● **No pueden ser las siete....**

[6b] ● **No puede estar enferma...**

[7b] ● **No puedo habérmelo dejado en la oficina.**

Estos enunciados pueden ser un rechazo de una hipótesis expresada anteriormente por otro, la expresión de una duda que se ha tenido y se ha descartado, etc.

También se usa la forma negativa de **poder** para descartar cualquier información planteada por otro:

[8] ● **Mira, es Pepe.**
　　 ○ **No, no puede ser él... Si hace un momento estaba en su casa.**

No se usa nunca **no tener que** + *infinitivo* para expresar la probabilidad. Los usos de **no deber** + *infinitivo* para expresar la probabilidad son poco frecuentes.

1.2.3. Para formular una expresión de probabilidad después de otra expresión de probabilidad formulada con **deber** es obligatorio, en condiciones normales, emplear **tener que** + *infinitivo:*

[9] ● **Ya deben (de) ser las ocho.**
　　 ○ **No, no... Todavía no pueden ser... Tienen que ser las siete.**

---

1 Incluso cuando uno y otro coinciden: **tengo que llamar urgentemente**.

Esto se debe a que, cuando contestamos a una primera expresión de probabilidad con otra expresión de probabilidad, lo que estamos diciendo en realidad es que la segunda nos parece más probable y, por lo tanto, la presentamos de manera más perentoria. Contestar a una primera expresión de probabilidad con **deber** con otra expresión de probabilidad con **deber** sería ignorar lo que ya se ha dicho.

1.3. TENER QUE / DEBER + *INFINITIVO* Y LOS DISTINTOS TIEMPOS

1.3.1. **Deber / tener que** + *infinitivo* pueden emplearse en cualquiera de los tiempos de los que dispone el español, excepto en imperativo:

> [10] ● **Estábamos en pleno verano, pero hacía tanto frío que tuvimos que encender la calefacción.**
>
> [11] ● **Ahora está ud. demasiado nervioso y no me quiere creer, pero ya verá cómo tengo razón: tendrá que vender la mitad de las acciones si quiere seguir adelante.**

1.3.2. CON MÁS DETALLE

El semantismo mismo de **tener que / deber** + *infinitivo* se combina de distintas maneras con los distintos tipos de verbos en los distintos contextos, según el tiempo en que estén empleadas estas expresiones.

1.3.2.1. **Tener que / deber** + *infinitivo* en presente de indicativo

➲ Presente de indicativo

1.3.2.1.1. Con los verbos que se refieren a un estado o una situación y con los que expresan un acto empleados para referirse a una situación o período de tiempo más o menos amplio, que rebasa el nivel del acto único, si no hay marcadores temporales o condiciones expresados en la frase o en el contexto, se plantea lo dicho como referido al presente cronológico y se interpreta sólo como expresión de lo que el hablante considera probable o muy probable:

> [12] ● Tienen que estar en casa.
>
> [13] ● Debe (de) ganar mucho dinero, con lo que viaja...

Este efecto expresivo se debe a que estos verbos o expresiones empleados en presente de indicativo sin marcadores temporales tienden a referirse al presente cronológico, y por tanto arrastran a **deber** y a **tener que** hacia él. La única manera posible de interpretarlos en el presente cronológico es refiriéndolos al acto de enunciación, como una justificación o una explicación por parte del hablante de la relación que establece entre un sujeto y un predicado: el hablante cree tener todos los elementos para crear un enlace:

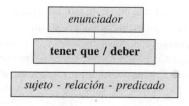

En estos contextos, **deber** y **tener** que se sitúan, pues, en el nivel más puramente metalingüístico, ya que su única función es atribuir el origen de la relación sujeto - predicado al enunciador.

La interpretación como expresión de algo que el hablante considera necesario en lo extralingüístico queda excluida, puesto que el concepto mismo de necesidad se proyecta por sí mismo, por su semantismo, hacia el futuro[2].

1.3.2.1.2. Con los verbos que se refieren a actos, si no hay ningún tipo de marcador temporal en el contexto, se plantea lo expresado en sus empleos con **tener que / deber** + *infinitivo* como referido al futuro cronológico (aunque sea un futuro inmediato): difícilmente se interpreta como la expresión por parte del hablante de lo que considera probable en el momento de la enunciación:

[14] ● **Tienes que decírselo, es importante.**

[15] ● **Tiene que hablar con él.**

Este efecto expresivo se debe a que cuando el hablante expresa lo que considera probable —dando así su punto de vista sobre una relación entre un sujeto y un predicado— se está refiriendo al presente de la enunciación, y no a un futuro: sin embargo, los verbos que se refieren a actos concretos y no a estados o situaciones, empleados sin marcadores temporales en presente de indicativo o en infinitivo, en combinación con un presente de indicativo, tienden a interpretarse como referidos al futuro, y no al presente.

1.3.2.1.3. Cuando el enunciador quiere emplear **tener que / deber (de)** + *infinitivo* para expresar lo que considera probable o muy probable con verbos que se refieren a un acto empleados sin marcador temporal, tiene que recurrir a una forma que neutralice la tendencia de estos verbos a proyectarse hacia el futuro, como por ejemplo **estar +** *gerundio:*

[16] ● **Tiene que estar hablando con él.**

En un ejemplo como [16], con **estar +** *gerundio* nos encontramos en la situación descrita en 1.3.2.1.1.

---

2 Es interesante ver cómo los distintos elementos que componen un enunciado se combinan entre ellos y con el contexto (lingüístico, situacional, etc.), aportando cada uno todas sus características, y, como en una reacción química, llevan más bien hacia una u otra interpretación.

1.3.2.1.4. Con **tener que** / **deber** + *infinitivo* empleados en presente de indicativo y seguidos del infinitivo compuesto (*pasado en el infinitivo*), el enunciador habla desde el presente de cosas pasadas:

> [17] ● ...Y aquí tiene usted el contrato... Pero... ¿dónde está?... A ver... Mire, lo siento, tengo que habérmelo dejado en la oficina...

En estos contextos también, se interpreta siempre el uso de **deber** / **tener que** + *infinitivo* como una manera de señalar que la relación entre el sujeto gramatical y lo expresado en infinitivo compuesto es algo que el enunciador considera probable o muy probable, ya que **haber** + *participio pasado* se refiere siempre a una situación.

➲ Los tiempos compuestos: el pasado en los distintos tiempos

1.3.2.2. **Deber** / **tener que** + *infinitivo* en imperfecto y en pretérito indefinido.

➲ Imperfecto de indicativo
➲ Pretérito indefinido

1.3.2.2.1. En imperfecto de indicativo, **deber** / **tener que** + *infinitivo* se portan exactamente como en presente: se está hablando de una situación en la que el enunciador presenta la necesidad de poner en relación un sujeto con un predicado, y dice que la cosa depende de él (**deber**) o no (**tener**). Los empleos de estos operadores en imperfecto de indicativo pueden referirse a la expresión de la necesidad / obligación o, en un nivel puramente metalingüístico, a la expresión por parte del hablante de lo que considera probable (**deber**) o muy probable, casi seguro (**tener**), según el contexto y el semantismo de los verbos empleados con estos operadores.

1.3.2.2.2. En pretérito indefinido, estos dos operadores no se portan de la misma manera.

1.3.2.2.2.1. Al emplear **tener que** + *infinitivo* en pretérito indefinido, se neutraliza su carácter prospectivo. Al contrario de lo que sucede con sus empleos en imperfecto de indicativo, con los que el enunciador crea, vuelve a crear, o evoca, una situación, y no dice nada sobre lo que sucede después, al emplear **tener que** + *infinitivo* en pretérito indefinido o en un tiempo compuesto, el enunciador dice que el acontecimiento al que se refiere ya se ha realizado, con los distintos matices debidos al uso de un tiempo u otro:

> [18a] ● ...y tuve que llamarlo.

Al pronunciar [18a], el enunciador dice que la llamada se hizo. Si no se ha hecho, o no quiere decir nada al respecto, presentará las cosas como si estuviéramos en la situación de la que está hablando, creándola de nuevo, mediante el empleo del imperfecto de indicativo:

> [18b] ● ... y tenía que llamarlo...

Este trozo de enunciado no dice nada sobre la realización del acto: sólo informa sobre la situación.

Tener que + *infinitivo* empleado en pretérito indefinido no se interpreta nunca como la expresión por parte del hablante de lo que considera probable. Esto se debe al hecho de que, con este operador, el enunciador presenta lo que dice como algo que no depende de él sino de la situación externa, combinado con el hecho de que se estén dando informaciones sobre el pasado globalmente. Cuando lo que le interesa al enunciador es decir lo que le parecía probable en cierto contexto situacional del pasado, en realidad está evocando esa situación, está hablando de ella: emplea por tanto el imperfecto de indicativo:

[19a] ● Me había dicho que iba a llegar para las nueve, y ya eran las diez y media. Tenía que haber perdido el tren. Era la única explicación.

Es interesante notar que en casos como [19a] nos hallamos ante algo bastante parecido al estilo indirecto: estamos contando una situación, creándola de nuevo, y repitiendo lo que en ella nos parecía probable. Se trata de algo bastante distinto de lo que sucede en [19b], caso en el que el enunciador dice desde el presente lo que le parece probable en el pasado:

[19b] ● Me había dicho que iba a llegar para las nueve, y ya eran las diez y media. Tiene que haber perdido el tren, es la única explicación.

Pensando en la analogía entre [19a] y el estilo indirecto, diremos que, en cierto sentido, [19b] es a [19a] lo que el estilo directo es al estilo indirecto.

1.3.2.2.2.2. En **deber** tiene un peso muy grande el hecho de que, al emplearlo, el enunciador se reconozca —en su función de enunciador y en el momento de la enunciación— como único punto de origen de la necesidad expresada de relacionar un sujeto con un predicado. Lo que dice viene de él, y lo reconoce explícitamente. Esta relación tan estrecha con el acto y el momento de la enunciación es tan fuerte que no se neutraliza ni siquiera en los empleos de **deber** en pretérito indefinido. Por eso son bastante difíciles y, en todo caso, bastante literarios los empleos de **deber** en pretérito indefinido y se tiende a interpretarlos como críticas que formula el enunciador al sujeto por no haber hecho algo (como en [19a]), o como expresión de lo que el hablante considera probable que haya sucedido, más o menos equivalentes del empleo de **deber** en presente indicativo seguido del infinitivo compuesto (pasado) del verbo:

[20a] ● Aunque sé que Andrés no se va a ofender, me parece que Luis debió llamarlo y pedirle disculpas. Es un grosero.

[21a] ● Ya había terminado, lo tenía todo listo, pero entonces me di cuenta de que no se había grabado. Total que lo tuve que hacer de nuevo.
○ ¿Y qué había pasado?

● Debió (de) estropearse el ordenador. Después de eso, se lo devolví a su dueño y me prestaron otro.

Este empleo de **deber** es más o menos equivalente de:

[21b]   ● ....
        ○ **Debe de haberse estropeado el ordenador...**

La presión ejercida por el enunciador es muy fuerte en **deber**, pero como es prácticamente imposible presionar a alguien desde el acto de enunciación para que haga algo en una situación pasada, puesto que las cosas ya están hechas (o no hechas), y el pasado no tiene remedio, lo único que le queda al hablante es expresar su punto de vista sobre ellas (aprobarlas o no), o decir desde el presente de la enunciación lo que según él habría debido hacer: por eso cuando no se interpretan los usos de deber en pretérito indefinido como expresión de lo que el hablante considera probable que haya sucedido, la única interpretación posible que queda es la de una crítica que formula el enunciador al sujeto por algo que no hizo, como en el ejemplo [20a]. En casos como éste, se emplea más frecuentemente el pluscuamperfecto de subjuntivo: el enunciador habla en el presente de una relación pasada *(adquirida)* en el presente entre un sujeto y un predicado pasado, pero no puede presentarla como información ya que no tiene existencia sino en la lengua: la versión corriente de [20a] sería [20b]:

[20b]   ● **Aunque sé que Andrés no se va a ofender, me parece que Luis habría debido llamarlo y pedirle disculpas. Es un grosero.**

Por todo lo que se ha dicho hasta aquí, se entiende que sean bastante difíciles (aunque no imposibles en un registro un poco artificial o bastante literario) los usos de **deber** en pretérito indefinido para hablar de cosas que el sujeto hizo porque se vio obligado. Al contrario, con **tener que** + *infinitivo* empleado en pretérito indefinido sí se expresa lo que sucedió, es decir lo que el sujeto se vio obligado a hacer. Esta posibilidad se debe al hecho de que con **tener que** + *infinitivo* el enunciador presenta las cosas como si dependieran de una situación externa, y no de una presión ejercida por él sobre alguien: no se puede presionar a nadie en pasado, pero sí se puede contar lo que hizo alguien en el pasado y explicar que se trató de una necesidad que surgió de la situación de aquel momento. Lo que el enunciador presenta como algo que depende de una situación se puede referir al pasado, puesto que la situación puede pertenecer al pasado. Lo que presenta como algo que depende de él, depende de él como enunciador, y por tanto no se puede proyectar en el pasado, ya que está estrechamente relacionado con el acto de enunciación que es el presente por excelencia.

1.3.2.3. **Tener que / deber** en los tiempos virtuales + *infinitivo*

⮞ Modo virtual

En sus empleos en uno de los tiempos virtuales (el futuro de indicativo [presente de virtual] y el condicional), **tener que** y **deber** se interpretan siempre como la expresión de lo que el hablante considera necesario, ya sea atribuyendo el origen de dicha necesidad a la situación (**tener que**), ya sea reconociendo que se trata de su punto de vista (**deber**). En los tiempos virtuales se excluyen los usos de **tener que** y de **deber** como maneras de señalar que el hablante considera una relación sujeto - predicado como algo probable o muy probable.

Es difícil interpretar los empleos de **tener que** y de **deber** en los tiempos virtuales como la expresión de lo que el hablante considera probable o muy probable porque los tiempos virtuales también, por su parte, sirven para expresar lo que se considera probable: al emplearlos para expresar la probabilidad en combinación con **tener que** o con **deber**, los tiempos virtuales hacen automáticamente, por tanto, que estos operadores remitan a algo que el enunciador expresa como necesario (porque lo dice él o porque según él lo dice la situación), y quede excluida su interpretación como expresión de lo que el hablante considera probable. De lo contrario habría una doble expresión de la probabilidad en estos enunciados:

[22] ● ¿Por qué no ha venido?
      ○ Tendrá que estudiar...

Además, es bastante difícil emplear **deber** en combinación con un uso de los tiempos virtuales para expresar la probabilidad, puesto que con **deber** el enunciador habla de su posición respecto de la cosa, y sería paradójico que expresara lo que cree que es necesario y a la vez dijera mediante el empleo de un tiempo virtual que esa posición que acaba de expresar es probable.

El empleo de los tiempos virtuales como formas de predicción (sea cual sea el tipo de predicción y el nivel en el que funciona) también hace muy difícil la interpretación de **tener que** y de **deber** como formas para expresar lo que se considera probable, puesto que se trata de algo que por su naturaleza no se prevé ni anuncia con antelación.

Los tiempos virtuales sirven, pues, en sus empleos con **tener que** y con **deber**, como maneras de neutralizar en parte la fuerza de lo expresado.

1.3.2.4. **Tener que / deber** en subjuntivo

➲ Subjuntivo

Aquí también se hace bastante difícil el empleo de estos dos operadores como formas para expresar lo que se considera probable. Cuando expresan lo que el enunciador considera probable, normalmente se hallan en contextos en los que lo que se dice es presentado como información; sin embargo, lo que se expresa en subjuntivo no constituye información. Uno de los pocos casos en los que se puede emplear el subjuntivo con estos operadores para expresar lo que se considera probable, es el de un enunciador que se refiere a un uso que acaba de hacer otro hablante de estos operadores como formas para expresar lo que considera probable, y lo presupone (se refiere a él sin presentarlo como información porque ya está en el contexto, y va más allá de él) mediante el empleo de subjuntivo:

[23a] ● ¡Es inadmisible! Hace ya una semana que no da noticias...
       ○ Si es que debe de estar en un sitio sin teléfono...
       ● Mira eso de que deba de estar en un sitio sin teléfono yo no me lo creo,
         no estoy nada de acuerdo, conociéndolo...

Sin embargo, aun en casos como éste, se tendería a emplear de nuevo en subjuntivo sólo el predicado mismo y a dejar de lado este empleo de **deber**, como en [23b]:

1.3.2.5. La persona gramatical en la que se empleen estos dos operadores, es decir el estatuto del sujeto gramatical dentro del circuito de la comunicación, también influye en su interpretación: no es lo mismo hablar de una persona ausente (**él**, **ella**) que dirigirse directamente a alguien presente (**tú**, **usted**). Los contextos y las cosas sobre las que se puede informar a otro de lo que se considera probable que haga/esté haciendo son limitados respecto de la enorme gama de posibilidades que se plantean al hablar de una persona que no participa en el circuito de la comunicación.

2.   HABER DE   + *INFINITIVO*

2.1. SIGNIFICACIÓN

Esta perífrasis tiene un sentido bastante próximo al de **tener que** + *infinitivo*, aunque presenta más las cosas como dependientes del destino o de un programa.

[24]   ●   **Ese año se fue a Grecia, donde había de morir pocos meses después.**

En estos empleos se parece bastante a ciertos empleos de los tiempos virtuales (el futuro y el condicional).

También se usa **haber de** + *infinitivo* en oraciones impersonales con **se** en contextos en los que se dan instrucciones para la realización de algo: recetas de cocina, manuales de instrucciones, etc.:

[25a]   ●   **El aparato no ha de estar enchufado cuando no esté en uso.**

[25b]   ●   **No se ha de enchufar el aparato antes de usarlo.**

Son frecuentes además, en ciertos registros populares, los empleos de esta perífrasis en los que en realidad la perífrasis en sí no añade nada al sentido del enunciado, y **haber** funciona como *soporte de persona y tiempo verbal:*

[26]   ●   **Ese día conoció a la mujer con la que había de casarse pocos meses después.**

2.2. CON MÁS DETALLE

El hecho de que esta perífrasis se emplee a veces como alternativa a la conjugación del verbo mismo en los distintos tiempos y funcione como soporte de persona y tiempo se entiende bastante bien si se piensa en la función de **haber** cuando está conjugado en las distintas personas; es decir: es señalar la posesión abstracta por parte del sujeto gramatical de lo expresado por la forma verbal que lo sigue, o sea localizar cierta forma verbal en cierto sujeto.

➲   Los tiempos compuestos

3.   **HAY** (HABER) + **QUE** + *INFINITIVO*

Con **hay que** + *infinitivo* se expresa la necesidad de manera impersonal, sin referir la necesidad de que se haga lo expresado por el verbo en infinitivo a ningún sujeto en particular:

> [27]   ● **¿Dónde cenamos?**
>   ○ **Yo conozco un sitio muy agradable, pero lo que pasa es que siempre hay que esperar un poco. Si os apetece...**

Como se trata de una forma impersonal, no tiene más que una sola persona gramatical.

Se puede emplear esta perífrasis en cualquier tiempo, excepto en imperativo (al tratarse de una forma impersonal, su verdadero sujeto es la situación de la que se está hablando: parece imposible imponer la necesidad de que se haga algo a una situación. Además, el semantismo mismo de las formas que expresan necesidad de que se haga algo, muy próximas de la constatación, parece incompatible con el imperativo, ya que se trata de distintos recursos para hacer más o menos lo mismo).

Como **tener que** + *infinitivo* y por las mismas razones, **hay que** + *infinitivo* en pretérito indefinido y en los tiempos compuestos dice que el hecho al que se refiere se produjo (con los matices que le da cada tiempo), al contrario de los demás tiempos, en los que no dice nada sobre la realización de la acción.

4. PERÍFRASIS CON IR Y VENIR

4.1.   **IR A** + *INFINITIVO*

4.1.1.   Como forma de predicción

Esta perífrasis es otra de las maneras de las que dispone el enunciador para presentar sus previsiones sobre lo que sucederá en el futuro:

> [28]   ● **¡Qué bicicleta! ¡Qué suerte tiene ese niño!**
>   ○ **Sí, pero no te preocupes: ya te he dicho que te voy a regalar una el día de tu cumpleaños.**

4.1.1.1. Con más detalle

Al emplear esta perífrasis, el enunciador da un elemento de garantía bastante fuerte sobre lo que dice, al contrario de los empleos del futuro de indicativo como forma de predicción, en los que se insiste sobre todo en el carácter virtual de cierta información. Por otra parte, esta perífrasis no da a lo dicho ningún matiz de algo que en cierto sentido ya es, como sucede en los empleos del presente de indicativo referidos al futuro. Si el empleo del presente de indicativo referido al futuro cronológico se limita a presentar lo dicho como información, y el del futuro de indicativo insiste más en el carácter virtual de lo dicho, el empleo de **ir a** + *infinitivo* subraya sobre todo el hecho de que se trata de una predicción del enunciador. De ahí los distintos matices expresivos que puede asumir esta perífrasis según el tiempo en que esté empleada, la persona con la que se emplee, etc.: promesa, orden, simple predicción, etc.

4.1.1.2. Tiempos en que se emplea

En sus empleos como forma de predicción, la perífrasis **ir a** + *infinitivo* se usa esencialmente en presente y en imperfecto de indicativo: en el primer caso, se trata de predicción para el futuro cronológico; en el segundo, de predicción para un futuro respecto de un momento pasado:

[29] ● ¿Sí?
○ **Hola, soy Paco...**
● **Ah, hola. Te iba a llamar dentro de un rato...**

CON MÁS DETALLE

Las predicciones se hacen para el futuro respecto de una situación, ya que toda predicción no es más que una expresión de lo que se ve en la situación presente o pasada considerada que pueda suceder en el futuro respecto de la misma situación: por eso en sus usos como forma de predicción se emplea esta perífrasis en dos tiempos que se refieren esencialmente a las situaciones más que a los hechos mismos en sí: el presente y el imperfecto de indicativo.

4.1.1.3. Se emplea frecuentemente **ir a** + *infinitivo* como forma de predicción en futuro de indicativo en preguntas:

[30] ● **Me dijo que me iba a llamar, pero ¿tú crees que irá a llamarme de veras?**

CON MÁS DETALLE

El empleo del futuro de indicativo en estos casos no se interpreta nunca como forma de predicción referida al futuro cronológico, ya que se halla en combinación con otra forma de predicción (**ir a** + *infinitivo*) y se trataría de predecir una forma de predicción. En estos usos, el futuro de indicativo se parece más a sus empleos como forma para expresar la probabilidad. El enunciador se interroga en estos contextos sobre la posibilidad de expresar una predicción con **ir a** + *infinitivo*: por eso se trata de preguntas. El empleo del futuro de indicativo le permite expresar virtualmente la predicción sobre la que se interroga o interroga a su interlocutor el enunciador: de esta manera la puede considerar y valorar, distanciándose de ella, sin que sea una predicción todavía (**ir**), puesto que se trata de una forma virtual.

En casos bastante más raros, se pueden concebir preguntas con **ir a** + *infinitivo* como forma de predicción en condicional:

[31a] ● Nos había dicho que iba a llamar, pero ¿iría a llamar de veras? Como no lo sabíamos, decidimos esperar un poco a ver lo que sucedía.

Igual que en los casos en los que se emplea **ir a** + *infinitivo* en futuro de indicativo (presente de virtual) el enunciador se interroga sobre la posibilidad de expresar una predicción para el futuro respecto del presente cronológico, en estos empleos de la misma perífrasis en condicional el enunciador se interroga acerca de la posibilidad de expresar una predicción para un futuro respecto de un momento pasado. Generalmente en estos contextos, el enunciador está hablando de una situación pasada como si la volviera a crear/evocar/vivir proyectándose en el pasado desde su presente y, a la vez, manteniéndose en su presente de enunciación. Sin embargo, en estos casos, lo normal es que el enunciador se pregunte más sobre lo que va a suceder en el futuro respecto de un momento pasado que sobre la posibilidad de formular una predicción con **ir**: se sitúa, por tanto, en una dimensión más referencial —aunque no sólo y totalmente referencial— de la lengua. De ahí que la versión normal de [31a] sea:

[31b] ● ... ¿Llamaría de veras? / ¿Iba a llamar de veras?...

4.1.2. Para rechazar una relación *sujeto - predicado*

4.1.2.1. En frases con entonación interrogativa—exclamativa introducidas por **cómo** o, en registros un poco más informales, por **qué**, el enunciador emplea **ir a** + *infinitivo* para rechazar una relación sujeto-predicado aludida, en la mayoría de los casos, por su interlocutor:

| CÓMO / QUÉ | + | (PRONOMBRE) | + | IR A | + | INFINITIVO |

[32] ● ¿Has leído el periódico de hoy?
○ Pero ¿cómo lo voy a haber leído si me he pasado la mañana encerrado en la oficina?

[33] ● ¿Joaquín todavía no ha llegado?... Pero si me aseguró que vendría.
○ ¡Qué va a venir! ¿No lo conoces acaso?

4.1.2.2. Son muy frecuentes los usos de esta perífrasis en imperfecto de indicativo con la intención comunicativa de rechazar una relación *sujeto-predicado*, aun cuando dicha relación se refiere al presente cronológico:

[34a] ● ¿Has leído el periódico de hoy?
○ Pero ¿cómo lo iba a haber leído si me he pasado la mañana encerrado en la oficina?

4.1.2.3. Son numerosos, además, los casos en los que el enunciador justifica su rechazo del predicado por no haber, según él, un *dónde,* un *cuándo,* un *quién* o un *porqué* que le permita aceptarlo: con estas intenciones comunicativas, el enunciador emplea **ir a** en imperfecto de indicativo + *infinitivo,* en frases con entonación interrogativa-exclamativa introducidas por **dónde, cuándo, quién,** etc. (a veces, precedidos por una preposición):

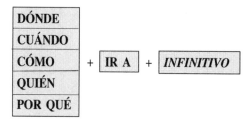

[34b] ● ¿Has leído el periódico de hoy?
○ Pero ¿¡cuándo lo iba a leer, si me he pasado la mañana encerrado en la oficina!?

[35] ● Oye, como no sabemos qué hacer con este mueble, habíamos pensado dártelo a ti.
○ ¿¡A mí!? ¿Y dónde lo voy / iba a poner? No, gracias, ya tengo la casa demasiado llena.

4.1.2.4. Al rechazar cierta relación *sujeto-predicado,* también se está hablando de una situación en la que se considera improcedente la relación en cuestión: por eso en estos usos **ir a** + *infinitivo* admite tan sólo el empleo del presente o del imperfecto de indicativo.

4.1.2.5. Es significativa, para la comprensión de estos empleos de **ir a** + *infinitivo,* la paráfrasis corrientemente empleada: **cómo / dónde / cuándo / etc. quiere(s) / queréis que...**

4.1.3. En registros bastante informales, se emplea a veces **ir a** + *infinitivo* en imperfecto de indicativo (en lugar de condicional) para expresar cosas que dependen de condiciones irreales en el presente, o que el enunciador considera de improbable realización en el futuro:

[36] ● Mira, la verdad es que no lo sé, pero aunque lo supiera, no te lo iba a decir a ti.

Se trata, en la mayoría de estos casos, de empleos muy próximos a los analizados en 4.1.2., en los que el hablante rechaza cierto predicado. Hay que notar a este propósito que, en estos usos, **ir** va frecuentemente en la forma negativa, o de lo contrario, se trata, generalmente, de enunciados que se basan en la ironía, a menudo interrogativos desde un punto de vista formal:

[37a] ● Mira, la verdad es que no lo sé, pero aunque lo supiera, ¿tú crees que te lo iba a decir a ti?

4.1.3.1. CON MÁS DETALLE

Estos empleos constituyen en cierta medida una síntesis de los usos de **ir a** + *infinitivo* como forma para predecir o anunciar, y de los analizados en 4.1.2., en los que el enunciador rechaza cierto predicado.

4.1.4. Como forma de predicción *a posteriori* se emplea a veces esta perífrasis en pretérito indefinido o en pretérito perfecto. Los efectos expresivos son esencialmente de dos tipos:

▶ En los casos en los que se emplea en pretérito indefinido, con frecuencia se expresa un intento o esfuerzo infructuoso por parte del sujeto gramatical para hacer lo expresado por el verbo en infinitivo:

[38] ● **En ese instante fui a decírselo, pero no me dejó ni decir palabra.**

▶ Hay casos en que se emplea en pretérito perfecto, en pretérito indefinido, o en presente de indicativo, en frases dichas con una entonación más bien exclamativa, para subrayar el hecho de que se haya producido la relación sujeto-predicado, o para poner en evidencia uno de los elementos de la relación predicativa, ya sea el predicado mismo, o el sujeto:

[39] ● **¿No te parece que con tus retrasos estás exagerando un poco?**
○ **¡Mira quién fue / va a hablar!**

En este caso, el enunciador subraya el hecho de que se haya producido una relación para él inesperada y nada evidente, entre un sujeto y un predicado *(hablar de retrasos)* que le parecen incompatibles o que, de alguna forma, él no quiere juntar en su mente.

Es frecuente en estos empleos cierto matiz de sorpresa o indignación por parte de quien habla:

[40] ● **Si yo siempre lo he dicho, está loco: mira lo que se ha ido a inventar ahora. No sé cómo se le ocurre.**

[41] ● **Con todos los problemas que teníamos, el muy tonto, ¡no sé cómo le fue a decir todo lo que habíamos estado comentando! ¡Si es para matarlo!**

Estos matices se dan en contextos bastante especiales, en los que queda bastante explícita la participación emotiva de quien habla: de lo contrario se cae en la interpretación de **ir** como verbo de movimiento.

4.1.5. Se emplea **no vaya(s) / vayamos** *etc.* + **a** + *infinitivo* para conjurar algo indeseado (empleos impersonales) o para advertir a alguien para que no haga lo expresado por el verbo en infinitivo:

> [42] ● **Oye, no te vayas a olvidar de llamarme, que es muy importante.**

> [43] **No vaya a ser que descubra**
> **Con preguntas, con caricias,**
> **Esa soledad inmensa**
> **De quererte sólo yo.** (Pedro Salinas)

En los empleos personales, el uso de esta perífrasis añade al simple imperativo negativo una mayor expresividad emotiva: el enunciador participa más en lo que dice porque presenta el predicado como la última cosa deseada, es decir: como lo más indeseado de todo lo concebible.

4.1.6. CON MÁS DETALLE

En todos los usos de **ir a** + *infinitivo*, el enunciador presenta la relación de la que está hablando como algo que no se da espontáneamente: con **ir**, el enunciador establece un enlace *sujeto- predicado* para hacer luego con él distintos tipos de operación: reafirmarlo, negarlo, contemplarlo simplemente, etc. Por eso detrás de todos los usos de **ir a** + *infinitivo* se percibe claramente una fuerte presencia del enunciador: de ahí los matices de mayor emotividad o participación en lo dicho. Los usos de **ir** como operador metalingüístico se sitúan siempre en el nivel de lo que se dice, y remiten sólo indirectamente a un referente extralingüístico. El caso en que se comprende mejor el funcionamiento de **ir** como enlace *sujeto-predicado* es el de las predicciones: el enunciador pone en relación *a la fuerza* un sujeto y un predicado virtual (infinitivo) que de otro modo no se juntarían espontáneamente.

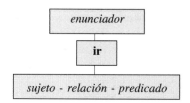

Al contrario de lo que sucede en las predicciones con el presente —en las que se presentan las cosas como simple información (es decir como algo que es)— y en las predicciones con el futuro de indicativo —en las que se sitúa un predicado virtual en relación con un sujeto sin expresar ninguna necesidad de forzar nada— con **ir** se subraya más la participación del hablante, que fuerza las cosas.

En los empleos de esta perífrasis en preguntas para expresar rechazo de una relación *sujeto-predicado*, como en:

[44] ● ¿Has leído el periódico de hoy?
      ○ Pero ¿cómo lo voy a haber leído si me he pasado la mañana encerrado en la oficina?

[45] ● ¿Joaquín todavía no ha llegado?... Pero si me aseguró que vendría.
      ○ ¡Qué va a venir! ¿No lo conoces acaso?

al emplear **ir**, el enunciador está señalando que la relación concebida por él mismo o por su interlocutor (generalmente, por su interlocutor) no se da espontáneamente. Además, la pregunta tiene la función de poner en discusión la misma relación, que, por no ser obvia, el enunciador decide expresar con **ir**. Nos hallamos, pues, ante la doble operación metalingüística de evocar una relación señalando que no se da espontáneamente (**ir**) y, a la vez, distanciarnos de ella, al no querer concederle el estatuto de afirmación (pregunta). Estos empleos se pueden parafrasear:

▶ "la relación de la que estamos hablando sólo puede ser concebida como algo que no es nada evidente, por lo que se hace indispensable un enlace fuerte: **ir**"

▶ "(me) pregunto cómo se puede decir **ir** de dicha relación, es decir cómo se puede querer juntar cosas que no tienen por qué ir juntas (de ahí la paráfrasis con **querer** empleada corrientemente)".

En los casos en los que el enunciador expresa su sorpresa o indignación, o simplemente subraya / nota uno de los elementos de la relación predicativa, lo que hace es volver a tomar la relación presentándola con **ir** (es decir como algo que no cae por su propio peso): se trata en estos enunciados —fuertemente modalizados— de algo más que de una simple información, que incluye, sí, una información, pero que, a la vez, rebasa el nivel de la simple información, puesto que el enunciador expresa su punto de vista sobre lo que está diciendo. Estos usos de **ir** como perífrasis (es decir como metaoperador) no remiten, por tanto, directamente a lo extralingüístico, ya que funcionan en el nivel en que la lengua habla de la lengua. Lo que remite a lo extralingüístico (y que funciona, por lo tanto, a nivel referencial) es el contenido de la información sobre la que el enunciador expresa su punto de vista con **ir**.

Cuando el enunciador emplea **no vaya(s) / vayamos**, etc. con la intención de advertir a su interlocutor para que no haga cierta cosa, o para conjurar un peligro (en los casos en los que las cosas no dependen del sujeto gramatical al que se está refiriendo), como en:

[46] ● ...No te vayas a olvidar de llamarme...

[47] ● ...No vaya a ser que descubra...

por el mismo hecho de emplear **ir** y de presentar la relación *sujeto-predicado* como algo forzado, que no se da espontáneamente, aunque sea para negarla, insiste en que se trata de la última cosa que podría desear: la desea tan poco que hasta para concebirla como hipótesis que quiere rechazar necesita recurrir al operador **ir**, ya que con una orden negativa normal en subjuntivo temería presentar la cosa como algo demasiado normal y concebible.

4.2.

$$\boxed{\textbf{VENIR A}} + \boxed{\textit{INFINITIVO}}$$

4.2.1. Con **venir a** + *infinitivo,* el enunciador adopta una actitud totalmente pasiva ante lo que dice, y se limita a señalar que constata o deduce que el sujeto está / entra en relación con el predicado:

[48] ● **Si cambiamos este dato, el resultado viene a ser muy diferente.**

El hecho de que con esta perífrasis el enunciador presente la relación como una mera constatación de algo sobre lo que él no tiene ningún control hace que, en contextos en los que se barajan cantidades concretas o abstractas, números, etc., directa o indirectamente, se tenga la sensación de cierta vaguedad o aproximación. En muchos casos, dicha sensación se ve reforzada por operadores (como por ejemplo **unos/as**, el futuro, el condicional, etc.) cuya función es neutralizar parcialmente la elección de cierto término por parte de quien habla. Es lo que sucede en todos aquellos casos en los que se trata de algo más que de una mera sensación de vaguedad:

[49] ● **Viene a cobrar unas cien mil pesetas.**

4.2.2. CON MÁS DETALLE

Tradicionalmente se ha dicho que **venir a** + *infinitivo* expresaba por sí solo la idea de imprecisión y vaguedad aludida en el párrafo anterior. Sin embargo, en los ejemplos propuestos había siempre algún operador (como por ejemplo **unos/as** o el virtual) cuya función era precisamente neutralizar en parte el elemento de cantidad mencionado, para que no quedara solo, sino que se subrayara el hecho de que el enunciador no lo quería presentar como definitivo. La sensación de imprecisión no es más que una consecuencia del rasgo semántico principal de **venir a** + *infinitivo*, que es el de presentar al enunciador en una actitud pasiva, en la que se limita a constatar y tomar conciencia de ciertas cosas.

4.2.3. Se pueden concebir empleos de **venir a** + *infinitivo* en cualquiera de los tiempos y modos de los que dispone el español, excepto en imperativo.

4.3.

$$\boxed{\textbf{IR}} + \boxed{\textit{GERUNDIO}}$$

4.3.1. Significación

Aparte de los casos en que en la construcción **ir** + *gerundio* el verbo **ir** es un mero verbo de movimiento, se trata de una perífrasis empleada por el enunciador para introducir cierta idea de progresión en el desarrollo de un proceso:

[50] ● **¿Me puedes ayudar un momento?**
○ **Sí, claro, dime.**

● **Yo me subo en la escalera, y te voy pasando esas cajas de allí encima. ¿Vale?**

○ **Vale, pues, venga...**

4.3.2. Frécuentemente se combina la perífrasis **ir** + *gerundio* con la expresión **poco a poco**, que tiende a resaltar la idea de progresión que el enunciador quiere dar al emplear **ir** + *gerundio*. En algunos casos, la misma expresión puede funcionar como paráfrasis alternativa.

4.3.3. Se puede emplear esta perífrasis en cualquiera de los tiempos y modos de los que dispone el español.

4.3.4. Otro valor

Para expresar cierta idea de persistencia, o repetición de lo expresado por el gerundio por parte del sujeto gramatical, se emplea preferentemente **andar / llevar** + *gerundio.*

4.4.
$$\boxed{\text{VENIR}} \quad + \quad \boxed{\textit{GERUNDIO}}$$

4.4.1. Significación

En los casos en los que **venir**, en esta construcción, no es un mero verbo de movimiento, se trata de una perífrasis con la que el enunciador presenta la relación *sujeto—predicado* como algo que progresa o se repite en el pasado y se acerca al presente, y que él se limita a constatar: igual que con **venir a** + *infinitivo*, **venir** señala aquí que se trata de una constatación por parte de quien habla:

[51] ● **La situación económica ha venido mejorando considerablemente en estos últimos tiempos.**

4.4.1. Esta perífrasis tiende a no emplearse en pretérito indefinido, ni en imperativo: como se trata de hablar de algo desde la situación de enunciación, se prefieren aquellos tiempos que mejor se prestan para hablar de situaciones.

4.5. CON MÁS DETALLE: IR / VENIR

Como se ha visto claramente en los apartados anteriores, las perífrasis con **ir** parecen darle al enunciador un papel decididamente más activo que las perífrasis con **venir**, en las que el enunciador se limita a presentar las cosas como algo que él constata. Estas dos actitudes distintas por parte de quien habla están en germen en el funcionamiento mismo de **ir** y **venir**, incluso como verbos de movimiento:

◗ con **venir,** el enunciador no es más que el centro-final-destino de un movimiento que parte de cualquier sitio distinto del que ocupa él. La idea de constatación corre paralela a esto:

algo sucede fuera de nosotros y se nos presenta sin que podamos hacer nada excepto percibirlo;

▶ con **ir**, el funcionamiento es distinto incluso como verbo de movimiento: el enunciador describe un movimiento que se da fuera de su campo de gravedad, del que él no es el centro —como es el caso de **venir**—, sino tan sólo un observador externo y, a veces, un punto de origen. Esto supone que salga de sí mismo y de su ámbito para "ir" a observar lo que sucede fuera, asumiendo por tanto un papel y una actitud decididamente más activa.

En los usos modales de **ir** que encontramos en las perífrasis estudiadas, el enunciador tiene un papel activo, ya que fuerza las cosas, al contrario de lo que sucede con **venir**, caso en el que se limita a constatar cosas que suceden solas. Es un grave error hablar de "acciones próximas" al explicar los usos de **ir a +** *infinitivo*, ya que esto equivale a querer ver fuera de la lengua, en el mundo, algo que es única y exclusivamente lingüístico y que remite a lo que hace el enunciador con los datos que le vienen de fuera, mediante el instrumento que es la lengua.

5. PERÍFRASIS CON ESTAR + *INFINITIVO*

5.1. ESTAR A PUNTO DE + *INFINITIVO*

5.1.1. Significación

Con esta expresión, el enunciador presenta lo que expresa con el infinitivo como algo inminente, muy próximo:

[52] ● **Todavía me falta un poco, pero ya estoy a punto de acabar.**

5.1.2. Estar a punto de se puede emplear en cualquier tiempo, excepto en imperativo.

5.2. ESTAR AL + *INFINITIVO*

Esta expresión funciona como la anterior, y significa más o menos lo mismo, pero se emplea en registros más informales. Además, se trata de una forma empleada tan sólo por algunos hablantes:

[53] ● **¿Puedo hablar con Manolo?**
○ **No, mira, es que está de vacaciones. Pero ya está al llegar; o sea que si llamas dentro de un par de días seguro que lo encuentras.**

5.3. ESTAR PARA + *INFINITIVO*

Esta expresión también significa, en la mayoría de sus empleos, más o menos lo mismo que las dos anteriores:

[54] ● **Menos mal que has llamado ahora. Ya estaba para salir.**

Además, en algunos casos, seguida de un infinitivo o de un sustantivo, puede tener un sentido más próximo a **estar dispuesto a** o **tener ganas de**.

[55] ● **Por favor, déjame en paz, que no estoy para bromear con nadie.**

El empleo de esta expresión es claramente más enérgico y menos cortés que el de alguna de las expresiones próximas.

5.4. ESTAR POR + *INFINITIVO*

Esta expresión se parece mucho a **estar a punto de**, pero a la idea de inminencia añade un matiz que no tienen las demás expresiones estudiadas hasta aquí: con **estar por**, el enunciador presenta lo expresado por el infinitivo como algo que puede suceder de un momento a otro porque surge casi espontáneamente en el sujeto gramatical, como algo que el sujeto gramatical no puede o no quiere controlar:

[56] ● Me tenía tan harto que estaba por decirle que no volviera a aparecer; pero, por suerte, me retuve, porque poco después me hizo una oferta buenísima...

6. PONERSE A + *INFINITIVO*

Se emplea **ponerse a** + *infinitivo* con un sentido bastante próximo al de **comenzar / empezar**:

[57] ● ¿Te acuerdas de que hasta hace un mes no le apetecía hacer nada? Pues ahora, de repente, se ha puesto a estudiar inglés, va todas las mañanas a clase, etc.

Con **comenzar / empezar**, el hablante presenta las cosas de manera ligeramente más neutral y objetiva que con **ponerse a**, que lo presenta como más implicado en la situación.

CON MÁS DETALLE

Esta perífrasis remite más bien al inicio de una relación *sujeto - predicado* que a un acto que se realiza más allá de la lengua. Importa más el hecho de que el sujeto empiece a estar en relación con el verbo que el acto extralingüístico al que remite el verbo en su dimensión referencial. Este énfasis en la relación les da a las cosas un carácter aparentemente más estático incompatible con la perspectiva de un acto único e instantáneo, de ahí la imposibilidad de un enunciado como:

[58] ● *En ese instante se puso a caerse por la escalera.

El empleo de **ponerse a** + *infinitivo* y, en cierta medida el de **empezar** o el de **comenzar** con verbos de este tipo le da a lo expresado por el verbo un carácter reiterativo: se habla de una situación que empieza, en la que el sujeto está en relación con el predicado verbal. Así pues, cuando el verbo habla de acontecimientos instantáneos, entonces el carácter durativo del concepto situación nos lleva necesariamente a la interpretación "reiterativo".

Se puede emplear esta perífrasis en cualquier tiempo.

7. | ROMPER A | + | *INFINITIVO* |

Con esta perífrasis se expresa el comienzo repentino e incontrolado de algo:

[59]   ● **Al oír esas palabras rompió a llorar y no había quien la calmara.**

Se emplea esta perífrasis con verbos que se refieren a cosas que surgen bastante espontáneamente en el sujeto, que el sujeto no controla bien: el único verbo con el que se emplea con cierta frecuencia esta perífrasis es **llorar**.

CON MÁS DETALLE

Normalmente se emplea esta perífrasis en relación con el pasado cronológico, en pretérito indefinido (ejemplo [59]), o, cuando hay presuposición, en imperfecto de subjuntivo:

[60]   ● **De veras, lo único que nunca me hubiera imaginado, era que rompiese a llorar de esa forma.**

Los empleos de esta perífrasis en otros tiempos son posibles, aunque poco frecuentes: parece estar bastante estrechamente relacionada con los relatos de episodios pasados.

8. | ECHAR A | + | *INFINITIVO* |

Con esta perífrasis también se expresa el comienzo repentino de algo, pero en lugar de tratarse de algo incontrolado, como con **romper a** + *infinitivo,* se trata más bien de algo que el sujeto hace con ímpetu. El número de verbos con los que se puede emplear esta perífrasis es bastante limitado, ya que no todo lo que hacemos se puede presentar como algo que empieza como en una especie de impulso inesperado que le da al sujeto:

[61]   ● **Con el ruido se asustó y echó a correr como un loco.**

Como la anterior, esta perífrasis está bastante relacionada con los relatos de episodios pasados, y se emplea esencialmente en pretérito indefinido o, en algunos casos, en subjuntivo.

9. | LLEGAR A | + | INFINITIVO |

9.1. SIGNIFICACIÓN

Con esta perífrasis se habla del hecho de que se dé la relación entre el sujeto y el predicado, y se subraya que para el enunciador no se trata de una relación que se produce espontáneamente, por sí sola, sino que hay que forzarla un poco.

Los efectos expresivos pueden ser esencialmente de dos tipos:
- subrayar que sucede algo que parecía improbable o inesperado (ejemplos [62] y [63]),
- o subrayar que, debido a la naturaleza del predicado verbal, al enunciador le parecía difícil que pudiera entrar en relación con el sujeto gramatical, porque la relación era difícil de concebir (ya sea por difícil en sí, o por posible pero inaceptable, etc.):

[62] ● **Al principio, tenía un trabajo de lo más inestable e inseguro; pero, poco a poco, lo fueron apreciando, hasta que llegó a conseguir un trabajo fijo en la empresa.**

[63] ● **Después de las dificultades iniciales, hemos llegado a imponernos en el mercado.**

[64] ● **Tú, para no reconocer tus errores, llegarías a decir todo tipo de mentiras.**

[65] ● **Sabía que era cínico, pero nunca habría pensado que llegaría a decir esas cosas de su propia familia.**

En algunos casos el uso de esta perífrasis se refiere a un logro.

9.2. El empleo de **hasta** en lugar de **a** (**llegar hasta** + *infinitivo*) subraya aun más la idea de que se trata de una relación *sujeto - predicado* que es la última cosa que el enunciador podía concebir o se podía esperar.

9.3. Esta perífrasis se puede emplear en cualquiera de los tiempos de los que dispone el español.

9.4. Es característico de esta perífrasis su empleo en presente de indicativo en oraciones condicionales introducidas por **si**, en las que funciona como el imperfecto de subjuntivo o el pluscuamperfecto de subjuntivo, es decir que subraya el hecho de que se trata de una condición no realizada en el pasado (idea expresable también con el pluscuamperfecto de subjuntivo), o considerada de improbable realización en el futuro (idea expresable también con el imperfecto de subjuntivo):

[66] ● Si llego a enterarme antes, no lo llamo (habría llamado).

10.

Con esta perífrasis se expresa que el sujeto gramatical considera que el complemento directo es / está como lo expresado por el participio pasado, el adjetivo o el sustantivo, o quiere portarse como si así fuera:

[67] ● ¿Hay algo más que discutir sobre el tema? ¿No? ¿Lo podemos dar por resuelto?

[68] ● Si no hay nada más que añadir, damos este informe por definitivo.

Se puede emplear esta perífrasis en cualquier tiempo.

11.

DARLE A UNO POR + INFINITIVO / FRASE NOMINAL

Con esta perífrasis, el enunciador expresa que el sujeto gramatical hace o quiere hacer lo expresado por el infinitivo, o que tiene una pasión por lo expresado por la frase nominal, y que esto le parece a él (enunciador) un capricho o una extravagancia del sujeto gramatical:

[69] ● Desde que le ha dado por la vida sana y natural, ya no hay forma de salir con ella por la noche.

[70] ● Hace unos años, ingenuamente le regalé una pareja de canarios. Le gustaron... y le dio por criar pájaros. Total que ahora me tiene la casa llena de jaulas.

Se puede emplear esta perífrasis en cualquiera de los tiempos de los que dispone el español.

El uso de esta perífrasis indica, por parte del enunciador, cierta voluntad de distanciarse con respecto a lo expresado, que no aprueba totalmente (ironía, crítica, etc.) al sujeto gramatical.

12.

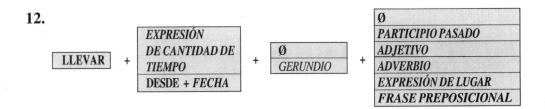

12.1. SIGNIFICACIÓN

Con esta construcción, el enunciador cuenta la cantidad de tiempo
- ‣ que ha estado el sujeto en relación con lo expresado por el gerundio o la frase preposicional,
- ‣ o que ha sido / estado como lo expresan el participio pasado o el adjetivo,
- ‣ o que ha estado en el lugar expresado por la expresión de lugar:

[71] ● **Llevo tres años estudiando español.**

[72a] ● **Llevan más de cuatro años casados.**

[73] ● **Llevo varios años de profesor de español.**

12.2. CON MÁS DETALLE

12.2.1. Orden de los elementos

En algunos casos, en esta perífrasis se pueden encontrar invertidos los elementos *tiempo y participio / gerundio / frase preposicional / etc.*:

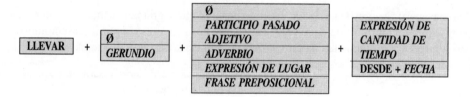

[74] ● **Lleva en Inglaterra desde septiembre.**

[72b] ● **Llevan casados más de cuatro años.**

Se trata de ligeros cambios de perspectiva: se empleará preferentemente [74] en contextos en los que el elemento **en Inglaterra** esté más contextualizado.

12.2.2. Cuando ciertos elementos ya están contextualizados tienden a no reaparecer explícitamente:

[75] ● **¿Cuánto tiempo hace que trabajas en esto?**
      ○ **Ya llevo ocho años.**

12.3. Esta perífrasis se puede emplear en todos los tiempos, excepto en pretérito indefinido y en imperativo.

CON MÁS DETALLE

El pretérito indefinido es el único tiempo que no se emplea para hablar en perspectiva de una situación, sino tan sólo para informar globalmente sobre hechos pasados. Cuando se cuenta el tiempo que lleva algo hasta el momento de la enunciación, o hasta un determinado momento del que se está hablando (pasado, presente o futuro), se está hablando de esa situación, y la única perspectiva posible es la de la situación, imposible en pretérito indefinido. Para contar el tiempo que ha pasado hasta un momento del pasado, se hablará por tanto de la situación considerada, mediante el empleo de **llevar** en imperfecto de indicativo.

No es posible emplear esta perífrasis en imperativo, porque se trata de una forma de constatación: incompatible por definición con el imperativo.

13. | **LLEVAR** | + | *CANTIDAD (no de tiempo)* | + | *PARTICIPIO PASADO* |

13.1. SIGNIFICACIÓN

Con esta perífrasis, muy próxima a la anterior, se cuenta la cantidad de lo que se ha hecho hasta el momento de la enunciación (**llevar** en presente) o hasta el momento pasado, futuro, o hipotético, del que se está hablando (**llevar** en otros tiempos):

[76] ● **Ya llevo veinte exámenes corregidos.**

significa, por tanto, que en el momento de la enunciación, *el sujeto ya ha corregido veinte exámenes,* es decir que ya *tiene veinte exámenes corregidos.*

➲ Los tiempos compuestos: el pasado en los distintos tiempos

El participio pasado concuerda en género y número con el complemento directo.

13.2. CONTRASTE CON TENER + *PARTICIPIO PASADO*

Lo expresado con esta perífrasis se parece mucho a lo expresado con **tener +** *participio pasado:* sin embargo, con **llevar** se insiste más en la idea de estar contando lo que se ha hecho que con **tener**, que habla más bien del estado concreto de las cosas en una situación determinada.

13.3. CON MÁS DETALLE

13.3.1. Como con la perífrasis anterior, a veces el participio pasado se encuentra antes del complemento directo (cantidad):

[77] ● **Ya llevamos resueltos tres de los cuatro problemas: no está mal.**

13.3.2. Hay casos en los que ciertos elementos ya están contextualizados, y no reaparecen explícitamente:

[78]   (Estoy escribiendo sobres para unas invitaciones; junto a mí, un amigo)
● **Yo ya llevo quince, ¿y tú?**
○ **Yo, dieciocho.**

13.4. Esta perífrasis, como la anterior, se emplea en todos los tiempos, excepto en pretérito indefinido y en imperativo, por los mismos motivos por los que tampoco se emplea la anterior en estos tiempos.

14.

14.1. SIGNIFICACIÓN

Se emplean **seguir** o **continuar** (conjugados en las distintas personas de los distintos tiempos) seguidos siempre del gerundio, para expresar la continuidad en el momento de la enunciación o en el momento del que se esté hablando, de lo que expresa el gerundio.

[79]   ● **Y tú ¿qué haces?**
○ **Pues... Lo de siempre... Sigo trabajando en el mismo sitio...**

Hay idiomas en los que el equivalente de estos verbos va seguido de una preposición y un infinitivo (francés, italiano, alemán, etc.), o de un infinitivo simple (ruso, etc.). En español, estos verbos siempre van seguidos del gerundio.

14.2. En esta perífrasis, los verbos **seguir** y **continuar** pueden emplearse en cualquier tiempo.

15.

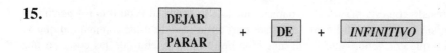

Se emplean **dejar / parar + de +** *infinitivo* para expresar la interrupción de lo expresado por el infinitivo.

[80]   ● **Estaba tan harto de todo que dejó de estudiar y se fue a trabajar al campo.**

Estas expresiones se pueden emplear en cualquier persona y en cualquier tiempo.

Parar de + *infinitivo* es de un registro más informal / familiar que **dejar de** + *infinitivo*.

Dejar de + *infinitivo* y **parar de** + *infinitivo* se acercan mucho a **ya no** + *verbo conjugado*, construcción que también expresa la interrupción de algo: [81a] es más o menos equivalente de [81b]:

      [81a]   ● **Ha dejado de estudiar.**

      [81b]   ● **Ya no estudia.**

Sin embargo, **ya no** + *verbo conjugado* no se refiere a la interrupción en sí, sino a la situación posterior: es una constatación / información sobre dicha situación. **Dejar de** + *infinitivo*, por el contrario, se define sólo con respecto a sí mismo, ya que habla del hecho en sí.

Se emplea **no dejar de** + *infinitivo* para referirse a la no omisión, por parte del sujeto gramatical, de lo expresado por el infinitivo.

      [82]   ● **No he dejado de pensar en ti un solo segundo.**

En futuro y subjuntivo, sin embargo, **no dejar de** + *infinitivo* adquiere matices peculiares. Las frases:

      [83a]   ● **Si vas a Madrid, no dejes de visitar el museo del Prado.**

y

      [84a]   ● **No dejaré de llamarte en cuanto llegue.**

significan más o menos:

      [83b]   ● **Si vas a Madrid, visita absolutamente el Museo del Prado.**

      [84b]   ● **Te llamaré seguro cuando llegue.**

Estos usos (en futuro o subjuntivo) de **no dejar de** + *infinitivo* son característicos de la expresión de consejos, o de los contextos en los que se informa sobre intenciones futuras.

 16.

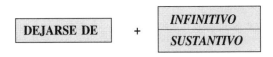

Esta perífrasis es una variante de la anterior y se emplea sólo en formas con las que el hablante expresa su deseo de que el sujeto gramatical interrumpa lo expresado por el infinitivo o interrumpa / abandone lo expresado por el sustantivo. La diferencia respecto de la anterior es que con ésta el enunciador participa más en lo que dice. Además, aquélla puede servir para informar de manera más o menos neutral. Con ésta, el hablante sólo puede expresar un deseo: en efecto se emplea en imperativo, o en otros tiempos sólo en contextos en los que se trate de la expresión de una exhortación por parte del hablante (por ejemplo después de un verbo subordinante):

[85] ● **Déjate ya de bromas, por favor.**

[86] ● **Me tenía exasperado... Le supliqué que se dejara de molestar, pero él, ni caso.**

Se emplea esta perífrasis sólo con verbos o sustantivos que en el contexto se refieran a algo que molesta e irrita al hablante. Para hablar de cosas más "neutrales", o de manera más formal se empleará la perífrasis anterior.

17.   ACABAR DE + *INFINITIVO*

17.1. SIGNIFICACIÓN

Además de sus empleos para referirse al hecho de terminar de hacer algo, se emplea **acabar de + *infinitivo*** de manera figurada, como perífrasis verbal, para decir que lo expresado por el infinitivo es inmediatamente anterior al momento considerado (en el que estamos hablando, o del que estamos hablando) y al empleo del tiempo considerado. En este sentido, **acabar de + *infinitivo*** se acerca bastante a los tiempos compuestos. **Acabar de + *infinitivo*** añade a los tiempos compuestos el matiz de inmediatez: se trata de algo sucedido justo antes:

[87] ● **¡Qué cara tienes! ¿Qué te pasa?**
○ **Nada, que acabo de ver a mi marido con otra mujer.**

17.2. CON MÁS DETALLE

Acabar de + *infinitivo* no se emplea en todos los tiempos porque habla de la situación posterior a un hecho y no del hecho mismo.

Su empleo en los tiempos virtuales (futuro y condicional) usados como formas de predicción es difícil: cuando hace predicciones, generalmente el hablante se limita a presentar una cosa como anterior a otra, pero rara vez añade el matiz de algo sucedido justo antes, debido, quizá, al carácter no vivido de las predicciones. Cuando se emplea con los tiempos virtuales usados como formas de predicción, **acabar de + *infinitivo*** no se interpreta como perífrasis de la anterioridad inmediata, sino como verbo sinónimo de terminar.

En los casos en los que los tiempos virtuales sirven al hablante para expresar lo que le parece probable, sí se emplea **acabar de + *infinitivo***.

En pretérito indefinido, **acabar de** + *infinitivo* pierde el sentido de perífrasis de la anterioridad inmediata, y vuelve a su sentido normal: "terminar". Esto se debe al hecho de que el pretérito indefinido no habla de situaciones, sino que tan sólo cuenta cosas en sí, mientras que **acabar de** + *infinitivo* se utiliza para hablar de cierta situación inmediatamente posterior a un hecho, en la que se halla el sujeto gramatical.

Acabar de + *infinitivo* no se emplea en imperativo. En sus usos con este tiempo el verbo **acabar** recobra inmediatamente su sentido de verbo sinónimo de **terminar**, debido a que esta perífrasis es una forma para informar sobre cosas sucedidas al sujeto justo antes de la situación de la que se está hablando o en la que se está hablando, pero se refiere, esencialmente, a la situación misma: parece casi imposible imponer nada a una situación, sobre todo cuando se trata de predicados que se refieren a cosas sucedidas previamente.

18.

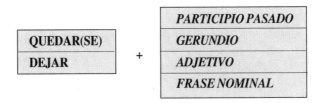

18.1. SIGNIFICACIÓN

Con esta perífrasis, se presenta la situación de la que se está hablando como consecuencia de una situación o de un acontecimiento anterior o posterior a él, y se añade, además, que el sujeto —en el caso de **quedar(se)**— y el complemento directo —en el de **dejar**— están en relación con el acto o proceso expresado por el gerundio, o con el estado o actitud expresado por el participio pasado:

[88] ● Bueno, ¿a qué hora acabasteis anoche?
      ○ Tardísimo... Después de las dos. Es que, cuando ya se habían ido todos, nos quedamos un grupito charlando un rato.
      ● Me imagino que la casa quedaría hecha un desastre con toda esa gente...
      ○ No, no... Tampoco estaba tan mal...

[89] ● Pintan rápido y muy bien... Pero lo que es la casa, te la dejan asquerosa.

[90] ● Después de esos ruidos, nos quedamos asustadísimos y no nos lográbamos dormir.

[91] ● ...
      ○ Me dejas atónito. Nunca me lo habría podido imaginar.

[92] ● Niños, ya está bien. Y tú, Pablo, ya te he dicho que no quiero que hagáis esos juegos que luego le haces daño y lo dejas llorando.

[93]   ●   ¿Y Juanito?
        ○   Está enfermo, el pobre, y se ha quedado viendo la tele.

18.2. CON MÁS DETALLE

18.2.1. En realidad, en estas construcciones, **quedar(se)** y **dejar** funcionan como en todos sus usos. El participio pasado, el adjetivo, la frase nominal o el gerundio hablan del sujeto —con **quedar(se)**— o del complemento directo —con **dejar**— en la situación que se ha creado como consecuencia, o después de otra situación o de un acontecimiento.

18.2.2. Frecuentemente hay en la frase un complemento de lugar:

[94a]   ●   ¿Y Juanito?
       ○   Está enfermo, el pobre, y se ha quedado en casa viendo la tele.

18.2.3. Además, con **quedar(se)** / **dejar** + *gerundio* hay, a veces, adjetivos, como en [94b]:

[94b]   ●   ¿Y Juanito?
       ○   Está enfermo, el pobre, y se ha quedado solo, viendo la tele.

18.2.4. Con **dejar** es obligatorio, en estas construcciones, expresar el complemento directo.

18.2.5. En algunos casos, el empleo de **quedar(se)** + *participio pasado / adjetivo* da un matiz de transformación o proceso rápido que vive el sujeto gramatical:

[95]   "Te has quedado negra, negra, negra, te has quedado negra, como el carbón." (canción)

[96]   ●   ¿Te apetece una copa de vino?
      ○   Es que estoy tan cansado, que si me bebo una copa de vino me quedo dormido.

Se encuentra este mismo matiz en la expresión **quedarse de piedra**: *"quedarse tan sorprendido que no se logra expresar ningún tipo de reacción"*.

Se emplea a menudo la expresión **quedarle a uno algo bien / mal / estupendo / regular / maravilloso / fatal**, etc. para hablar del resultado final de algo que uno hace o de cómo le queda una prenda de ropa:

[97]   ●   ¿Has probado la tarta? Me ha quedado estupenda.

[98]   ●   Se ha puesto una falda que le queda fatal.

En realidad, en estos empleos, como en todos los demás, este matiz se debe a que se presenta la nueva situación o el nuevo estado del sujeto gramatical como consecuencia de algo que sucede antes. Aun cuando se emplea **quedarse dormido** solo, sin que se exprese antes ningún motivo (como el vaso de vino en este caso), se está hablando de un nuevo estado posterior a otro.

18.3. CONTRASTE QUEDAR(SE) / DEJAR

Además del hecho de que **quedar(se)** es intransitivo (no se puede **quedar** a alguien o algo) y **dejar** es transitivo, cabe constatar que la oposición **quedar(se)** / **dejar** es paralela a la oposición activo / pasivo. Igual que se emplea la voz pasiva para dar la vuelta a la frase para poder hablar de cosas que ya están contextualizadas o que interesan más, e introducir el sujeto conceptual del proceso (lo que la gramática tradicional llama sujeto-actor) como un elemento nuevo, o, en algunos casos, para omitirlo porque no interesa en ese momento, se emplea **quedar(se)** cuando no se quiere hablar del elemento que provoca la nueva situación, sino tan sólo del sujeto que la vive, mientras que con **dejar** se está hablando del sujeto que provoca la situación:

> [99]   ● **La reunión me ha dejado agotado.**

> [100]   ● **(Me) he quedado agotado después de la reunión.**

Naturalmente, el complemento directo también podrá estar más o menos contextualizado: esto se señalará con la entonación y con el empleo de pronombres.

➲   La pasiva

18.4. CONTRASTE QUEDAR / QUEDARSE

Igual que con **quedarse**, con **quedar** se habla del sujeto que vive lo expresado por el gerundio o el participio pasado, pero se tiende a referirlo todo a la situación de la que está hablando: lo que se dice interesa más en relación con dicha situación:

> [101]   ● **Se armó un alboroto terrible, salieron todos corriendo y al final la puerta quedó abierta.**

Con **quedarse**, por el contrario, se subraya más que se está hablando del sujeto —y sólo indirectamente de la situación. Además, con **quedar** se presenta más al sujeto como víctima o paciente: no cabe en **quedar** ningún matiz de voluntariedad del sujeto gramatical.

Esto no significa, sin embargo, que con **quedarse** haya siempre voluntad del sujeto gramatical; simplemente, puede haberla:

19.

QUEDAR EN	+	QUE	+	INFINITIVO
				PRESENTE
				FUTURO
				CONDICIONAL
				SUBJUNTIVO

Se emplea frecuentemente esta expresión con el sentido de *ponerse de acuerdo*:

> [102] ● **¿Por qué no quedamos en vernos mañana a esta misma hora?**

> [103] ● **Bueno, y ¿en qué habéis quedado?**
> ○ **En que la llamarías tú esta noche.**

El uso de esta perífrasis es frecuente al hablar de concretar citas.

El objeto del acuerdo es que el sujeto del verbo que sigue a **quedar en** haga lo expresado por dicho verbo. Hay que recordar a este respecto que el infinitivo tiene el mismo sujeto que el verbo del que depende: en esta construcción, pues, se empleará el infinitivo sólo si el segundo verbo se refiere al mismo sujeto que **quedar**. Cuando el sujeto es distinto, habrá que emplear una forma conjugada del verbo introducida por **que**.

20.

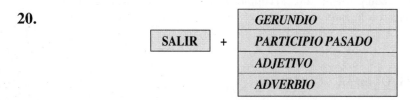

Se emplea esta perífrasis para decir que, como resultado de un acontecimiento o un proceso, el sujeto gramatical es / está en relación con lo expresado por el gerundio, o como lo expresan el participio pasado o el adjetivo o el adverbio:

> [104] ● **Con todas estas discusiones saldremos perdiendo todos: lo mejor será encontrar un acuerdo.**

Como **quedarle a uno algo bien / mal /** etc., se emplea **salirle a uno algo bien / mal / regular /** etc. (adjetivo, adverbio o participio pasado) para hablar del resultado de algo que hace el sujeto:

> [105] ● **¿Qué tal las fotos?**
> ○ **No estoy muy contento: me han salido un poco oscuras.**

21.

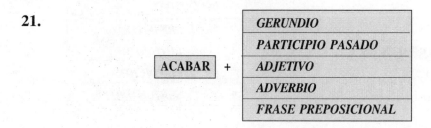

Con esta expresión, el enunciador habla de cómo termina una cosa (gerundio / adverbio) o del resultado de un proceso o de un acontecimiento (participio pasado / adjetivo):

[106] ● **Hubo muchos problemas pero todo acabó bien.**

[107] ● **Si sigues así, acabarás sin dinero.**

[108] ● **Ya veo yo que acabarán echándote: no puedes seguir llegando tan tarde.**

Se puede emplear esta expresión en cualquier tiempo.

22.

⮑ Los tiempos compuestos: el pasado en los distintos tiempos

23.

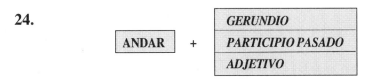

Con **volver a + *infinitivo***, el enunciador se refiere a la repetición de lo expresado por el infinitivo:

[109] ● **Desde que dejó de estudiar, no ha vuelto a abrir un libro.**

Volver a + *infinitivo* significa más o menos lo mismo que el ***verbo conjugado*** + **otra vez**, o que el prefijo **re—** unido a un infinitivo. Sin embargo, cabe señalar que dicho prefijo es menos productivo en español que en otros idiomas (como el francés o el italiano, por ejemplo); y se aconseja, por lo tanto, al estudiante extranjero que emplee **volver a + *infinitivo*** u **otra vez / de nuevo** con el ***verbo conjugado*** en todos los casos en los que no se tenga la seguridad de que la forma del verbo con el prefijo **re—** existe y se emplea corrientemente.

24.

GERUNDIO
PARTICIPIO PASADO
ADJETIVO

ANDAR +

24.1. SIGNIFICACIÓN

En esta perífrasis, el verbo **andar** deja de referirse tan sólo a algo físico y pasa a significar algo más amplio: el hecho de que en el espacio o en el tiempo el sujeto haga lo expresado por el gerundio, o esté como lo expresa el participio pasado o el adjetivo. Los efectos expresivos, aquí también, pueden abarcar distintos matices, siendo el principal una idea de repetición o persistencia:

[110] ● **Es un tío raro que desde hace años anda explicando extrañas teorías.**

[111] ● **¿Has visto a Francisco?**
○ **No, ¿por qué?**
● **Es que hace unos días que anda raro, y no entiendo por qué.**

En esta perífrasis, el participio pasado funciona como adjetivo que se refiere al sujeto gramatical de **andar** y, por lo tanto, concuerda con él en género y número.

24.2. CON MÁS DETALLE

24.2.1. La idea de continuidad, persistencia, o repetición depende mucho del contexto: palabras o expresiones como **siempre, desde hace años, todo el día**, etc. contribuyen a dar estos matices.

24.2.2. En la mayoría de los casos, estas construcciones expresan a la vez una idea de movimientos físicos (a distintos sitios, sin especificarlo) y de repetición o duración en el tiempo: se trata en el fondo de empleos metafóricos de **andar**.

24.2.3. A veces se emplea

con una idea muy próxima a la expresada por la perífrasis que comentamos:

[112] ● **Hace ya varios días que andas por ahí buscando zapatos: no me puedo creer que no los encuentres del color que tú quieres.**

En los casos en los que hay un gerundio, un participio pasado o un adjetivo expresados, también pueden ir antes del complemento de lugar.

24.2.4. La pregunta:

¿Dónde has andado? / ¿Por dónde andabas?

casi sinónima de:

¿Dónde has estado / estabas?

aunque con ella el hablante participa más en lo que dice, es menos objetivo y frío. Estos empleos se parecen mucho a los usos de **andar** en esta perífrasis y, en cierto sentido, se basan en ella, ya que con frecuencia en la respuesta se da la perífrasis completa (ejemplo [113]) o se contesta con la forma que falta, sin repetir **andar** porque ya está contextualizado (ejemplo [114]):

[113]　● ¿Dónde andabas?
　　　 ○ Nada, andaba buscando libros de pájaros, pero no he encontrado ninguno.

[114]　● Te he buscado toda la mañana. ¿Por dónde has andado?
　　　 ○ Mirando escaparates.

24.2.5. Como en la mayoría de los casos en los que se emplean perífrasis, el enunciador presenta las cosas de manera bastante subjetiva, como las ve él: la perífrasis es un elemento que le sirve para expresar una visión propia de las cosas.

EL SUSTANTIVO: INTRODUCCIÓN

Se llaman sustantivos aquellas palabras que sirven para nombrar seres, objetos o entidades concretas o abstractas.

En español, como en la mayoría de los idiomas, los sustantivos se clasifican según una serie de fenómenos y características que afectan directamente a su comportamiento morfosintáctico y semántico en los distintos contextos de uso: género, terminaciones, número, *contable - no contable*.

Los fenómenos relacionados con género y número influyen sobre la concordancia del sustantivo con otros elementos que funcionan con él de manera más o menos inmediata: artículos, demostrativos, posesivos, adjetivos, verbos, etc.

➲ El plural del sustantivo y del adjetivo

➲ El adjetivo

➲ Los determinantes del sustantivo

En español, al contrario de lo que sucede en algunos idiomas en los que los sustantivos son invariables y permanecen por lo tanto siempre idénticos, la mayoría de los sustantivos sufren pequeñas variaciones al pasar del singular al plural. Algunos tienen, además, una forma de masculino y otra de femenino, aunque la mayoría de los sustantivos tienen un solo género, fijo.

➲ El plural del adjetivo y del sustantivo

➲ El género del sustantivo

En español no existe una declinación del sustantivo con distintos casos. El español compensa por medio de las preposiciones parte de las posibilidades expresivas que derivan, en otras lenguas, de la existencia de la declinación.

➲ Las preposiciones

EL GÉNERO DEL SUSTANTIVO

Todos los sustantivos en español tienen un género, que puede ser masculino o femenino. No existen, en español, sustantivos de género neutro.

Es importante saber a qué género pertenece cada sustantivo, ya que la forma de una serie de palabras que acompañan al sustantivo variará según el género al que pertenezca.

Exceptuando aquellos sustantivos que nombran entidades sexuadas, que pertenecen al género de la entidad que nombran, el género de los sustantivos en español es arbitrario, como en todos los idiomas que tienen distinción de género. Convendrá, por lo tanto, que el estudiante extranjero lo vaya aprendiendo junto con los sustantivos mismos, a medida que los vaya encontrando. Para recordar con más facilidad el género de los sustantivos, es importante prestar atención a las terminaciones.

Se puede tratar de clasificar los sustantivos por géneros atendiendo al significado (su referente en el mundo extralingüístico, más allá de la lengua), o a las terminaciones. Ninguna de estas dos clasificaciones es absoluta y ambas presentan numerosas excepciones. Las damos a continuación, simplificándolas sensiblemente, tan sólo como indicación general.

1. CLASIFICACIÓN DE LAS PALABRAS SEGÚN EL SENTIDO

1.1. SON DE GÉNERO MASCULINO:

1.1.1. **las palabras que nombran seres de sexo masculino** o están empleadas en el contexto para referirse a seres de sexo masculino; por ejemplo:

el cura, el padre, el hombre, el policía, el guía

1.1.2. **los nombres de los días de la semana y de los meses del año,** como por ejemplo:

> **el lunes, el sábado, el domingo, enero, agosto**

> [1]   ● **Enero este año ha sido más frío de lo habitual.**

1.1.3. **la mayoría de los nombres de ríos, mares, océanos y lagos,** como por ejemplo:

> **el Tíber, el Guadalquivir, el Sena, el Volga, el Mediterráneo, el Atlántico, el Pacífico, el Mar Rojo, el Mar Muerto, el (lago) Enol, el (lago de) Garda**

1.1.4. **la gran mayoría de los nombres de sistemas montañosos, montes,** etc, salvo aquéllos que se enuncian incluyendo las palabras **cordillera** o **sierra**:

> **el Aconcagua, los Alpes, los Pirineos, los Andes**

1.1.5. **muchos nombres de profesiones** tradicionalmente ejercidas, en nuestra cultura, por hombres, suelen ser empleados en masculino, aun cuando se refieren a mujeres, como por ejemplo:

> **el médico, el arquitecto, el ministro, el abogado, el ingeniero, el juez**

Sin embargo, se oyen cada vez más frecuentemente empleos de dichas palabras en femenino:

> **la médico, la arquitecto, la juez**

Además, se están extendiendo formas nuevas, como por ejemplo:

> **la jefa, la presidenta, la ministra**

1.1.6. **la mayoría de los nombres de árboles,** especialmente, de árboles frutales:

> **el manzano, el naranjo, el limonero, el cerezo, el melocotonero, el níspero, el pino, el álamo, el chopo, el baobab**

1.2. SON DE GÉNERO FEMENINO:

1.2.1. **las palabras que nombran seres de sexo femenino** o están empleadas en el contexto para referirse a seres de sexo femenino, excepto —como ya se ha señalado— algunos nombres de profesiones tradicionalmente ejercidas por hombres:

> **la mujer, la madre, la monja, la guía, la profesora**

➲ 1.1.5.

1.2.2. **los nombres de las letras del alfabeto:**

> **la a, la ene, la efe**

1.2.3. **un número importante** (más de la mitad) **de nombres de frutas, verduras y hortalizas:**

> **la cereza, la ciruela, la frambuesa, la mora, la fresa, la cebolla, la lechuga, la col, la coliflor, las espinacas, las acelgas**

Excepciones:

> **el plátano, el melón, el albaricoque, el melocotón, el limón, el pomelo, el níspero, el ajo, el apio, el tomate, el calabacín, el guisante**

1.3. PALABRAS QUE PUEDEN SER DE AMBOS GÉNEROS

Hay un grupo de palabras que pueden ser tanto de género masculino como femenino, que cambian de sentido según sean masculinas o femeninas. Damos a continuación y sólo a modo de ejemplo algunas de ellas, escogidas por su frecuencia:

la cura	(= sustantivo del verbo curar)
el cura	(= sacerdote)
la policía	(= todo el cuerpo, la institución, o mujer que trabaja en él)
el policía	(= hombre que trabaja en el cuerpo de policía)
la guía	(= mujer que trabaja como guía, o libro)
el guía	(= hombre que trabaja como guía)
la vocal	(= letra, o miembro femenino de un consejo)
el vocal	(= miembro de un consejo)
la capital	(= ciudad en la que está el gobierno de un país)
el capital	(= cantidad de dinero)
la frente	(= parte de la cara)
el frente	(= zona en la que se combate en una guerra)
la cólera	(= la rabia, el enfado)
el cólera	(= la enfermedad)
la orden	(= sustantivo de ordenar, mandar; orden militar o religiosa)
el orden	(= manera de ordenar, clasificar; contrario de desorden)
la corte	(= personas próximas al rey)
el corte	(= sustantivo de cortar)
la bolsa	(= lugar donde se efectúa la compraventa de acciones; saco de papel o de plástico, o pequeña maleta de viaje)
el bolso	(= bolso de señora)

2. CLASIFICACIÓN DE LAS PALABRAS SEGÚN LA TERMINACIÓN

Además de la clasificación anterior y paralelamente a ella, se puede esbozar una clasificación de las palabras por género según su terminación, aunque en este caso también se trata más que nada de indicaciones generales, ya que no faltan las excepciones.

2.1. SUELEN SER DE GÉNERO MASCULINO:

2.1.1. **los sustantivos que terminan en —*o:***

   el perro, el gato, el libro, el concepto

Hay numerosas excepciones:

   la mano, la radio, la foto, la modelo, la moto, la dinamo, la libido

2.1.2. **los sustantivos que terminan en —*or:***

   el honor, el dolor, el amor, el color, el humor, el sabor, el favor, el terror, el sudor, el calor, el valor

Excepciones:

   la flor, la labor

2.1.3. **la mayoría de los sustantivos que terminan en —*aje:***

   el traje, el garaje, el viaje

Son masculinos también los sustantivos compuestos con el sufijo —**aje**:

   el libertinaje, el peritaje, el arbitraje

2.2. SUELEN SER DE GÉNERO FEMENINO:

2.2.1. **los sustantivos que terminan en —*a:***

   la casa, la mesa, la planta, la estrella, la silla

Hay, sin embargo, numerosas excepciones:

Todas las palabras que se refieren a un ser de sexo masculino, o empleadas en relación con un ser de sexo masculino, aunque en otros contextos puedan ser empleadas en femenino en relación con seres de sexo femenino. Algunas de ellas son de origen griego:

el artista, el economista, el belga, el taxista, el idiota

➲ 1.1

Destacan, entre éstas, las palabras que terminan con el sufijo —**ista**, que significa *que practica o tiene una afición por...*

➲ El adjetivo

Tampoco siguen esta regla una serie de otras palabras de origen griego, que se refieren a seres inanimados:

el teorema, el problema, el esteta, el planeta

2.2.2. **los sustantivos que terminan en —*dad* y en —*tad*:**

la felicidad, la dificultad, la amistad, la publicidad

2.2.3. **los sustantivos que terminan en —*ción*, —*sión* o —*zón*:**

la canción	la comprensión	la razón
la acción	la dimensión	la desazón
la negación	la corrupción	la quemazón

Hay excepciones, como:

el corazón, el caparazón, el buzón, el pezón, el calzón

2.2.4. **los sustantivos que terminan en —*ez*,** muchos de los cuales son el sustantivo derivado de un adjetivo (nombre de la cualidad):

la niñez, la madurez, la vejez, la estupidez

2.2.5. **las palabras que terminan en —*tud* y en —*dumbre*:**

la exclavitud, la multitud, la juventud, la muchedumbre, la mansedumbre

➲ Formación del femenino

3. CAMBIO DE GÉNERO

Hay palabras que designan seres sexuados y tienen una forma masculina para referirse a los de sexo masculino y otra femenina para referirse a los de sexo femenino. Además hay palabras que pueden cambiar de género con un ligero cambio de sentido.

3.1. PALABRAS QUE SE REFIEREN A SERES SEXUADOS

3.1.1. Algunos de los sustantivos que nombran seres sexuados tienen una forma de masculino y otra de femenino. **Generalmente, el femenino se obtiene a partir del masculino:**

3.1.1.1. sustituyendo la —*o* final del masculino por una —*a*, o añadiendo una —*a* a las palabras masculinas que terminan en consonante:

el perro	→	la perra
el chico	→	la chica
el chaval	→	la chavala
el lector	→	la lectora

En español, a diferencia de lo que ocurre en otras lenguas románicas, son frecuentes los femeninos de los sustantivos que terminan en **—or** formados añadiendo una **—a** a esta terminación:

el doctor	→	la doctora
el escritor	→	la escritora
el lector	→	la lectora
el pintor	→	la pintora
el asesor	→	la asesora

3.1.1.2. **mediante el uso de los sufijos —*esa*, —*isa*, —*triz*:**

el actor	→	la actriz
el alcalde	→	la alcaldesa
el emperador	→	la emperatriz
el príncipe	→	la princesa
el poeta	→	la poetisa

3.1.2. **Muchas palabras pueden ser empleadas en ambos géneros,** y pueden designar seres de uno u otro sexo:

3.1.2.1. **la mayoría de los sustantivos en *-nte* (no todos), y todos los sustantivos en *-ista*:**

el estudiante	→	la estudiante
el cantante	→	la cantante
el cliente	→	la cliente
el paciente	→	la paciente
el periodista	→	la periodista
el analista	→	la analista

3.1.3. **Algunos sustantivos que nombran seres sexuados no tienen más que una única forma.**

Para referirse a cada sexo se emplea una palabra distinta. He aquí los principales:

el hombre	→	la mujer
el rey	→	la reina
el padre	→	la madre
el yerno	→	la nuera
el padrino	→	la madrina
el macho	→	la hembra
el caballo	→	la yegua
el potro	→	la jaca
el toro	→	la vaca
el gallo	→	la gallina
el chivo	→	la cabra
el carnero	→	la oveja

3.1.4. **Hay sustantivos que nombran seres sexuados cuyo género es no marcado.** Para especificar el sexo se utilizan, en estos casos, las palabras **macho** y **hembra** tras la forma única en masculino:

el elefante	→	no especifica el sexo
el elefante macho	→	sexo masculino
el elefante hembra	→	sexo femenino

3.2. DIFERENCIAS DE MATIZ SEGÚN EL GÉNERO DE ALGUNOS SUSTANTIVOS QUE SE REFIEREN A SERES ASEXUADOS

3.2.1. El sustantivo **mar,** normalmente masculino, se halla a menudo empleado en femenino en textos literarios, o por la gente que vive o trabaja en el mar. El femenino parece cobrar un valor más afectivo o literario.

3.2.2. **Algunos sustantivos tienen un género incierto:**

el calor	(registro actual)
la calor	(registro popular o arcaico)
el color	(registro más formal y actual)
la color	(más popular o arcaico)

4. CON MÁS DETALLE

Es importante tomar conciencia de que el género de los sustantivos está tan sólo parcialmente relacionado con el concepto de sexo, ya que la gran mayoría de las cosas o entidades que nombramos mediante sustantivos no tiene ningún sexo. Esto se hace aun más evidente si se considera que con frecuencia los sustantivos que nombran una misma entidad en dos lenguas distintas son de género distinto, y que hay lenguas en las que los sustantivos no tienen género (como, por ejemplo, en inglés), o tienen tres géneros en lugar de dos (en alemán, en ruso).

5. CONCORDANCIA EN GÉNERO EN LA COORDINACIÓN DE DOS O MÁS ELEMENTOS

Cuando se coordinan dos o más elementos nominales de géneros distintos, los adjetivos, los pronombres y todos los demás elementos que concuerdan en género y que se refieran a ambos se ponen en la forma de masculino plural, porque en español el masculino es el género no marcado:

[2]   ● ¿Has visto a Luis y Margarita?
      ○ No, pero los veré esta noche.

[3]   ● Tienen un jardín precioso, con unas plantas y unos árboles muy bonitos.

Sin embargo en estos casos, especialmente con los adjetivos, se intenta evitar el contacto directo entre un sustantivo de género femenino y el otro elemento lingüístico referido a él en masculino; para evitarlo, se pone el o los elementos de género masculino al final de la enumeración, justo al lado del adjetivo, como en el ejemplo [3]. En [3b] se constata que sonaría muy extraño:

[3b] ● Tienen un jardín precioso, con unos árboles y unas plantas muy bonitos.

A veces, para evitar el chocante acercamiento, se hace concordar el adjetivo sólo con el último elemento del grupo, como en [3c]:

[3c] ● Tienen un jardín precioso, con unos árboles y unas plantas muy bonitas.

EL ADJETIVO

El adjetivo calificativo habla de cualidades o características del sustantivo.

1. En español, el adjetivo concuerda en género y número con el sustantivo, es decir que adopta el mismo género y número que el sustantivo:

el coche roj**o**	—	la maleta roj**a**
el libro español	—	los libros español**es**
la chica moren**a**	—	las chicas moren**as**

➲ El género del sustantivo: concordancia

2. FORMACIÓN DEL FEMENINO DE LOS ADJETIVOS

El femenino de los adjetivos se obtiene a partir de la forma masculina, añadiendo una —**a** o sustituyendo parcialmente la terminación.

2.1. REGLAS PARA LA FORMACIÓN DEL FEMENINO DE LOS ADJETIVOS

El femenino de los adjetivos se obtiene:

2.1.1. si el adjetivo termina en —**o**, sustituyendo la —**o** por una —**a**:

hermos**o**	→	hermos**a**
colombian**o**	→	colombian**a**
larg**o**	→	larg**a**

Excepciones:

Los adjetivos formados con el sufijo —**ícola** (cultismos) tienen una forma única para ambos géneros. Se trata de adjetivos de uso poco común:

agrícola, avícola, hortícola, cavernícola

También tienen una forma única para el masculino y el femenino todos los adjetivos formados a partir de un sustantivo al que se añade el sufijo —**ista** (que significa *que practica o tiene una afición por lo expresado por el sustantivo al que se añade el sufijo*). Suele tratarse de filiaciones ideológicas, religiosas o profesionales:

deportista, artista, pacifista, elitista, colonialista, imperialista, progresista, socialista, comunista, antifascista, populista

La mayoría de estos adjetivos se usan también con mucha frecuencia como sustantivos.

2.1.2. añadiendo una —**a** a los adjetivos que terminan en —**án**, —**ón**, **ín** (desaparece entonces el acento ortográfico):

harag**án**	→	harag**ana**
grit**ón**	→	grit**ona**
parlanch**ín**	→	parlanch**ina**

2.1.3. añadiendo una —**a** a los adjetivos que terminan en —**or**, derivados de un verbo mediante uno de los sufijos que significan *que hace lo señalado por el verbo*: —**dor**, —**tor**, etc.

comed**or**	→	comed**ora**
hablad**or**	→	hablad**ora**
trabajad**or**	→	trabajad**ora**
protect**or**	→	protect**ora**

El más frecuente es, con mucho, el sufijo —**dor**.

2.1.4. a todos los adjetivos que denotan nacionalidad o procedencia (regional, gentilicios, clase social, etc.) y que, además, terminan en consonante se les añade una —**a**:

cordobés	→	cordobes**a**
andaluz	→	andaluz**a**
burgués	→	burgues**a**
inglés	→	ingles**a**
francés	→	frances**a**
español	→	español**a**

2.1.5. en la mayoría de los casos, **los demás adjetivos tienen una forma única** para el masculino y el femenino:

un hombre **feliz**	→	una mujer **feliz**
un señor **descortés**	→	una señora **descortés**
un coche **verde**	→	una pared **verde**
un chico **ágil**	→	una chica **ágil**
el cielo **azul**	→	la chaqueta **azul**
un hombre **joven**	→	una mujer **joven**
un estudiante **belga**	→	una estudiante **belga**
un profesor **marroquí**	→	una profesora **marroquí**
un chico **indú**	→	una chica **indú**

3. FORMACIÓN DEL PLURAL DE LOS ADJETIVOS

El plural de los adjetivos en español se forma igual que el plural de los sustantivos.

⊃ El plural del adjetivo y del sustantivo

4. POSICIÓN DEL ADJETIVO

El adjetivo puede ir junto al sustantivo al que se refiere o, en función de predicado, introducido por un verbo:

[1] ● **Se acaba de comprar una casa preciosa junto al mar.**

[2] ● **¿Has leído la última novela de Vargas Llosas?**

[3] ● **¿Qué te parece?**
○ **Es precioso.**

[4] ● **¿La conoces? Es simpatiquísima.**

4.1. Cuando el adjetivo va junto al sustantivo puede ir inmediatamente antes o inmediatamente después, con matices expresivos ligeramente distintos.

4.1.1. Cuando va después del sustantivo, el adjetivo constituye generalmente una información nueva con respecto al sustantivo. Esto hace que en esta posición tenga un relieve mayor:

[5] ● **Acabo de leer una novela muy interesante.**

[6] ● **Vive en una casa modernísima.**

4.1.2. Por el contrario, cuando va antes del sustantivo el adjetivo ya no es nuevo con respecto al sustantivo, y juntos forman un bloque. Se presupone la relación adjetivo - sustantivo:

[7] ● **¿Estáis ya en la nueva casa o todavía no os habéis mudado?**

En [7] el hablante usa el adjetivo **nueva** antes del sustantivo **casa** porque ya sabe que su interlocutor tiene *una casa nueva*, es decir que *se va a mudar de casa.* Al contrario, en [5] y en [6] **muy interesante** y **modernísima** son informaciones nuevas que da el hablante a su interlocutor[1].

Cuando el adjetivo va después del sustantivo, generalmente se está hablando del sustantivo y se quiere añadir un elemento nuevo, de especificación. Por eso resulta prácticamente imposible, por ejemplo, hablar de una **redonda mesa**: lo normal es que se esté hablando de **mesas**, y que el elemento **redonda** venga a ser una caracterización ulterior, que sirve para distinguir entre distintos tipos de **mesas**.

La mayoría de los adjetivos que podríamos llamar de *tipo* (es decir que indican a qué categoría pertenece cierto elemento: **político, estudiantil, comercial, editorial**, etc.), o *de procedencia* (es decir que indican de dónde es el elemento al que se refieren: **barcelonés, malagueño, romano, milanés, español, americano, francés**, etc.) y todos los adjetivos de nacionalidad tienden a estar en posición remática (nueva) con respecto al sustantivo (y, por tanto, van después), ya que, debido a su naturaleza misma, se emplean más a menudo para especificar. Lo mismo ocurre con los adjetivos que se refieren a la *forma,* que también suelen ir después del sustantivo, por las mismas razones.

4.1.3. CON MÁS DETALLE

Algunos adjetivos cambian ligeramente de sentido según su posición con respecto al sustantivo.

Esto depende en parte de la naturaleza de los adjetivos mismos, en parte del sentido de los sustantivos, y en parte de efectos expresivos debidos a la presuposición de información que todavía no se ha dado explícitamente.

Compárense:

[8]   ● **Los países pobres de América tienen problemas financieros.**

y

[9]   ● **Los pobres países de América tienen problemas financieros.**

En el primer caso, estamos hablando de los países de los que podemos decir que son pobres: el elemento **pobres** es remático y sirve para establecer un contraste entre países.

---

1 Con frecuencia ocurre que el enunciador se salta la etapa en que presenta la información como remática (nueva) y pasa directamente a decir otra cosa actuando, con datos que para él son un presupuesto, un elemento ya adquirido en el contexto.

En el segundo, ya están integrados el adjetivo y el sustantivo en un bloque. Como no se estaba hablando previamente de **países** y no se añade el elemento nuevo de información **son pobres**, esta unión *adjetivo - sustantivo* por parte del enunciador es sólo suya y tiene un carácter totalmente subjetivo, en el que se hace difícil interpretar de manera objetiva el término **pobre** (= *que no tiene dinero*), y se cae en la interpretación emotiva (= *que da pena, que provoca buenos sentimientos*, etc.).

4.1.4. Cuando ya sabemos de qué sustantivo estamos hablando, desaparece el sustantivo y se mantiene simplemente el determinante seguido del adjetivo:

[10]   ● **¿Cuál prefieres?**
      ○ **La verde.**

[11]   ● **El que vi yo la otra vez no era éste sino uno amarillo, muy grande.**

4.2. Cuando el adjetivo va introducido por un verbo suele, constituir una información nueva con respecto al sustantivo:

[12]   ● **¿Qué te parece?**
      ○ **Es precioso.**

[13]   ● **¿La conoces? Es simpatiquísima.**

5.

A veces, para referirse a una persona u objeto poniendo en primer plano una característica presupuesta se usa la construcción:

> *determinante + adjetivo/sustantivo + **de** + sustantivo/nombre*

[14]   ● **Nos dieron una porquería de cena y nos costó carísimo. Total que fue un desastre.**

[15]   ● **... ¡Y entonces, a ese imbécil de tu hermano no se le ha ocurrido nada mejor que ir a contárselo todo!**

[16]   ● **Si no hubiera estado la buena de mi madre no sé yo qué habríamos hecho.**

En la mayoría de los usos de esta construcción, los adjetivos o sustantivos empleados se refieren a características que suelen considerarse negativas, o, en todo caso, usadas en sentido negativo.

Esta construcción sólo funciona con sustantivos que se refieren a cualidades:

maravilla, birria, horror, preciosidad, etc.

6. EL APÓCOPE

Hay un pequeño grupo de adjetivos que pierden la última sílaba cuando se encuentran inmediatamente delante de algunos sustantivos.

6.1. Los adjetivos calificativos **bueno**, **malo**, **santo** y los ordinales **primero** y **tercero** pierden la —o final y se transforman en **buen**, **mal**, **san**, **primer** y **tercer** respectivamente:

> [17]   ● Estoy pasando un mal momento.

> [18]   ● El primer día dieron una fiesta de bienvenida.

> [19]   ● Acabo de dar una vuelta por la iglesia de San Andrés. Es preciosa.

Excepciones: **Santo Tomás**, **Santo Tomé** y **Santo Domingo**.

6.2. El adjetivo **grande** se apocopa en **gran** delante de un sustantivo masculino o femenino singular:

> [20]   ● Tiene una gran capacidad para adaptarse.

6.3. El fenómeno del apócope concierne además los indefinidos **alguno**, **ninguno** y **cualquiera**.

⊃ Individuos y cantidades

7. USOS ADVERBIALES DEL ADJETIVO

Algunas veces, se encuentran usos adverbiales de los adjetivos:

> [21]   ● Respire hondo.

> [22]   ● Me costó muy caro, pero no me arrepiento. Me gusta.

> [23]   ● Sujétalo fuerte... Así.

> [24]   ● ¿No lo puedes hacer un poco más rápido?

Damos algunos adjetivos que a menudo funcionan como adverbios. Algunos de ellos tienen usos adverbiales tan frecuentes que ya se van lexicalizando como adverbios:

> **alto, bajo, barato, caro, claro, convencido, decidido, derecho, falso, fuerte, justo, lento, recto, regular, seguro**

En español, sin embargo, estos usos son limitadísimos en comparación con otros idiomas.

8. SUSTANTIVACIÓN DE UN ADJETIVO

Además de la posibilidad de usar un determinante seguido directamente de un adjetivo para referirse a un sustantivo que ya está en el contexto, existe la posibilidad de sustantivar el adjetivo mismo, para referirse de manera abstracta a todo lo que tiene las características expresadas por el adjetivo.

Para sustantivar un adjetivo se usa el artículo neutro **lo** seguido del adjetivo en su forma no marcada (que es la forma masculina):

[25] ● **Lo interesante del caso es que ni siquiera se quejó.**

EL PLURAL DEL SUSTANTIVO Y DEL ADJETIVO

1. GENERALIDADES

1.1. INTRODUCCIÓN

En español, la mayoría de los sustantivos y de los adjetivos tienen un singular y un plural. No existen otras formas de número como en otros idiomas.

El plural se obtiene normalmente a partir de la forma singular, a la que se añaden ciertas terminaciones.

1.2. SUSTANTIVOS NO CONTABLES

Los sustantivos que nombran entidades no contables no se emplean nunca, por lo general, en plural:

la harina, el arroz, el agua

Estos sustantivos pueden emplearse en plural para referirse a distintos tipos de entidades del mismo género:

[1]　● **En Valencia hacen unos arroces buenísimos.**

[2]　● **Los vinos españoles no son todavía suficientemente conocidos.**

En estos usos, **arroz** y **vino** son tratados como sustantivos contables.

2. FORMACIÓN DEL PLURAL

2.1. CASOS GENERALES

El plural de los sustantivos y de los adjetivos se obtiene añadiendo:

2.1.1. **—s** a las palabras que terminan en **—á, —é, —ó** (tónicas) o en vocal átona:

el hombre	→	los hombres
la casa	→	las casas
el tigre	→	los tigres
el café	→	los cafés
el sofá	→	los sofás
la mamá	→	las mamás
bueno	→	buenos
interesante	→	interesantes
simpática	→	simpáticas
etc.		

2.1.2. la terminación **—es** a las palabras que acaban en consonante:

el papel	→	los papeles
la colección	→	las colecciones
la virtud	→	las virtudes
la pared	→	las paredes
el árbol	→	los árboles
etc.		

2.1.3. **—s** o **—es** a las palabras que terminan en **—í** o **—ú** (tónicas):

En estos casos, es cada vez más frecuente en el español peninsular hablado que se forme el plural añadiendo una **—s**:

el esquí	→	los esquís / esquíes
el tabú	→	los tabús / tabúes
iraní	→	iranís / iraníes

Observaciones:

1. En la formación del plural se siguen todas las reglas ortográficas menciona-das en el capítulo correspondiente para mantener los mismos sonidos consonánticos que en singular:

la idiotez   →   las idioteces
la vez   →   las veces

2. Es indispensable recordar que la **y** se considera como consonante.

➲ Reglas ortográficas y fonéticas

2.2. CASOS ESPECIALES

2.2.1. Las palabras cuya forma singular termina en **vocal átona + —s** permanecen invariables:

el martes   →   **los martes**
la crisis   →   **las crisis**

2.2.2. En las palabras compuestas varía sólo el segundo elemento:

la telaraña   →   **las telarañas**
la fotonovela   →   **las fotonovelas**
el parasol   →   **los parasoles**
agridulce   →   **agridulces**

pero:

el coche cama   →   **los coches cama**
el hombre rana   →   **los hombres rana**

2.2.3. En las palabras compuestas, los elementos verbales o de origen verbal no cambian:

cualquiera   →   **cualesquiera**
quienquiera   →   **quienesquiera**

En la lengua hablada se observa una fuerte tendencia a rechazar estos plurales, y se prefiere usar el singular, recurriendo a veces a un rodeo.

2.2.4. Las palabras compuestas en las que el segundo elemento ya está en plural no cambian. En la mayoría de estos casos se trata de palabras cuyo primer elemento no puede cambiar (debido a lo dicho en 2.2.3.) por ser un verbo:

el paraguas   →   **los paraguas**
el cumpleaños   →   **los cumpleaños**
el cuentagotas   →   **los cuentagotas**
el pararrayos   →   **los pararrayos**

➲ 2.2.3.

2.2.5. Las palabras **régimen** y **carácter** presentan un desplazamiento del acento tónico en su forma plural, con las consecuencias evidentes que comporta para la escritura:

el régimen → **los regímenes**
el carácter → **los caracteres**

2.2.6. El plural en las siglas se transcribe reduplicando las iniciales de las palabras que están en plural:

Estados Unidos → **EE.UU.**
Comisiones Obreras → **CC.OO.**

2.2.7. A diferencia de lo que sucede en otros idiomas, no hay en español casos de palabras totalmente distintas en singular y en plural.

3. USOS

3.1. GENERALIDADES

3.1.1. Se usa el plural para referirse a más de un individuo:

un libro — **dos libros**
una carta — **unas cartas**

3.1.2. En español, existe una serie de sustantivos que sólo se emplean en plural:

las gafas, los pantalones, las tijeras, los alicates, los modales, los alrededores, etc.

3.1.2.1.Por otro lado, algunas plabras sólo se emplean en singular —o tienen sentidos distintos según estén en singular o en plural.

Ocurre también, con más frecuencia, que el plural de un sustantivo adquiere, además de su sentido de plural, otro sentido (en la mayoría de los casos, sólo ligeramente) distinto:

◆ las razones:

a.   plural de **razón** (motivo):

[3]   ● **Todavía no he entendido las razones por las que ha actuado así.**

b.   (palabras, cosas dichas):

[4]   ● **Ante estas razones, ya no dijo nada más.**

♦ las esposas:

        a.   plural de **esposa** (mujer):

    [5] ● **Fíjate que hace un momento, delante del bar, estaban charlando las esposas del señor Martínez y del señor González. ¡Quién sabe lo que se estarían diciendo!**

        b.   (para atar las manos de los presos)

♦ las partes:

        a.   plural de **parte**

        b.   (= cualidades [español clásico, literario]; genitales)

♦ los trabajos:

        a.   plural de **trabajo**

        b.   (= sufrimientos, esfuerzos, etc.)

♦ las facciones:

        a.   plural de **facción**

        b.   (= rasgos de la cara)

3.1.2.2. Se pueden observar casos, en el lenguaje familiar o popular, en los que el empleo del plural puede adquirir un valor modal con respecto al singular, más neutral y objetivo. Entre los más frecuentes, señalamos **la nariz / las narices**.

Cabe destacar, además, el caso del sustantivo **pelo**: se suele emplear **el pelo**, en singular, para referirse al conjunto de cabellos que tiene una persona en la cabeza y **pelos**, en plural, para el resto del cuerpo.

                                                  ➲ Artículos

Además, se usa a veces **los pelos** para referirse al cabello, indicando con ello cierta sensación de desorden.

3.2. OTROS USOS DEL PLURAL

3.2.1. Para referirse a un grupo de personas de ambos sexos, se emplea el plural de la forma masculina.

                              ➲ El género del sustantivo: concordancia

3.2.2. Se usan, con frecuencia, plurales para referirse a parejas de personas, cosa inusual en otros idiomas:

- los padres:
  - a.   plural de **padre**
  - b.   (= el padre + la madre)

- los señores:
  - a.   plural de **señor**
  - b.   los señores (de) Ruiz (= el señor y la señora Ruiz)

- los reyes:
  - a.   plural de rey
  - b.   (= el rey + la reina)

- los duques:
  - a.   plural de duque
  - b.   (= el duque + la duquesa)

3.2.3. Para referirse a una familia en su conjunto, en la lengua oral, se suele emplear el artículo determinado masculino en plural, seguido del apellido de la familia:

[6]   ● **Esta noche cenamos en casa de los Barceló.**

LOS DETERMINANTES DEL SUSTANTIVO: INTRODUCCIÓN

Cada vez que una persona conoce a otra, nace un nuevo mundo: el de la comunicación[1] entre las dos personas en cuestión. Este mundo podrá desarrollarse más o menos, según cómo haya nacido, las características de las personas implicadas, etc. De cualquier forma, desde el principio de la relación, el nuevo mundo que se va construyendo sólo podrá crecer y progresar sobre la base de los datos que van apareciendo e integrándose en él. Cada información nueva, cada dato, todo lo que suceda quedará contabilizado y pasará a constituir un punto de referencia para todo lo que venga después.

Pero la comunicación entre dos o más personas no se construye sobre la nada, ni desde la nada. Ya en su inicio, cuenta con una serie de elementos que tendrá que considerar (aunque sea, simplemente, para rechazarlos o decidir ignorarlos). Dichos elementos le vienen de la propia situación que permite que haya comunicación, es decir: del contexto en el que se produce o empieza la comunicación (congreso, situación de trabajo, reunión entre amigos, carta de una tercera persona que provoca un primer encuentro, discusión en un bar, espera juntos en una parada de autobús, etc.). Los elementos previos también provienen del contexto social y cultural (en un sentido amplio) en el que se mueven las personas implicadas en la comunicación; así, pues, no será necesario ponerse de acuerdo sobre la existencia de un Papa, de un Presidente del Gobierno, de un Parlamento, etc., o sobre el hecho de que existen escuelas y universidades, y que la gente estudia en ellas... En esta perspectiva del funcionamiento de la comunicación, cobran una importancia fundamental tanto el hecho de saber en cada momento qué elementos ya han aparecido y qué elementos son nuevos, como el de aprender a señalarlo lingüísticamente: una de las operaciones que efectuamos con más frecuencia es la de explicitar en cada momento

---

1 Es importante tener en cuenta que "comunicación" no es sólo algo positivo y agradable: si dos personas se caen mal desde el momento mismo de conocerse, o aun desde antes, esto no quita que sigue habiendo una relación entre ellas (aunque sea una mala relación), que funciona como todas las demás, y para la que no dejan de tener valor las reflexiones generales planteadas aquí.

si estamos actuando con conceptos nuevos o con conceptos que ya han aparecido o que se presuponen. En esto se basa una serie importante de mecanismos y recursos expresivos. La función fundamental de los determinantes del sustantivo es precisamente señalar en qué momento del proceso comunicativo se halla cada elemento, situarlo con respecto a las informaciones que ya han aparecido y con respecto a las informaciones nuevas: se trata, en realidad, de indicar a cuál de estas dos grandes categorías pertenece el concepto al que remite el sustantivo. Además, algunos de los determinantes sitúan en relación con las personas implicadas directa o indirectamente en el proceso comunicativo y con el espacio en el que se encuentran.

En la primera parte de esta obra, nos limitaremos a presentar el funcionamiento del artículo, de los demostrativos y de los posesivos, dejando el de los demás determinantes del sustantivo para la segunda parte, por tratarse de microsistemas más puntuales, sobre los que no es indispensable una presentación general.

▶ La función del artículo es indicar si el sustantivo al que se refiere ya ha aparecido anteriormente en el contexto, o si se halla en su primera aparición.

▶ Los demostrativos se refieren siempre a elementos que están explícita o implícitamente en el contexto, pero, además de señalar que se trata de segunda mención, sitúan el sustantivo con respecto al ámbito de las personas implicadas o no en la comunicación, definiéndose estrechamente con respecto al momento y al lugar de enunciación.

▶ Los posesivos constituyen un microsistema ligeramente más complejo, ya que pueden funcionar como determinantes del sustantivo (y en este caso señalan que se trata de segunda mención), o como meros modificadores (igual que los adjetivos), y en este caso no viven solos, sino en colaboración con el verbo **ser**, o con un artículo que señala si se trata de primera o de segunda mención del sustantivo. En todos sus empleos, los posesivos sitúan al sustantivo con respecto a las personas que participan directa o indirectamente en la comunicación; pero, a diferencia de los demostrativos, no tienen en cuenta el momento y el lugar de la enunciación.

EL ARTÍCULO

1. PROBLEMAS GENERALES

1.1. Como ya se ha visto en la introducción a los determinantes, la función del artículo es señalar si el sustantivo ya ha aparecido en ese pequeño mundo que es la comunicación entre dos personas o si se trata de su primera aparición.

1.2. La grámatica tradicional clasificaba los artículos en *indefinidos* o *indeterminados* (**un/ una**) y en *definidos* o *determinados* (**el/la**). Además, algunos autores también consideran como artículo la *ausencia de artículo* (representada por el símbolo Ø), por ser altamente significativa.

1.2.1. CON MÁS DETALLE

Consideramos esta terminología bastante ambigua y nos parecería más adecuado hablar de *artículos de primera mención* y de *artículos de segunda mención;* o, siguiendo a Henri Adamczewski, de artículos de *fase I* y de artículos de *fase II*: en efecto, todas las veces que el enunciador emplea **un/una** está introduciendo en el mundo de la comunicación el elemento del que quiere hablar. Al contrario, con **el/la** señala que se está refiriendo a un elemento que ya está en el contexto, porque ya lo ha introducido, o porque se presupone.

Sin embargo, para no confundir demasiado al lector con un metalenguaje que no le es familiar, en las páginas que siguen intentaremos evitar toda terminología; cuando sea indispensable el empleo de algún término, partiremos de los tradicionalmente aceptados (aunque completados con nuestra propuesta).

1.3. Para entender el sistema del artículo es importante preguntarse si el sustantivo con el que va empleado cada artículo en los distintos contextos se refiere a toda la categoría a la que pertenece o a uno o varios individuos en concreto; y, dentro de esta segunda perspectiva, si se trata de individuos que ya han sido mencionados anteriormente, o si están en su primera mención.

1.3.1. Referencia genérica

Cuando el enunciador emplea un sustantivo para referirse a los individuos que forman la categoría sin pensar en ninguno en concreto, sino más bien en todos, como si se tratara de una definición, hablaremos de referencia genérica:

[1] ● **El cardenalito de Venezuela es un pájaro en peligro de extinción.**

[2] ● **Los plátanos engordan, dicen.**

En estos ejemplos, **el cardenalito de Venezuela** y **los plátanos** no se refieren a un individuo en concreto, sino más bien a una especie o género, como **una oficina** en:

[3] ● **En una oficina como Dios manda tiene que haber fotocopiadora.**

1.3.2. Referencia específica

Cuando, por el contrario, el enunciador emplea un sustantivo para referirse a uno o a algunos de los individuos de la categoría a la que nombra, hablaremos de referencia específica:

[4] ● **¿Qué tal tus pájaros?**
      ○ **¿No te lo he contado? Se me ha muerto el cardenalito de Venezuela.**

[5] ● **¿Y qué haces?**
      ○ **Trabajo en una oficina.**

En [4] y [5], **el cardenalito de Venezuela** y **una oficina** se refieren a individuos concretos de la categoría.

1.4. Es importante además, para entender el sistema del artículo, preguntarse si el sustantivo se refiere a una entidad *contable* (como por ejemplo **libro**, **persona**, etc.) o a una entidad *no contable* (como por ejemplo **harina**, **vino**, etc.): esta oposición constituye una de las claves de lectura de todo el sistema, por lo que en nuestra presentación trataremos por separado una y otra categorías.

1.4.1. CON MÁS DETALLE

A veces, se dan fenómenos de recategorización, y se emplea un sustantivo que normalmente se refiere a una entidad no contable como si se refiriera a una entidad contable —o viceversa, aunque menos frecuentemente. Esto permite una serie de efectos expresivos especiales:

[6]   ● **Los vinos españoles son tan buenos como los vinos franceses, aunque menos famosos.**

Estos fenómenos de recategorización son irrelevantes para el estudio del sistema del artículo, puesto que las dos grandes categorías —*contable* y *no contable*— siguen funcionando de la misma manera: lo único que ocurre es que el sustantivo pasa de la una a la otra.

Hay sustantivos que, según los contextos y las intenciones comunicativas del hablante, pueden funcionar como contables o como no contables; es lo que ocurre, por ejemplo, con los nombres de los idiomas: **inglés, francés / el inglés, el francés.**

2. MORFOLOGÍA

2.1. ARTÍCULO INDETERMINADO O *DE PRIMERA MENCIÓN*

2.1.1. Singular

2.1.1.1. Masculino

> **un** + cualquier sustantivo masculino

un libro
un árbol
un hombre

2.1.1.2. Femenino

> **una** + cualquier sustantivo femenino, excepto los que empiezan por **á—** tónica (grafías **a** y **ha**)

una casa
una yegua
una hormiga
una amiga

> **un** + sustantivos femeninos que empiezan por **á—** tónica (grafías **a** y **ha**)

Excepciones:

❯ los nombres de las letras,
❯ cuando el sustantivo va precedido de un adjetivo.
En estos casos se emplea siempre **una**

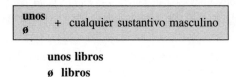

un águila	→	una enorme águila
un hambre terrible		
una hache		

Los sustantivos de este último grupo no dejan de ser femeninos. Todas las formas que se refieren a ellos van en femenino.

2.1.2. Plural

2.1.2.1. Masculino

> **unos** + cualquier sustantivo masculino
> **ø**

unos libros
ø libros

2.1.2.2. Femenino

> **unas** + cualquier sustantivo femenino
> **ø**

unas casas
unas águilas
ø casas

2.2. ARTÍCULOS DETERMINADOS O *DE SEGUNDA MENCIÓN*

2.2.1. Singular

2.2.1.1. Masculino

> **el** + cualquier sustantivo masculino

el libro
el amigo

2.2.1.2. Femenino

> **la** + cualquier sustantivo femenino excepto los que empiezan por **á**— tónica
> (grafías **a** y **ha**)

la casa
la amiga
la hormiga

> **el** + sustantivos femeninos que empiezan por **á**— tónica (grafías **a** y **ha**)

Excepciones:

- nombres de las letras,
- nombres propios en los casos en los que pueden llevar artículo,
- cuando entre el artículo y el sustantivo hay un adjetivo.

En estos casos, se emplea normalmente **la**.

> **el águila** → **la feroz águila**
> **el hambre**
> **la hache**
> **la Ana**

Estos sustantivos no dejan de ser femeninos, y todas las formas que se refieren a ellos van en femenino.

2.2.2. Plural

2.2.2.1. Masculino

> **los** + cualquier sustantivo masculino

> **los libros**
> **los amigos**

2.2.2.2. Femenino

> **las** + cualquier sustantivo femenino

> **las personas**
> **las amigas**
> **las águilas**

2.3. CUADRO GENERAL

		Singular	Plural
1ª mención	Masculino	**un**	**unos / Ø**
	Femenino	**una** **un** + [á—]	**unas / Ø**
2ª mención	Masculino	**el**	**los**
	Femenino	**la** **el** + [á—]	**las**

2.4. EL ARTÍCULO Y LAS PREPOSICIONES

En español sólo existen dos formas contractas de artículo + preposición:

de	+ el	→	del
a	+ el	→	al

En todos los demás casos, los artículos combinan normalmente con las preposiciones sin que se produzca ningún tipo de contracción o alteración.

3. LA REFERENCIA GENÉRICA

Cuando se emplea un sustantivo para referirse con él a cualquiera de los individuos de la categoría a la que pertenece, el sistema de uso de los artículos es el siguiente:

Contable	No contable
un / una + *sing.* **el / la** + *sing.* **los / las** + *plur.*	**el / la** + *sing.*

[7]   ● **Una secretaria tiene que saber escribir a máquina.**

[8a]   ● **La gallina no es tan tonta como parece.**

[8b]   ● **Las gallinas no son tan tontas como parecen.**

[9]   ● **La gramática es más interesante de lo que parece.**[1]

En los empleos de los sustantivos que se refieren a entidades contables con referencia genérica, no es indiferente la elección entre **un/una** y **el/los/la/las**: se prefieren éstos últimos para las afirmaciones que se aplican a toda la categoría (o especie); por otra parte se prefieren **un/una** para las afirmaciones que se refieren más bien a un individuo como representante de su clase o especie.

---

1 Para anglófonos:

Al contrario de lo que sucede en idiomas como el inglés, en español la referencia genérica no se expresa con Ø, ni en el caso de los sustantivos que se refieren a entidades no contables, ni en el de de los que se refieren a entidades contables empleados en plural:

Español: ● Las gallinas no son tan tontas como parece.
           ● La gramática es más interesante de lo que parece.

Inglés: ● Hens are not so stupid as they might seem.
           ● Grammar is more interesting than it looks.

4. LA REFERENCIA ESPECÍFICA

Para referirnos específicamente a unos individuos o elementos de una categoría, especie o género, empleamos:

4.1. SI SE HABLA POR PRIMERA VEZ DEL ELEMENTO EN CUESTIÓN

4.1.1. Con los sustantivos que se refieren a entidades contables:

Singular

▶ Para referirnos a algún elemento o individuo de la categoría o especie, que interesa mucho más como representante de un concepto o de su categoría que como individuo concreto en sí: **Ø**

    [10]   ● **Ya tengo piso.**

    [11]   ● **¿Tienes teléfono?**

▶ Para referirnos a un individuo en concreto, que introducimos con toda su individualidad (nuestro interlocutor todavía no lo conoce y por eso se lo presentamos): **un/una**

    [12]   ● **Y vosotros, ¿qué vais a hacer?**
          ○ **Iremos unos días a una casita que tenemos en la costa.**

Plural

▶ Para referirnos a algunos elementos o individuos de la categoría o especie que interesan mucho más como elementos indeterminados de su categoría que como individuos concretos en sí, sin querer hacer hincapié en su individualidad, ni en su identidad: **Ø**

    [13]   ● **¿Qué lleva en la maleta?**
          ○ **Libros.**

▶ Para referirnos a unos individuos en concreto, con características específicas bien definidas: aun siendo la primera vez que menciona estos elementos, el enunciador señala que está pensando en algo bien determinado, haciendo hincapié en su individualidad —pero, a la vez, eludiendo identificarlo explícitamente: **unos/unas**

    [14]   ● **¿Qué has hecho este fin de semana?**
          ○ **He ido al campo con unos amigos.**

4.1.1.1. Con el verbo **tener**

Para negar la posesión con el verbo **tener** en la forma negativa, se emplea [2]: **Ø**.

[15]   ● **Ricardo, ¿podría llevarme en coche al centro?**
      ○ **Es que yo no tengo coche, lo siento.**

4.1.2.   Con los sustantivos que se refieren a entidades no contables:

[16]   ● **Bajo un momento a comprar pan.**
      ○ **Vale... Ah, oye, ya que bajas, compra también harina. Y aceite.**[3]

4.2.   SI SE HABLA DE ELEMENTOS QUE YA HABÍAN APARECIDO

Cuando el elemento al que nos referimos ya ha aparecido en el contexto, o el enunciador sabe, o cree que el oyente sabe que existe la entidad a la que remite el sustantivo (porque tiene una existencia presupuesta, contextual, social o culturalmente):

4.2.1.   Con sustantivos que se refieren a entidades contables, empleamos:

Singular

▶   **el / la**

[17]   ● **Perdona que llegue tarde, pero es que se me ha estropeado el coche.**

Plural

▶   **los / las**

[18]   ● **¿Me acompañas? Tengo que ir a recoger a los niños a la escuela.**

---

2   El uso de **un / una** con el verbo **tener** en la forma negativa se reserva casi exclusivamente para negar el número **uno** o la esencia del objeto en cuestión, y corregir inmediatamente después con el empleo de otro número o de otro sustantivo que corresponda mejor a la esencia del objeto aludido. Al emplear **un / una** con **tener** en la forma negativa sólo se niega el número o la esencia del complemento directo de **tener**, pero queda pendiente la presuposición *tener algo*, por lo cual se hace necesario rectificar inmediatamente después.

3   Para italófonos:
   Contrariamente a lo que sucede en idiomas como el italiano, en los que a menudo se expresa con artículos determinados la primera mención de un empleo de un sustantivo con referencia específica, en español nunca es posible. Si en el contexto anterior no se ha hablado de ningún coche (*macchina*), ni de ninguna harina (*farina*), las frases italianas:

   ● Mi sono comprato la macchina.

y

   ● Per fare questo dolce occorre la farina.

se expresarán en español:

   ● Me he comprado coche / Me he comprado un coche.

y

   ● Para hacer esta tarta se necesita harina.

4.2.2. Con sustantivos que se refieren a entidades no contables, empleamos:

▶ el / la

[19] ● ¿Has comprado la harina?
      ○ Se había terminado, y como estaba tan cansado...

El intercambio [19] podría producirse perfectamente después de un cuarto de hora de producirse [16]: esto demuestra claramente que en [16] se trata de introducir el elemento **harina**, que está en su primera mención, y que, en [19], el mismo elemento ya ha aparecido anteriormente y se halla por lo tanto en su segunda mención.

5. CASOS ESPECIALES

Hay una serie de casos en los que el uso del artículo tiene un funcionamiento especial en español con respecto a otros idiomas, aunque perfectamente en la línea de lo que es cada artículo en español. Por este motivo preferimos presentarlos / comentarlos en una sección aparte.

➲ 6. Con más detalle

5.1. No se usa artículo con los demostrativos antepuestos al sustantivo. Sí se usa, cuando el demostrativo sigue al sustantivo.

➲ Los demostrativos

[20] ● Por favor, ¿me puede decir el precio de esta camisa?

[21] ● Yo no sé qué tendrá el tío ése, que siempre quieres salir con él.

5.2. A diferencia de lo que sucede en otros idiomas, en español el posesivo antepuesto al sustantivo nunca puede llevar artículo, puesto que por sí solo ya es un determinante del sustantivo. Sin embargo, cuando se emplea la forma tónica del posesivo (la que sigue al sustantivo) el sustantivo sí va precedido del artículo que requieran el contexto y la intención comunicativa de quien habla:

[22] ● ¿No conoces a María? Es mi hija.

[23] ● Un amigo mío venezolano también usa siempre esa palabra.

➲ Los posesivos

5.3. Con **otro** y con los números no se usa artículo indeterminado (de primera mención), ya que por sí solos estos operadores son formas para introducir o mencionar por primera vez.

Cuando se trata de segunda mención, se utiliza normalmente un artículo determinado (de segunda mención):

[24]   ● ¿Me trae otra servilleta, por favor?

[25]   ● Ayer tuve cinco personas a cenar.
       ○ ¿Ah, sí? ¿Y quiénes erais?
       ● Los mismos de siempre: Pepa, Miguel, Cristina, Paco y Juan, sin contarme a mí.

5.4. Se utiliza a menudo **unos/unas** + *número* (+ *sustantivo*) para presentar la cantidad expresada por el número como una valoración subjetiva del enunciador (es decir, como algo aproximado, de lo que el enunciador no quiere mostrarse seguro):

[26]   ● ¿Y cuántos erais?
       ○ Unos cien.

5.5. USOS CON SER

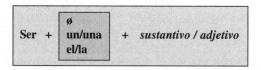

5.5.1. Se emplea **ser** + **Ø** + *sustantivo / adjetivo* para clasificar simplemente el sujeto, señalando que pertenece al grupo al que se refiere el sustantivo, o que tiene las características descritas por el adjetivo:

[27]   ● ¿Y qué hace?
       ○ Es ingeniero.

[28]   ● ¿Lo conoces? Es simpatiquísimo.

5.5.2. Se emplea también **ser** + **una/una** + *sustantivo* para clasificar de una manera menos objetiva, participando más en todo lo que se dice. En realidad, se trata de identificar al sujeto, y no sólo de clasificarlo, por lo que **Ø** es insuficiente.

El empleo de esta construcción equivale, en cierta medida, a querer presentar al sujeto como algo especial con respecto a la categoría, insistiendo en su individualidad, ya sea porque el hablante está pensando en algún dato que quiere añadir o que añade, ya sea porque quiere distanciarse o expresar cierto desagrado o desprecio por el sujeto. El uso de **un/una** se hace obligatorio cuando se añade algún dato que confiere al sujeto un carácter único / específico:

[29a] ● ¿Quién es?
       ○ ¿Ése? Es un ingeniero que vive al lado de mi casa.

No son muchos los adjetivos que se emplean corrientemente con la construcción **ser + un/una +** *adjetivo*. Generalmente, se trata de adjetivos que el enunciador emplea para expresar algo negativo sobre el sujeto (lo más frecuente es que se trate de insultos; cuando se trata de adjetivos que expresan alguna característica o apreciación positiva, suelen estar empleados en un sentido irónico):

[30] ● **Eres un tonto. ¿Por qué no me llamaste anoche?**

La función del elemento **un/una** es esencialmente relativizar el empleo del adjetivo o del sustantivo, ya que éste deja de ser empleado de manera absoluta.

Al identificar, también se puede usar **el/la** u otras formas características de la segunda mención, en los casos en los que se presupone la existencia del elemento en cuestión:

➲ 5.5.3.

[29b] ● **¿Quién es?**
○ **¿Ése? Es el profesor de español.**

5.6. EL ARTÍCULO Y LOS DÍAS DE LA SEMANA

➲ El tiempo

5.6.1. Para decir qué día es

No se suele usar artículo en la costrucción **ser +** *día de la semana* empleada para decir qué día es:

[31] ● **Hoy es martes.**

5.6.2. En todos los demás casos, con los días de la semana se emplea algún artículo. Sin embargo, el funcionamiento del sistema español es ligeramente distinto del de los demás idiomas:

5.6.2.1. **El +** *día de la semana* = *el próximo día / el que acaba de pasar*, según venga determinado por el contexto (tiempo verbal, etc.) o por una fecha precisa:

[32a] ● **El miércoles estuve cenando con Miguel. Te manda muchos saludos**
  ─ **(=** *pasado***).**

[32b] ● **El miércoles voy a cenar con Miguel** *(= próximo)***.**

[33] ● **¿Qué día es el examen?**
○ **El jueves 25 de junio.**

Al contrario de lo que sucede en español, en otros idiomas (italiano, francés, inglés, etc.) el día de la semana no va acompañado, en estos casos, de ningún artículo:

[32b]　Francés:
● **Mercredi j'ai diné avec Michel...**

Italiano:
● **Mercoledì ho cenato con Michele.**

Inglés:
● **I had dinner with Michael on Wednesday.**[4]

5.6.2.2. **Los** + *día de la semana* funciona en español de generalizador, y se refiere a lo habitual: **todos los / cada** + *día de la semana:*

[34]　● **Ayer fui al campo con unos amigos.**
○ **¡Qué suerte! Yo, los domingos me quedo siempre en casa trabajando.**

5.7.　Normalmente, no se usa artículo con los nombres de continentes, países, regiones, provincias o ciudades —salvo si el nombre mismo incluye un artículo:

[35]　● **Conozco bien España.**

[36]　● **¿De dónde eres?**
○ **Soy de La Paz, pero vivo en El Salvador.**

Además, hay un pequeño número de nombres de países que admiten artículo, aunque pueden funcionar perfectamente sin él. He aquí los principales:

Argentina	**Perú**	**Japón**
Estados Unidos	**India**	**Ecuador**

5.7.1.　Cuando los nombres de continentes, países, regiones, provincias, etc. van seguidos de algún tipo de modificador que de alguna manera limite el sentido absoluto del

---

4　Además, en algunos idiomas (como por ejemplo el italiano y el francés) el uso del artículo determinado con un día de la semana funciona como generalizador, y corresponde más o menos a lo que en español se expresa con **los** + *día de la semana (en plural)* o con **todos los** + *día de la semana (en plural)* o **cada** + *día de la semana (en singular).* He aquí una fuente de numerosos errores (o simples equívocos en los que puede encontrarse el extranjero), por lo que convendrá que los hablantes nativos de estas lenguas presten especial atención al funcionamiento del sistema español.

Francés:　● Le mardi je ne travaille pas.
Italiano:　● Il martedì non lavoro.
Español:　● Los martes no trabajo.

nombre mismo, se emplean precedidos de un artículo —generalmente determinado (de segunda mención), dado que su existencia está presupuesta:

[37]   ● **La Europa de hace doscientos años era totalmente distinta de la Europa actual.**

5.8. Al contrario de lo que sucede con los nombres de continentes, países, regiones, etc. con los nombres de ríos y lagos se emplea generalmente el artículo **el**.

[38]   ● **El Ebro es el río más largo de España.**

5.9. EL ARTÍCULO Y LOS TRATAMIENTOS

5.9.1. Con **señor/señora** y con todos los tratamientos, títulos o cargos como:

Marqués	**Doctor**
Conde	**Profesor**
Duque	**Ingeniero**
Arquitecto	**Ministro**

no se usa el artículo cuando se emplean estas palabras (solas o seguidas del apellido o del nombre y el apellido) para dirigirse directamente a una persona (vocativo) cuando ya se conoce su identidad:

[39]   ● **Buenas tardes, señora López. ¿Cómo está?**

Algunos tratamientos (títulos nobiliarios, cargos) suelen ir precedidos de **Señor / Señora** en los vocativos, o cuando se encuentran mencionados (tercera persona) con mucho respeto:

[40]   ● **Sí, Señor Ministro.**

Para referirse a los reyes se emplea **(Su) Majestad**.

5.9.2. Estas mismas palabras se usan con artículo (**el/la**) para hablar de terceras personas (sin dirigirse a ellas directamente):

[41]   ● **Si te sientes tan mal, creo que será mejor que llamemos al doctor Vázquez.**

[42a] ● **Quería hablar con el profesor Eulosio Márquez, por favor.**
       ○ **¿De parte de quién?**

5.9.3. Estas mismas palabras también se usan con artículo al dirigirse directamente a una persona para identificarla o comprobar su nombre y apellido, es decir cuando no se sabe cuál es su identidad:

[43] ● ¿El señor Ortega?
O Sí, soy yo.

Sin embargo, **Don/Doña** no van nunca precedidos del artículo.

[42b] ● **Quería hablar con Don Eulosio Márquez, por favor.**

Estos usos del artículo con estas palabras están perfectamente en la línea de los expuestos en 5.9.2.: al dirigirse con estas expresiones a una persona para controlar su identidad, el enunciador no hace sino preguntar por la persona a la que nombra como si fuera otro. Se trata, pues, de un tercera persona. El hecho de que coincida con el oyente no es más que una casualidad.

5.10. Hay una serie de casos en los que se emplean artículos definidos (**el/la**) para señalar la presuposición de elementos que, teóricamente, no se han introducido en ningún momento en el contexto y que constituyen presuposiciones socioculturales o contextuales. Presentamos aquí los principales.

5.10.1. Se emplean generalmente con artículo definido los nombres de una serie de entidades del mundo, que son un presupuesto para todos. En estos casos se habla de *referencia única:*

el sol   la tierra
la luna   la lluvia

Estos empleos están perfectamente en la línea de todo el funcionamiento del sistema del artículo.

5.10.1.1. Sin embargo estas palabras no van con artículo cuando son objeto de una recategorización, es decir cuando se utilizan no ya para referirse a la entidad única que nombran sino a la sustancia / luz / temperatura que la compone o que emite:

[44] ● ¿Cómo está el tiempo?
O Hace sol.

[45] ● No se ve nada... Es que no hay luna.

En tales casos, estos sustantivos evocan una realidad no contable en referencia específica: por eso van sin artículo.

5.10.1.2. Con estos nombres se emplea el artículo indefinido (**un/una**) si inmediatamente después sigue un modificador (es decir, si se añade una información nueva con respecto al nombre):

[46]   ● **Venga, levántate... Hace un sol maravilloso.**

⊃ 5.5.

5.10.2. También se emplean, generalmente, con artículo determinado (**el/la**) los nombres de los organismos públicos o privados y los de las instituciones (que también son un presupuesto sociocultural):

> **el Ministerio de Hacienda**
> **el Parlamento / Congreso de los Diputados**
> **el Ejército**
> **la Universidad**
> **la Facultad de...**
> **la ONU**
> **el hospital**
> **la iglesia / catedral**

5.10.2.1. CON MÁS DETALLE

En estos casos también funciona, como en todos los demás, el sistema del artículo, y si se dan contextos especiales en los que haga falta introducir una de estas entidades se puede emplear el artículo indefinido o de primera mención sin ningún problema. Así, por ejemplo, al hablar de otro país, se puede decir que hay (**un**) **Ministerio de...**

5.10.2.2. Los nombres de organismos o de instituciones en plural se suelen emplear sin artículo:

[47]   ● **¿Correos, por favor?**
       ○ **Todo recto, la segunda a la derecha.**

5.10.3. Se usa generalmente el artículo determinado (de segunda mención) para referirse a ciertas realidades culturales o actividades para el tiempo libre frecuentes en nuestra sociedad:

> **jugar al fútbol**
> **ir al partido / ver el partido**
> **ir al cine**
> **ir al teatro**
> **ir a la ópera**
> **jugar a las cartas**
> **jugar al tenis / al baloncesto / al balonmano**

5.10.4. Se emplea, además, el artículo determinado con los nombres de una serie de personajes que constituyen verdaderas instituciones:

> **el Presidente del Gobierno**
> **el Presidente de la República**
> **el Papa**

5.10.5. Se utiliza igualmente el artículo determinado para referirse a las partes del cuerpo y a una amplia gama de objetos personales de los que el interlocutor ya ha oído hablar o que constituyen un verdadero presupuesto para la mayoría de los seres humanos. Es interesante notar que en otros idiomas, en estos casos, se emplean posesivos:

[48a] ● **Perdona que llegue tan tarde, pero es que se me ha estropeado el coche.**

[49a] ● **¿Qué te ha pasado?**
○ **Nada, que me he roto la pierna.**

[48b] Inglés:
● **I'm sorry I am so late, but my car broke down and...**

[49b] Inglés:
○ **... and I've broken my leg.**

➲ La posesión

5.11. Se usa **la de / una de** + *sustantivo* con el sentido de *la/una cantidad de*:

[50] ● **¡Otra redacción sobre la vaca! ¡No puedo más! ¡Qué falta de imaginación! "La vaca nos da la leche, la vaca es buena..." ¿Y la de tinta que nos chupa?** (adaptado de *Mafalda*, Quino)

[51] ● **Tiene una de libros que no te lo puedes ni imaginar...**

6. CON MÁS DETALLE

Todos los usos expuestos hasta aquí, tanto en el funcionamiento general del sistema como en los casos específicos, dependen de la esencia de cada uno de los artículos en español, que funcionan, dentro del sistema general del artículo, con una coherencia total con respecto a sí mismos y con respecto a los mecanismos generales del funcionamiento del lenguaje humano.

6.1. EL OPERADOR Ø

El operador Ø tiene la función de remitir siempre directamente al concepto / categoría expresado por el sustantivo. Por eso se emplea este operador cada vez que se quiere llamar (vocativo) a alguien mediante el empleo de un elemento como **señor/señora,** etc.

[52] ● Señor Gómez, pase por recepción por favor.

Por este mismo motivo, además, se utiliza este operador para clasificar:

[53] ● Es profesor de español.

[54] ● ¿Qué día es hoy?
      ○ Martes.

Se entiende también el hecho de que, si se añade algún tipo de información sobre el sustantivo, se haga indispensable el empleo de un artículo (**un/una/unos/unas** o **el/la/los/las**). El mero hecho de poder añadir información es revelador de que no se habla, en estos casos, de abstracciones, sino de cosas concretas.

Por las mismas razones, además, se recurre a este operador en una serie de expresiones en las que interesa mucho más el concepto expresado por el sustantivo, que la realidad extralingüística a la que remite dicho concepto:

> **cerrar con llave**
> **estar / quedarse / cenar / etc., en casa**
> **ir(se) a casa**
> **estar en clase**
> **ir a clase**
> **salir de paseo**
> **salir con abrigo / con jersey**

Los sustantivos **llave**, **casa**, **entrada**, **paseo**, **abrigo**, **jersey** en estos ejemplos son meras abstracciones que no remiten tanto a una realidad concreta como a lo que representan. De ahí que cuando se quiere hablar de *una* casa o de *un* abrigo (edificio o cosa más concreta) se haga insuficiente la utilización de Ø, y haya que emplear **un/una** o **el/la**.

Es difícil captar bien la oposición que hay entre estos empleos de Ø, y lo que hemos llamado *referencia genérica*. Esta última se refiere a toda una realidad concreta extralingüística (naturalmente, en el caso de los sustantivos abstractos, dicha realidad extralingüística sigue existiendo: se trata del referente), de la que se quiere hablar sin hacer hincapié en ninguna situación específica. En los usos de Ø no se trata tanto de remitir a toda una realidad, como a una abstracción de lo que es esa realidad; dicha abstracción puede estar referida a una situación específica.

6.2. EL OPERADOR UN/UNA/UNOS/UNAS

La función del operador **un/una/unos/unas** es relativizar considerablemente el concepto al que remite el sustantivo, convirtiéndolo en individuo concreto con referente extralingüístico.

Un/una/unos/unas proyectan el sustantivo en el mundo extralingüístico, dándole existencia.

Esto explica que, para referirse a un individuo de cualquier clase conceptual, se recurra a este operador, tanto en el caso en el que dicho individuo constituye meramente una ejemplificación de lo que es la categoría total a la que pertenece (referencia genérica), como en el caso en el que se trata de un individuo específico, representante tan sólo de sí mismo.

La incompatibilidad entre el operador **un/una/unos/unas** y los sustantivos que se refieren a entidades no contables (salvo en los casos en los que se produzca una recategorización) se debe a la imposibilidad de convertir en individuos entidades que, por definición, son incompatibles con este concepto. Por este motivo, para referirse a una cantidad de algo no contable que no haya sido mencionada anteriormente, habrá que remitir tan sólo al concepto mediante el empleo del operador **Ø**.

Al remitir a individuos concretos y no directamente al concepto (como en el caso del operador **Ø**), **un/una/unos/unas** puede convertirse en un operador empleado para relativizar el concepto, añadiendo toda la carga emotiva que puede querer expresar el enunciador, y que el concepto puro por sí solo excluye. Esta función relativizadora del operador **un/una/unos/unas** es lo que permite al enunciador emplearlo para presentar las cantidades como una hipótesis suya o utilizar los adjetivos, los adverbios o los sustantivos recargándolos con su participación en lo dicho:

[55]   ● **¡Hace un frío!**

[56]   ● **¡Habla de un bien!**

6.3.   **EL OPERADOR** EL/LA/LOS/LAS

La función de este operador es doble:

▶ por una parte señala que, al emplear el sustantivo considerado, el enunciador no se está refiriendo tan sólo a abstracciones sino también a realidades concretas;

▶ por otra, en el nivel en el que la lengua habla de sí misma, se encarga de señalar que se trata de un sustantivo que ya ha aparecido en el contexto previo, es decir que no es nuevo, que constituye un presupuesto.

El uso de este operador con los días de la semana se explica por la necesidad de rebasar el mero nivel del concepto abstracto, para proyectar los días en una realidad concreta. El elemento de presuposición nos lleva a interpretar el uso del día de la semana como referido a los presentes en la situación contextual (puesto que se presuponen, como algo que está ahí, a la vista de todos). En concreto, esto nos lleva a pensar en los días más próximos de nuestra realidad —es decir del momento de la enunciación: el día que acaba de pasar o el próximo.

En el caso del vocativo, se emplea el operador **Ø** por tratarse de un ejemplo en el que lo único que interesa es remitir al concepto: en el fondo, el vocativo no es sino una manera de nombrar. Al contrario, al hablar de las personas sin dirigirse a ellas directamente, o incluso al dirigirse a ellas, en los casos en los que el enunciador no es consciente de estarse dirigiendo a la persona misma que está buscando, se hace necesario el uso del artículo (**el/la/los/las**) porque para poder remitir a una tercera persona se tiene que haber pasado del nivel en el que se remite tan sólo al concepto, al nivel en el que se da a los sustantivos una existencia extralingüística. En cierto sentido, **el/la** viene a señalar un desfase con respecto a la persona misma —desfase ausente cuando se emplea **Ø**.

7. EL ARTÍCULO COMO SUSTITUTO DEL SUSTANTIVO

7.1. COMO SUSTITUTO DEL SUSTANTIVO SEGUIDO DE ADJETIVO, ETC.

El artículo determinado (**el/la/los/las**) puede funcionar como sustituto del sustantivo e ir seguido directamente de un adjetivo, una oración subordinada o una frase preposicional en los casos en los que el sustantivo ya ha aparecido en el contexto y no es necesario repetirlo porque no se ha mencionado ningún otro sustantivo:

> [57] ● **¿Cuál prefieres?**
> ○ **El de la derecha.**

7.2. En otros idiomas (francés, italiano, etc.) en estos casos se usa un demostrativo. En español también es posible el uso de un demostrativo (**éste/ésta/ése/ésa/aquél/aquélla**). Sin embargo, el empleo de un artículo o de un demostrativo significa cosas ligeramente distintas:

▶ el artículo se limita a señalar que se están manejando sustantivos que ya han aparecido en el contexto, que están tematizados y no hay ningún motivo para repetirlos;

▶ el demostrativo, por lo general, añade además un matiz que le es propio, que es el de *señalar, enseñar, llevar al otro hacia* el objeto en cuestión (concretamente, con un gesto o una mirada —en el caso de cosas presentes en la situación de enunciación— o, de manera más figurada, como ayudándole a hacer el esfuerzo necesario para acordarse —si se trata de cosas ausentes en el momento de la enunciación): contrariamente a lo que sucede en otros idiomas, en español el demostrativo difícilmente se neutraliza totalmente para pasar a ser una simple manera de tematizar (es decir, señalar que el elemento al que se refiere ya ha aparecido en el contexto).

El uso de un demostrativo casi totalmente neutralizado (sin ninguna intención deíctica, como sustituto de un sustantivo que no se quiere repetir) sólo es posible en registros formales, sobre todo cuando inmediatamente después sigue una oración de relativo en la que el relativo va introducido por una preposición.

> [58] ● **Estos casos se explican bastante fácilmente y no plantean mayores problemas; sin embargo, son más difíciles de entender y explicar que aquéllos de los que hablamos ayer.**

Es frecuente sobre todo cuando tanto el relativo como el antecedente van introducidos por preposiciones, y prácticamente obligado si se trata de la misma preposición:

> [59] ● **Este es un problema que ya hemos tocado al hablar de aquél del que estábamos hablando hace un momento.**

En estos casos, lo que se quiere es evitar tematizar el antecedente del relativo, para no encontrarse en la frase con la doble tematización del mismo elemento que supondría la presencia de un antecedente tematizado por supresión del sustantivo, seguido inmediatamente después de un relativo (que ya es, en sí, un marcador de tematización de un elemento).

7.3. Además de usarse para referirse *al individuo que*, se usa **el que** + *subjuntivo* como expresión sinónima de **el hecho de que** + *subjuntivo*.

8. LO: **UNA FORMA DE ARTÍCULO NEUTRO**

El español dispone de una forma de artículo determinado (es decir: de segunda mención) neutro: **lo**. Esta forma es invariable (no tiene plural).

Como no existen sustantivos neutros en español, se emplea esta forma en los casos en los que se hace difícil el empleo de un sustantivo, o cuando el enunciador no quiere emplear un sustantivo (ya sea porque no puede o no quiere hacer el esfuerzo o, simplemente, porque sobrecargaría demasiado su discurso con elementos insignificantes para la relevancia de lo que dice y para su(s) intención(es) comunicativa(s).

8.1. USOS

Lo va siempre seguido de un adjetivo, un adverbio, una oración subordinada introducida por **que** o por un sintagma preposicional.

Como se trata de una forma de segunda mención, lo que introduce siempre es un presupuesto contextual, situacional, etc.

8.1.1. Se usa el artículo **lo** seguido de un adjetivo para nominalizar el adjetivo, es decir, para remitir al concepto mismo que expresa el adjetivo (ya sea como abstracción, o como realidad concreta, en referencia genérica o específica):

> [60] ● **Ha sido una experiencia que me ha descubierto lo hermoso y alegre de la vida.**

> [61] ● **Lo peor es que tendremos que rehacerlo todo.**

Estos empleos del adjetivo nominalizado con **lo** se pueden hallar en cualquier frase o contexto:

> [62] ● **Yo creo que lo mejor que ha escrito son unos cuentos que salieron hace dos años. Ahora no me acuerdo cómo se llaman.**

En estos usos con **lo** pueden aparecer comparativos (**mejor**, **peor**, etc.) y también adjetivos posesivos (forma tónica).

8.1.2. Se usa **lo** + *adjetivo / adverbio* + **que** + *verbo* para referirse a un empleo previo (presupuesto) del adjetivo en relación con el sujeto considerado, o del adverbio en relación con el verbo y su sujeto:

> [63] ● **Es impresionante lo bien que habla. No parece extranjero.**

> [64] ● **¿Vais a vender esta casa, con lo bonita que es?**

En estas construcciones, el adjetivo concuerda con el sujeto al que se refiere.

Estos empleos de **lo** + *adjetivo / adverbio* + **que** + *verbo* constituyen siempre una etapa posterior a la primera aparición del adjetivo o del adverbio para el enunciador, aunque esta primera mención no siempre se haya dado explícitamente con la lengua. De cualquier manera, el enunciador que pronuncia los dos últimos ejemplos dados ya ha constatado o dicho previamente que el sujeto al que se está refiriendo *habla bien* o que *la casa es bonita*.

Al emplear **lo** en estos contextos, el enunciador señala que ya ha superado la fase de la primera puesta en relación *sujeto-verbo-adjetivo/adverbio*, y que ahora le interesa referirse a dicha relación para hacer otra cosa, en una etapa posterior: expresar su sorpresa, o cualquier otro punto de vista, o simplemente evocar la relación (con cualquier tipo de entonación). En todos estos casos se presupone la relación y ya se ha superado la etapa de la aceptación o el rechazo de la misma. Si lo que quiere el enunciador es negarla o someterla a discusión, no podrá utilizar la construcción con **lo**, y tendrá que emplear otros operadores.

El hecho de que el adjetivo concuerde con el sujeto al que se refiere es la prueba de que esta construcción se refiere a una mención o concepción previa de la relación *adjetivo/adverbio—sujeto—verbo*[5].

8.1.3. Se usa **lo que** + *verbo* + ... / **lo de** + ... para referirse a cualquier entidad que el enunciador no quiera o no pueda nombrar (economía del discurso, dificultad de encontrar una palabra adecuada, etc.):

> [65] ● **Oye te quería hablar un momento de lo de Juan...**

En la construcción **lo que** + *verbo*, **lo que** se refiere al complemento directo del verbo, haciendo hincapié en su cantidad o en su esencia:

---

5 Lo que en español se expresa en estos casos con **lo** + *adjetivo / adverbio* + **que** + *verbo* se expresa en otros idiomas con otros tipos de construcción, como por ejemplo:

Alemán: **Wie** + *adjetivo / adverbio* + *sujeto* + *verbo*
Francés: **Ce que** + *sujeto* + *verbo* + *adjetivo / adverbio*
Inglés: **How** + *adjetivo / adverbio* + *sujeto* + *verbo*
Italiano: **Quanto / Come** + *verbo* + *adjetivo / adverbio*

[66] ● Es impresionante lo que come.

Toda la oración **lo que** + *verbo* puede ser, a su vez, tanto sujeto como complemento del verbo principal de la frase en la que está inserta.

8.1.4. Se usa **lo cual** para referirse a algo que se acaba de decir, una información que se acaba de dar:

[67] ● ¿Y tú qué le dijiste?
○ Nada, que un día se iba a quedar solo... Ante lo cual cambió radicalmente su actitud.

♦ **Lo cual** se refiere a todo lo dicho, y vive solo, es decir que no introduce ningún verbo propio: ya por sí solo puede funcionar como complemento o sujeto de otro verbo.

♦ **Lo que**, en cambio, puede referirse a una parte o a todo lo dicho, y va seguido de un verbo que especifica de qué se trata: con él forma un bloque que puede ser complemento o sujeto de otro verbo:

[68] ● Sí, entiendo lo que dices, pero sigo sin entender lo que te pone de tan mal humor.

8.1.5. Al expresar valoraciones se usa a veces la construcción **de lo más** + *adjetivo / adverbio.*

El sentido es muy próximo al del superlativo.

➲ Las exclamaciones y la intensidad

[69] ● Es un sitio de lo más aburrido. No te lo aconsejo.

8.1.6. Para referirse al modo en que se hace algo se usa a veces la expresión **a lo +** *adjetivo / sustantivo:*

[70] ● Lleva un peinado a lo Mireille Mathieu.

A veces en esta expresión, en lugar de un sustantivo cualquiera, se usa un nombre propio de persona: se trata, en estos casos, de una comparación con una(s) característica(s) o un modo de hacer las cosas que el hablante considera típico de la persona en cuestión.

Cuando la comparación se refiere al modo de hacer algo (en la realidad o en el imaginario colectivo español) en otra cultura / país, se usa **a lo / la** + *forma femenina de un adjetivo de nacionalidad o procedencia:*

[71] ● **¿Qué van a tomar?**
      ○ **Yo, unos calamares a la romana.**
      ● **Y para mí, habas a la catalana.**

➲ Comparar

EL DEMOSTRATIVO

1. INTRODUCCIÓN

Los demostrativos, como los posesivos y el artículo determinado, forman parte de los determinantes de segunda mención: su función es situar un sustantivo que ya ha aparecido explícita o implícitamente en el contexto con respecto a las distintas personas gramaticales (que participan o no en la comunicación), teniendo en cuenta las coordenadas temporales y espaciales del acto de enunciación: así pues, establecen relaciones con respecto al ámbito del **yo** (hablante), del **tú** (destinatario del mensaje) y del **él** (persona ausente, que no participa directamente en la comunicación).

1.1. CONTRASTE DEMOSTRATIVO / POSESIVO

Tanto el posesivo como el demostrativo, al definirse con respecto a las distintas personas implicadas o no en la enunciación, son susceptibles de variar a medida que se van alternando o invirtiendo los turnos de palabra entre los interlocutores. La diferencia fundamental entre estos dos operadores estriba en que

▸ el posesivo remite a una relación que se define con respecto a sí misma (es decir, a la relación que existe entre la persona a la que remite el posesivo y el sustantivo determinado por el posesivo mismo),

▸ y el demostrativo, por su parte, establece una relación que se define en cada momento única y exclusivamente con respecto a las coordenadas del acto de enunciación.

En el caso del posesivo, al invertirse o alternarse los turnos de palabra, cambiará el posesivo (debido al cambio en el referente extralingüístico concreto de cada uno de los elementos del sistema de las personas gramaticales), pero la relación entre el sustantivo y un determinado referente extralingüístico permanece estable aunque cambien las coordenadas espaciales de la comunicación. Lo único que influye en el sistema del posesivo es la distribución de los turnos de palabra. Las coordenadas temporales o espaciales no implican ningún cambio en el uso de los posesivos si no se han producido cambios en la distribución de las funciones *hablante, destinatario del mensaje, persona que no participa en la comunicación*. Así, pues, **mi libro** seguirá siendo **mi libro** todas las veces que hable la misma persona, en cualquier lugar o momento, a no ser que se rompa dicha relación porque intervengan nuevos sucesos —como el caso de regalar el libro.

Por el contrario, en el caso de los demostrativos, no hay referencia a ninguna relación estable, que se defina en sí: el demostrativo sitúa única y exclusivamente con respecto a los ámbitos de las distintas personas gramaticales. Si cambia la situación de enunciación, el uso de los demostrativos puede variar.

➲ El posesivo

2. MORFOLOGÍA

2.1. CUADRO GENERAL

Las formas del demostrativo son las siguientes:

Género	Demostrativo	Persona con respecto a cuyo ámbito sitúan al sustantivo
masc.	este	
fem.	esta	yo (hablante)
neutro	esto	
masc.	ese	
fem.	esa	tú (destinatario)
neutro	eso	
masc.	aquel	
fem.	aquella	él (no-persona, ausente)
neutro	aquellos	

2.2. Los demostrativos pueden ir junto a un sustantivo, en función adjetival, o estar solos en la frase, en función pronominal: en estos casos, ya se sabe de qué sustantivo se está hablando. Cuando los demostrativos masculinos o femeninos se encuentran solos, en función pronominal, y sustituyen por lo tanto al bloque *demostrativo—sustantivo*, llevan un acento gráfico: esto se debe a que en el ritmo de la frase, cuando van junto a un sustantivo no tienen acento propio y se apoyan en el sustantivo, mientras que cuando se encuentran solos sí tienen acento propio.

Las formas de neutro no llevan nunca acento escrito: al no existir en español sustantivos neutros, nunca se apoyan en un sustantivo y desempeñan siempre la función de pronombres, por lo que no existe la necesidad de distinguir entre dos funciones / pronunciaciones distintas.

3. USOS

3.1. El hablante usa **este/esta/esto** para referirse a cosas que considera próximas de sí mismo, física, temporal o mentalmente:

> [1]   ● **Mira esta foto. ¿Te gusta?**
>
> [2]   ● **¡Qué le vamos a hacer! Este país es así, y no lo vamos a cambiar tan fácilmente.**

3.2. Se usa **ese/esa/eso** para referirse a cosas que el hablante considera como pertenecientes al ámbito de su interlocutor, próximas de él:

> [3]   ● **¿Me pasas ese libro?**
>   ○ **¿Cuál? ¿Éste?**
>
> [4]   ● **Perdóname pero yo no estoy de acuerdo con eso que dices...**

3.3. Se usa **aquel/aquella/aquello** para referirse a cosas que la persona que habla considera alejadas tanto de sí misma como de su interlocutor, es decir pertenecientes al ámbito de lo que no está directamente implicado en la comunicación (lo ausente):

> [5]   ● **Y tu casa, ¿cuál es?**
>   ○ **¿Ves aquellas casas rojas allí al fondo? Pues es la segunda.**
>
> [6]   ● **¿Le comentaste aquello del otro día?**

3.4. Generalmente, cuando el demostrativo va con un sustantivo expresado explícitamente, lo precede y no va acompañado de ningún otro determinante del sustantivo. Sin embargo, también se encuentran usos de sustantivos introducidos por un artículo y seguidos de un demostrativo:

> [7a]   ● **Perdonad un momento, el curso este acaba en junio, ¿no?**

3.4.1. La posposición del demostrativo a un sustantivo introducido por otro determinante adquiere matices bastante especiales —generalmente de distanciamiento, desprecio o no aceptación por parte del hablante del elemento considerado. Al pronunciar [7a] en lugar de [7b] o [7c], el hablante marca cierto rechazo de referirse al curso que tenemos todos asumido / aceptado, es decir al curso ante el que nos hallamos actualmente:

[7b] ● **Perdonad un momento, el curso acaba en junio, ¿no?**

[7c] ● **Perdonad un momento, este curso acaba en junio, ¿no?**

Esto no ocurre en [7b] y [7c], enunciados en los que el hablante tematiza de manera perfectamente normal **el curso**, mediante el artículo de segunda mención **el**, o mediante un demostrativo, señalando así que se trata de algo que pertenece al universo de lo compartido, presente para todos en la situación.

Este efecto expresivo especial que adquiere el demostrativo pospuesto se debe, por una parte, a la doble determinación impuesta por el uso de un demostrativo detrás del sustantivo, cuando ya se ha tematizado el sustantivo mediante un artículo; y, por otra, a un problema relacionado con el orden de las palabras. Al ser totalmente innecesario un segundo determinante del sustantivo, el demostrativo deja de interpretarse como tal y pasa a ser un instrumento utilizado por el hablante para expresar un punto de vista o una valoración suya sobre el elemento aludido. Ahora bien, un demostrativo pospuesto al sustantivo, igual que un adjetivo o un posesivo, constituye un elemento nuevo de información con respecto al sustantivo: pasa a ser un juicio expresado *a posteriori* sobre un elemento que ya está ahí. El no querer tematizar su presencia espacial (es decir, su evidencia) pasa a ser una no aceptación plena. De ahí la sensación de rechazo que da el ejemplo [7a].

⊃ El posesivo

⊃ El adjetivo

3.5. Como ya se ha señalado en el capítulo relativo al artículo, cuando un sustantivo ya ha aparecido o se presupone en el contexto, generalmente se tematiza haciéndolo desaparecer. Los complementos o las oraciones de relativo que siguen permanecen iguales:

[8] ● **¿Te acuerdas de ese chico que tenía un manual de gramática en la mano?**
○ **¿Ése de pelo corto?**

A diferencia de otras lenguas, el demostrativo español nunca pierde en estos casos su valor de demostrativo: se usa cuando queremos *señalar* algo, o *llevar al otro hacia* algo mentalmente. Cuando sólo se trata de no repetir un sustantivo que ya ha aparecido en el contexto o que se presupone, el español prefiere el uso de un artículo al de un demostrativo.

En estos casos, el uso de un demostrativo casi totalmente neutralizado, sólo es posible, en español, en los registros formales o en la lengua escrita, cuando inmediatamente después sigue una oración de relativo —especialmente si dicha oración de relativo va introducida por una preposición:

[9] ● **Ahora paso a hablarles de aquéllas a las que me referí.**

➲ El artículo

Cabe señalar que, en muchos de estos casos, tampoco se neutraliza totalmente el demostrativo, que sigue siendo una manera de hacer participar al destinatario del mensaje, como para remitirlo a unos presuntos conocimientos previos del elemento mencionado.

3.6. USOS DEL NEUTRO

La forma neutra se usa para referirse a algo que no queremos o no podemos nombrar, ya sea porque no disponemos de un sustantivo adecuado, ya sea porque no nos parece necesario para el contexto:

[10] ● **Por favor, si ves a Pedro, ¿puedes darle esto?**

[11] ● **Oye, ¿y aquello qué es?**

Además, se usa

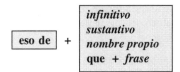

para referirse a un tema o a un asunto mencionado por otro, o que está presupuesto en el contexto, al ser éste el único recurso disponible en español para esto, junto con

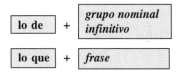

[12] ● **Yo no estoy de acuerdo con eso.**

[13] ● **¿Ya está resuelto lo de Felipe?**

➲ El artículo

Cuando recurre a estas expresiones, la persona que habla utiliza preferentemente **eso** en lugar de **lo** para crear cierta distancia entre ella y la cosa a la que se está refiriendo, subrayando que se trata de algo planteado por otro. Por el contrario, utiliza **lo** cuando sólo quiere señalar que se trata de un tema que ya había aparecido en el contexto.

3.7. USOS ESPECIALES Y EXPRESIONES QUE INCLUYEN UN DEMOSTRATIVO

3.7.1. Para referirse a una hora aproximada se usa la expresión:

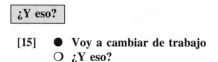

[14] ● **Llegaré a eso de las ocho.**

3.7.2. Para pedir una aclaración sobre un elemento de información que nos parece sorprendente:

| ¿Y eso? |

[15] ● **Voy a cambiar de trabajo**
     ○ **¿Y eso?**

Generalmente, en la respuesta se da una explicación.

3.7.3. En un relato, para introducir un nuevo suceso que ocurre en el momento del relato al que se acaba de llegar:

| en esto |

[16] ● **Empezamos tranquilamente a deshacer las maletas y en esto nos llamó mi madre para decirnos que fuéramos urgentemente.**

3.7.4. Para introducir una nueva formulación de algo que acabamos de decir, como una explicación ulterior, o para dar más detalles:

| esto es |

[17] ● **Y vuelvo la semana que viene, esto es el martes por la tarde.**

Esta expresión es sinónimo de **es decir** y **o sea**.

3.7.5. Para expresar aprobación por algo dicho o hecho por otro, señalando a la vez que está bien / es correcto:

| eso es |

[18] ● **¿Es así?**
     ○ **Eso es. Perfecto.**

3.7.6. Para referirse a algo que puede ocurrir de manera imprevista y repentina:

| en una de ésas |

[19]   ● Yo que tú tendría más cuidado con el jarrón. En una de ésas se
          te cae y se rompe.

El uso de esta expresión está generalmente relacionado con contextos en los que
el enunciador ha señalado anteriormente algo que según él está mal hecho, o que
sería mejor que no se hiciera, porque representa un riesgo.

3.7.7.   Después de mencionar dos o más elementos en una enumeración en dos fases,
         para referirse de nuevo a ellos en la lengua escrita y en los registros formales o
         cultos, se usa con frecuencia:

> éste / ésta / éstos / éstas... aquél / aquélla / aquéllos / aquéllas

En tales casos **éste/a/os/as** se refiere al segundo elemento mencionado (o al
segundo grupo); y **aquél/lla/os/as**, al primero (más alejado del momento de la
enunciación):

[20]   ● En el Olimpo, convivían tranquilamente dioses y diosas: a aquéllos
          se les atribuía...

EL POSESIVO

1. INTRODUCCIÓN GENERAL

1.1. Entre los determinantes del sustantivo destaca un grupo que sirve para situar el sustantivo con respecto a las diferentes personas que participan o no en la comunicación, sin tener en cuenta ni las coordenadas temporales ni las espaciales del acto de enunciación: se trata de los posesivos.

1.2. En español, existen dos series de posesivos, que se distinguen entre sí tanto por su comportamiento formal como por su significación y por la diferencia de usos en el plano funcional: la *forma átona* y la *forma tónica* del posesivo.

    1.2.1. La *forma átona* va siempre antes del sustantivo al que determina y no puede ir acompañada de ningún otro determinante del sustantivo. Se trata de una forma inacentuada en el ritmo de la frase, por lo que siempre se apoya en el sustantivo. De ahí que nunca se encuentre sola.

    1.2.2. La *forma tónica,* por el contrario, puede aparecer sola o al lado de un sustantivo, al que sigue. Con frecuencia, va acompañada de un determinante del sustantivo.

1.3. Los posesivos se utilizan, a veces, para referirse a una relación de posesión con el objeto introducido por el posesivo. Sin embargo, es importante tomar conciencia de que no siempre se trata de posesión propiamente dicha, y de que, a menudo, sirve esencialmente para situar el sustantivo con respecto a un sujeto.

Los efectos expresivos que pueden derivar del uso de un posesivo, así como sus contextos de uso pueden ser múltiples. En la interpretación de los usos del posesivo desempeñan un papel fundamental el conocimiento previo que tienen los interlocutores de la situación de comunicación y del contexto más amplio, de todo lo que ya se ha dicho o se presupone, así como del código lingüístico utilizado y de la realidad extralingüística a la que remiten los elementos relacionados.

➲ La posesión

➲ El demostrativo: contraste demostrativo - posesivo

2. LA FORMA ÁTONA

2.1. MORFOLOGÍA

Posesivos		Persona con respec- to a la que sitúan el
singular	*plural*	sustantivo
mi	mis	yo
tu	tus	tú
su	sus	él/ella/usted
nuestro/a	nuestros/as	nosotros/as
vuestro/a	vuestros/as	vosotros/as
su	sus	ellos/ellas/ustedes

Observaciones:

1. Las formas **nuestro** y **vuestro** concuerdan en género y número con el sustantivo al que se refieren (es decir con la *cosa poseída*), y no con el posesor, contrariamente a lo que ocurre en otros idiomas.

2. Las formas **mi**, **tu** y **su** concuerdan sólo en número con el sustantivo al que se refieren.

3. Las formas que sitúan el sustantivo con respecto a la tercera persona (**él, ella, ellos, ellas**) y a la forma de cortesía (**usted, ustedes**) son iguales para la tercera persona de singular y de plural (es decir: cuando se trata de uno o de varios posesores).

4. Estas formas de posesivo son incompatibles con los demás determinantes del sustantivo, ya que forman por sí solas *un bloque saturado* con el sustantivo.

Como cualquier otro determinante, estas formas de posesivo van siempre justo antes del sustantivo al que sitúan con respecto a una persona.

A veces, entre el sustantivo y el posesivo puede haber uno o varios adjetivos.

2.2. USOS

Se usa esta forma para situar el sustantivo con respecto a una de las personas que participan en la comunicación (**yo, tú, usted, nosotros/as, vosotros/as, ustedes**), o a un referente / persona ausente (**él, ella, ellos, ellas**). Además, todas las veces que se usa una forma átona de posesivo se presupone la relación entre el sustantivo y la persona considerada, ya sea porque se ha introducido explícitamente, ya sea porque el sustantivo se refiere a algo que, por su naturaleza, por nuestra estructura social, o por los hábitos establecidos y aceptados en nuestra sociedad, se puede aceptar presuponer para cualquier persona:

[1] ● **¿No conoces a Gloria? Es mi hermana.**

2.2.1. El uso de esta forma de posesivo se puede referir a *relaciones extralingüísticas* de distintos tipos. Damos a continuación algunos ejemplos[1]:

2.2.1.1. Posesión

[2] ● **¿Has visto mi bolígrafo?**

2.2.1.2. Parentesco

[3] ● **Perdona, tengo que marcharme: he quedado con mi madre.**

2.2.1.3. Relaciones de pertenencia de la persona con respecto a un grupo, una colectividad, etc., al que remite el sustantivo:

[4] ● **En mi clase hay un chico que ha vivido diez años en China.**

[5] ● **En mi barrio hay un mercado estupendo.**

2.2.1.4. Relaciones con objetos que se utilizan normalmente o que han sido atribuidos:

[6] ● **Ésta es mi silla.**

[7] ● **Rogamos a los señores pasajeros que vuelvan a sus asientos y permanezcan sentados, con los cinturones abrochados.**

2.2.1.5. Relaciones con instituciones:

[8] ● **Pero si aquí tienes tantos problemas, ¿por qué no abres una cuenta en mi banco?**

2.2.1.6. CON MÁS DETALLE

En todos los usos del posesivo se trata de un único tipo de relación. Los efectos expresivos, numerosísimos, son interpretables esencialmente gracias a los conocimientos previos de los que disponen los hablantes. Así, por ejemplo, si sabemos que la persona que habla tiene mucho dinero y posee un banco se interpretará [8] como expresión de la posesión.

---

1 Este apartado, no previsto inicialmente, tiene como origen una conversación con Neus Sans.

De lo contrario, nuestro conocimiento del mundo nos dice que es improbable que se trate de auténticas relaciones de propiedad, y nos lleva a interpretar el mismo ejemplo como una referencia a la relación de usuario que se mantiene con servicios públicos como los bancos.

2.2.2. CON MÁS DETALLE

Cuando no se ha presentado todavía la relación *sustantivo — persona*, el interlocutor rechaza, a veces, en las relaciones informales o de confianza, la presuposición y pide aclaraciones / explicitaciones:

[9]   ● **Anoche estuve cenando con mi mujer en un restaurante japonés...**
      ○ **O sea que estás casado...**

Esto no suele ocurrir cuando se trata de un sustantivo que en nuestra sociedad constituye un presupuesto para cualquier ser humano, o un presupuesto para las personas implicadas en una determinada situación en la que nos estamos moviendo:

[10]   ● **¿Qué buscas?**
      ○ **Mi abrigo, no sé dónde lo he dejado.**
      ● *** O sea que tienes abrigo...**

Por otra parte, son indudablemente más frecuentes los casos en los que se piden aclaraciones o explicitaciones sobre presuposiciones en las relaciones informales o de confianza, debido a unas mayores expectativas por parte de los interlocutores sobre la cantidad de información que hay que dar explícitamente y de primera mano.

2.2.3.   Cuando no ha habido ninguna mención / presentación de la relación en el contexto anterior, el uso del posesivo implica que se trata de una relación única, especialmente si el sustantivo no se refiere a algo que puede constituir un presupuesto universal o situacional.

2.2.3.1. CON MÁS DETALLE

Este efecto expresivo se debe a la presuposición de información que no se ha dado: ante la imposibilidad de interpretar el uso de esta forma de posesivo por no haberse introducido la relación, el oyente tiende a captar la información como algo presuponible debido a su carácter único. Esto no ocurre cuando se acaba de mencionar la relación:

[11]   ● **¿Cómo lo resolvemos?**
      ○ **Tengo un amigo que trabaja allí...**
      ● **¿Y puedes llamar a tu amigo para pedirle ese favor?**

En casos como éste, sólo pueden usarse **mi, tu, su... amigo** si ya se ha planteado la relación con el sustantivo, debido a que un sustantivo como **amigo** remite a una relación que se puede presuponer como única.

2.3. No se usa normalmente el posesivo para referirse a las partes del cuerpo, a efectos personales, etc.

➲ La posesión

3. LA FORMA TÓNICA

3.1. MORFOLOGÍA

Posesivos				Persona con respecto a la que sitúan el sustantivo
singular		plural		
masc.	fem.	masc.	fem.	
mío	mía	míos	mías	yo
tuyo	tuya	tuyos	tuyas	tú
suyo	suya	suyos	suyas	él/ella/usted
nuestro	nuestra	nuestros	nuestras	nosotros/as
vuestro	vuestra	vuestros	vuestras	vosotros/as
suyo	suya	suyos	suyas	ellos/ellas/ustedes

Observaciones:

1. Todas las formas tónicas concuerdan en género y número con el sustantivo al que se refieren (es decir: con la cosa poseída), y no con el posesor, contrariamente a lo que ocurre en otros idiomas.

2. Las formas tónicas que sitúan el sustantivo con respecto a **nosotros/as** y **vosotros/as** son idénticas a las átonas.

3. Las formas que sitúan el sustantivo con respecto a la tercera persona (**él, ella, ellos, ellas**) y a la forma de cortesía (**usted / ustedes**) son iguales para la tercera persona de singular y de plural (es decir: cuando se trata de uno o de varios posesores).

4. Estas formas de posesivo se ponen después del sustantivo y, por lo general, van acompañadas por otro determinante que introduce al sustantivo.

3.2. USOS

A diferencia de la forma átona del posesivo, la forma tónica se caracteriza por constituir, siempre, un elemento nuevo de información con respecto al sustantivo.

➲ El adjetivo: posición

El uso de esta forma implica la presuposición de la existencia de la cosa aludida, pero presenta la relación como un elemento nuevo de información con respecto al sustantivo en la situación / el contexto considerado.

Los principales contextos de uso de estas formas de posesivo son los siguientes:

3.2.1. Al presentar / introducir un elemento nuevo, informando, a la vez, sobre su relación con una de las personas que participan en la comunicación o que ya se han mencionado:

[12] ● **¿No conoces a Alberto? Es un amigo mío.**

[13] ● **¿Y usted trabaja en Munich? Un compañero mío de la universidad también está viviendo allí.**

[14] ● **¿Cómo dices que se llama?**
○ **Andrés Gómez.**
● **¡Ah, sí! He leído varias novelas suyas.**

3.2.1.1. CON MÁS DETALLE

En estos casos, el sustantivo va siempre introducido por un determinante que señala que se trata de primera mención: **un/una**, **algún/alguna**, **ningún/ninguna**, **cualquier**.

3.2.2. Al referirse a un sustantivo que ya ha aparecido en el contexto, señalando a la vez su relación con una de las personas que participan en la comunicación o que ya se han mencionado, se introduce con un determinante de segunda mención — en la mayoría de los casos, un demostrativo:

[15] ● **¿Te acuerdas de ese compañero mío del que te hablé la semana pasada? Pues está aquí de vacaciones. Me gustaría presentártelo.**

3.2.3. Al informar sobre la propiedad[2] con respecto a un sustantivo: en estos casos, la forma tónica de posesivo constituye, generalmente, la única información nueva y se halla sola o va introducida por el verbo **ser**:

[16] ● **Mira lo que se han dejado. ¿De quién será?**
○ **No, no se lo ha dejado nadie. Es mío.**
● **¿Tuyo?**

Ahora bien, para informar sobre la propiedad con respecto a una persona que no

---

2 Sin olvidar que no hay que interpretar este término de manera demasiado literal.

➲ 2.2.1.

➲ La posesión

participa directamente en la comunicación y que no ha sido mencionada anteriormente en el contexto se usa:

| de + *persona* |

[17]   ● **¿Y esto de quién es?**
       ○ **De mi hermano.**

3.2.4.   Cuando ya se ha hablado de un sustantivo y no necesitamos repetirlo porque no se ha mencionado ningún otro (por lo tanto, no hay ambigüedad en el contexto y tanto el enunciador como su interlocutor saben de qué sustantivo están hablando), para referirse a él o para identificar uno de sus referentes extralingüísticos a través de la relación de posesión se suele usar:

| el/la/los/las + *forma tónica de posesivo* |

[18]   ● **¿En qué coche vamos?**
       ○ **Si quieres vamos en el mío. Lo tengo aquí mismo, a la vuelta de la esquina.**

3.2.4.1. CON MÁS DETALLE

El uso de esta construcción indica que se presupone la existencia tanto de la cosa aludida como de su relación con la persona a la que se refiere el posesivo. Sin embargo, el elemento más tematizado en esta construcción es el sustantivo (que ya no se menciona, debido a que se sabe de qué sustantivo se trata). El artículo determinado (de segunda mención) señala que se trata de un sustantivo que ya ha aparecido y proporciona la información necesaria sobre su género y número, para que pueda seguir siendo identificable entre los elementos que ya se han mencionado.

➲   El artículo

La mención del posesivo también es necesaria, porque si bien se presupone en esta construcción la existencia de una cosa que está en dicha relación de posesión con la persona a la que se refiere el posesivo, su mención, al contrario de la del sustantivo, constituye el elemento de información nueva para el contexto: por eso se usa la forma tónica del posesivo.

La construcción **el/la/los/las** + *sustantivo* + *forma tónica de posesivo* (por ejemplo: **el libro mío**), presentada por la mayoría de las gramáticas como perfectamente normal, tiene usos limitadísimos. Esto se debe a que si ya se ha mencionado el sustantivo, y sólo se quiere señalar la relación de posesión como elemento nuevo, se borra el sustantivo y se mantiene simplemente el artículo (**el / la...**) con el o los elementos nuevos de información (en este caso: el posesivo). Así pues, para poder tener un sustantivo introducido por un artículo determinado (de segunda mención), seguido de una forma tónica de posesivo, tenemos que hallarnos en un contexto en el que ya se haya mencionado el sustantivo en cuestión, junto a otros sustantivos del mismo género y número con los que podría haber confusión, para que se requiera la repetición del sustantivo. Además, no tiene que haber aparecido explícitamente la relación de posesión con la persona a la que se refiere el posesivo: de lo contrario se utiliza la forma átona.

Es más frecuente el uso de un sustantivo introducido por un demostrativo y seguido de una forma tónica de posesivo porque el demostrativo, al contrario del artículo determinado (de segunda mención), no se limita tan sólo a señalar que se trata de un sustantivo que ya ha aparecido. Al usar un demostrativo, el enunciador está intentando *llevar a su interlocutor hacia* la cosa de la que está hablando, como ayudándole a recordar. De ahí la presencia del sustantivo: se trata de algo que ha aparecido, pero no en el contexto inmediatamente anterior.

➲ Los demostrativos

➲ El artículo

3.2.5. Se usan las formas tónicas del posesivo al dirigirse a alguien con algunas construcciones en vocativo:

[19] ● **Bueno, amor mío, hasta mañana.**

[20] ● **¡Dios mío, ayúdame!**

Este fenómeno —que con frecuencia señala cierta intención retórica por parte del enunciador— es típico de determinado lenguaje escrito: cartas, discursos, etc.[3]

Destaca entre estos vocativos la fórmula convencional para dirigirse por carta, en un registro más bien formal / burocrático, a una persona desconocida: **muy señor mío / muy señora mía / muy señores nuestros**, etc.

4. CASOS ESPECIALES

4.1. A veces, cuando se han mencionado dos personas en el contexto, puede haber ambigüedad en la interpretación del posesivo **su/suyo**; se sustituye entonces por la expresión **de + él/ella/ellos/ellas**, o por **de** + *persona:*

[21] ● **Marta quería que fuéramos en su coche, y Peter quería que fuéramos en el suyo. Después de una de esas discusiones que no acaban nunca, ella se acordó de que no tenía gasolina, o sea que fuimos en el de él.**

En algunas ocasiones, además, se usan los posesivos **su/suyo** en combinación con la expresión **de + usted/ustedes** para marcar más la relación de respeto con el interlocutor.

---

[3] Sin embargo, también se encuentran, en estos casos, expresiones con forma átona de posesivo.

4.2. CON MÁS DETALLE

A veces, se usan formas de posesivo con expresiones compuestas por adverbios, sustantivos, etc., seguidos de una preposición, que se construyen en otros contextos con las preposiciones **de** y, menos frecuentemente, **a**. Damos a continuación algunos ejemplos:

a favor de	en contra de
al lado de	a / por causa de
delante de	en beneficio de
detrás de	a la derecha /izquierda de
alrededor de	en torno a

[22]   ● Está a mi lado.

[23]   ● Todo esto va en beneficio suyo.

4.3. Se usan las expresiones **los míos/los tuyos/los suyos**, etc. y **lo mío/lo tuyo/lo suyo** con el sentido de **mi familia/mis familiares/tus familiares**, etc. y **mi especialidad/lo que me interesa a mí/tu especialidad**, etc.:

[24]   ● Saludos a los tuyos.

[25]   ● Intentaré hacerlo, pero no sé qué tal me saldrá, porque no es lo mío.

4.4. EL OPERADOR PROPIO

A veces, para explicitar un posesivo, evitando así toda ambigüedad, o para reafirmarlo, como poniendo de relieve su uso (y, por consiguiente, la relación a la que remite) se usa el operador **propio**[4]:

[26]   ● Que cada uno se ocupe de su propio equipaje.

---

4 A diferencia de otras lenguas, en español no se usa el operador **propio** para reafirmar algo que se dice en el momento mismo de decirlo, como para darle más fuerza:

Italiano: ● E' proprio bello! Complimenti!

Español: ● ¡Es realmente muy bonito!

Tampoco se usa este operador para reafirmar la elección de un elemento cuando interesa sobre todo el contraste con todos los demás que no han aparecido y que habrían podido aparecer en el contexto:

Italiano: ● Mi sorprende che me lo dica proprio tu!

Español: ● Me sorprende que me lo digas justo tú.

4.4.1. CON MÁS DETALLE

Además, se usa este operador para confirmar la elección de un elemento que se acaba de mencionar, como queriendo llamar la atención del destinatario sobre su identidad.

[27] ● **Las cosas estaban tan mal que el propio presidente tuvo que intervenir en el asunto.**

Generalmente en estos usos, se pone de relieve la identidad del elemento mencionado porque se quiere señalar que nos hallamos ante algo que, en principio, no entraba entre las previsiones del que habla, por tratarse del elemento máximo concebible para el contexto o la acción considerada.

LOS PRONOMBRES PERSONALES

1. INTRODUCCIÓN

1.1. Los pronombres personales son aquellas palabras que sirven para referirse a las distintas personas gramaticales.

Los pronombres personales se definen en relación con el acto de enunciación y la distribución que implica dicho acto de los papeles de *enunciador, destinatario del mensaje* y *tercera persona* —que no participa directamente en el intercambio comunicativo (objeto del discurso entre el hablante y el destinatario del mensaje). Al cambiar los turnos de palabra, cambia el referente extralingüístico de los pronombres personales.

1.2. El español, como todos los idiomas, dispone de un sistema complejo de pronombres personales, organizado en torno a varios ejes que cuentan con formas diversas, según su función gramatical en la frase: sujeto, complemento directo, complemento indirecto, reflexivos, etc.

1.3. Antes de tratar el tema de los pronombres personales, es oportuno exponer la organización del sistema de las personas gramaticales en español, para que queden claras las referencias que posteriormente se hagan al mismo.

1.3.1. **Singular**

> ► La *primera persona de singular* es aquélla que en el acto de enunciación desempeña la función de hablante. Todo el sistema personal está organizado en torno a esta figura. Cada vez que un ser humano abre la boca para hablar, asume *ipso facto* el papel de hablante y se convierte consiguientemente en primera persona de singular del momento.

- La *segunda persona de singular* desempeña, en el intercambio comunicativo, la función de destinatario del mensaje.

  Naturalmente, al cambiar la persona que habla, cambia automáticamente el referente de la primera y, a veces, de la segunda persona de singular.

- Se suele llamar *tercera persona* a todas aquellas personas o cosas que no desempeñan ni la función de hablante, ni la de destinatario / oyente del mensaje directamente implicado en el intercambio comunicativo (ya sea éste escrito u oral). La tercera persona es, por lo tanto, un mero *objeto del discurso* entre el hablante y el destinatario.

  El referente extralingüístico de la tercera persona está estrechamente relacionado con el / los referentes del discurso entre los interlocutores.

1.3.2. Plural

- La primera persona de plural es una persona colectiva que incluye al hablante. Puede, según las situaciones de comunicación tener dos tipos de configuración:
  → hablante + oyente / destinatario del mensaje (+ tercera persona);
  → hablante + tecera persona. En esta segunda configuración, queda excluido el oyente / destinatario del mensaje.

- La segunda persona de plural es una persona colectiva que excluye por definición al hablante / enunciador y que incluye al oyente / destinatario del mensaje.

- La tecera persona de plural es la única persona colectiva de la que se puede decir que es el plural de la persona de singular correspondiente. Se trata, pues, de una persona colectiva que excluye tanto al hablante como al oyente.

2. LOS PRONOMBRES PERSONALES SUJETO

2.1. FORMAS

Las formas de pronombre personal sujeto son las siguientes:

	Persona	*Pronombre*
Singular	*primera*	**yo**
	segunda	**tú, usted**
	tercera	**él/ella**
Plural	*primera*	**nosotros/as**
	segunda	**vosotros/as, ustedes**
	tercera	**ellos/ellas**

Observaciones:

1. **Usted / ustedes**

   Son numerosos los manuales de gramática que incluyen las formas **usted / ustedes** entre las de tercera persona de singular y de plural respectivamente, debido a que requieren un verbo en tercera persona. Sin embargo, al tratarse de formas que se refieren al destinatario del mensaje, nos parece más correcto incluirlas entre las de segunda persona.

2. Las abreviaturas que corrientemente se usan para estas dos formas son:

usted	→	**Vd.**
ustedes	→	**Vds.**

3. Igual que su equivalente en la mayoría de los idiomas, las formas **yo**, **tú**, **usted** y **ustedes** tienen una única forma para el masculino y para el femenino, debido a que remiten a personas que se definen exclusivamente por el papel que desempeñan dentro del circuito de la comunicación, y que son únicas: sólo hay un papel de hablante y un papel de oyente. El referente extralingüístico es, en cierto sentido irrelevante y puramente casual, ya que está estrechamente relacionado con cada momento o acto de enunciación.

4. Por el contrario, las formas **él/ella, ellos/ellas, nosotros/nosotras, vosotros/vosotras** tienen una forma de masculino y otra de femenino: concuerdan, pues, con su referente extralingüístico. Si se trata de hombres o de hombres y mujeres se usa la forma no marcada, que es la de masculino. Cuando se trata tan sólo de mujeres, se usa la forma de femenino.

5. Esta posibilidad de concordar con su referente extralingüístico que tienen estas formas se debe, en el caso de **él/ella** y **ellos/ellas** a que, al remitir a *objetos del discurso* que se produce entre el enunciador y el destinatario del mensaje que, por definición, quedan excluidos del circuito de la comunicación, tienen una multiplicidad de referentes extralingüísticos posibles, con mayores posibilidades de ambigüedad / confusión: de ahí la necesidad de un sistema que permita diferenciar / especificar lo más posible.

6. En el caso de **nosotros/nosotras** y **vosotros/vosotras**, se trata de personas colectivas que, además de las personas directamente implicadas en el intercambio comunicativo, incluyen o pueden incluir otras personas. Por eso el sistema prefiere mantener, aquí también, la posibilidad de especificar más, mediante la concordancia de estos operadores con su referente extralingüístico.

2.2. USOS

2.2.1. Tú / vosotros - usted / ustedes

2.2.1.1. En español peninsular, para referirse al destinatario del mensaje se puede escoger entre **tú / vosotros** y **usted / ustedes**. Se usa:

   ◗ **tú / vosotros** en las relaciones menos formales o de confianza;
   ◗ **usted / ustedes** en las relaciones más formales.

Usted / ustedes se usa más en algunas relaciones profesionales y, sobre todo, al dirigirse a personas desconocidas o mayores, con las que no se mantienen relaciones de confianza. También se usa **usted/ustedes** en relaciones jerarquizadas.

2.2.1.2. El verbo que se refiere a **usted** va en tercera persona de singular. El que se refiere a **ustedes**, en tercera persona de plural.

2.2.1.3. La elección entre una u otra de estas posibilidades es altamente subjetiva: depende en gran medida de los hábitos de relación de cada hablante. Pueden, no obstante, hacerse algunas observaciones de tipo general, teniendo en cuenta los comportamientos más frecuentes.

El uso de **tú / vosotros** es mucho más frecuente en el español peninsular que en la mayoría de los idiomas en los que existe esta oposición. Se suele usar **tú** en las relaciones entre colegas o entre personas de la misma edad. También es normal el uso de **tú** en el trato profesor-alumno, y relativamente frecuente en las relaciones alumno-profesor, sobre todo en la enseñanza universitaria. Es, asimismo, bastante corriente el uso de **tú** en las relaciones con personas que trabajan en una serie de servicios públicos —en especial, si son jóvenes: dependientes de las tiendas, camareros de bares y restaurantes, chóferes de taxi, etc.

2.2.1.4. Si bien es bastante más difícil generalizar sobre el español americano dada la amplia gama de variedades existentes, pueden presentarse algunas consideraciones generales.

En español americano no existe, prácticamente, el uso de **vosotros**. El sistema dispone, pues, de dos posibilidades en singular: (**tú** y **usted**), y de una sola en plural (**ustedes**).

Si bien la base del sistema en singular es prácticamente idéntica a la del español peninsular, los usos habituales de **tú** y **usted** son ligeramente distintos: en América no existe tendencia alguna a ir abandonando el **usted**, que tiene un uso muy amplio. Además, existen, en algunos países, unos usos del **usted** que implican ternura, características de ciertas relaciones afectivas: relaciones de pareja, relaciones de madre / padre a hijo... En estos casos, el uso del usted alterna generalmente con el del tú según los momentos, las intenciones comunicativas del hablante, la disposición afectiva / emocional de los dos interlocutores, el tema / objeto del intercambio comunicativo, etc.

2.2.1.5. **Vos**

En algunas zonas, bastante circunscritas geográficamente, existe, además —sobre todo en los registros más informales—, una tercera posibilidad: **vos**, que requiere formas especiales del verbo en algunos tiempos. Su uso es alternativo al de **tú**: se usa pues en relaciones informales o de confianza. En Argentina, Uruguay y

Paraguay su uso está bastante generalizado. El de **tú** queda limitado casi exclusivamente a los registros más cultos / académicos. En Chile, el uso de **vos** es frecuente en registros familiares, sobre todo en los ambientes de nivel socioeconómico menos elevado, por lo que, a diferencia de lo que ocurre en Argentina y Uruguay, las capas altas de la sociedad le atribuyen connotaciones más bien vulgares, e intentan evitar su utilización.

Las formas verbales que acompañan a **vos** en Argentina, Uruguay y Paraguay, en presente de indicativo son parecidas a las de **tú**, pero tienen siempre el acento tónico en la terminación, por lo que llevan acento gráfico, no sufren alteraciones vocálicas (ya que éstas vienen estrechamente relacionadas con el acento) y las terminaciones sufren, a veces, ligeras variaciones, debido a una regularización con las demás personas en las que el acento descansa en la terminación:

tú	vos
cantas	cantás
comes	comés
subes	subís
juegas	jugás
quieres	querés
tienes	tenés
dices	decís
piensas	pensás
puedes	podés
duermes	dormís

En imperativo, son casi iguales, pero no tienen la —s final que tienen en presente: no existen, pues, las formas irregulares que se dan en la conjugación del imperativo en la forma afirmativa para **tú**:

tú	vos
toma	tomá
come	comé
dí	decí
ven	vení
siéntate	sentate

En los demás tiempos y modos, la conjugación es muy similar a la de **tú**.

➲ El sistema verbal

2.2.2. Aunque la tercera persona se refiere a todos los elementos que pueden ser objeto del discurso entre los interlocutores, las formas **él, ella, ellos** y **ellas** se refieren esencialmente a personas o seres animados —y no suelen referirse a cosas, a no ser que estén personificadas.

Para referirse a cosas se usan otros recursos, como por ejemplo los demostrativos.

De cualquier forma, cabe señalar que son raros los casos en los que se necesita un pronombre sujeto para referirse a un objeto que se acaba de mencionar, puesto que, por lo general, cuando un sustantivo ya ha aparecido en el contexto, para tematizarlo simplemente se suprime; al hablar de objetos, parecen ser menos frecuentes los casos en los que se hace necesario aclarar dudas mediante un pronombre sujeto mencionado explícitamente en el contexto.

⮑ 2.2.3. Presencia / ausencia del pronombre sujeto

En los casos en que, en un registro culto, se está hablando de algo complejo, que no podemos o no queremos nombrar (como por ejemplo un concepto, un elemento de información que se acaba de dar, una frase entera, etc.), se usa, a veces, el pronombre neutro **ello**. El uso de **ello** es paralelo al de las formas neutras del demostrativo.

2.2.3. Presencia / ausencia del pronombre sujeto

A diferencia de lo que ocurre en otras lenguas, el pronombre sujeto en español no está siempre expresado explícitamente en el contexto. Esto no significa en absoluto, sin embargo, que se trate de un sistema caprichoso en el que los pronombres pueden estar o no estar por pura casualidad. Si bien es cierto que el verbo en sí mismo, diferentemente de lo que encontramos en otros idiomas, ya contiene las marcas personales (incluso en la lengua hablada), hay casos en los que la presencia del pronombre personal sujeto se hace imprescindible para una correcta comprensión.

Su uso es ineludible cuando el hablante siente la necesidad de distinguir entre distintos sujetos, de contrastarlos, cualquiera que sea el motivo. En algunos casos, además, se usa para subrayar cierto tipo de relación que existe con el interlocutor. Los pronombres sujeto se usan generalmente:

2.2.3.1. En la identificación de personas:

[1] ● **¿Jaime Gómez?**
     ○ **Soy yo.**

Este uso del pronombre sujeto tiene una función deíctica fundamental: señalar a un individuo de un grupo real o potencial / concebible.

Algo parecido ocurre en [2]:

[2] ● **¿Eres tú Javier Zanón?**
     ○ **No, yo soy Jenaro Ortega.**

2.2.3.2. Al contestar a una pregunta que ha sido dirigida a varias personas a la vez:

[3] ● **¿Cómo os llamáis?**
     ○ **Yo, Pepe.**
     ❐ **Yo, Andrea.**

El uso del pronombre sujeto es, en estos casos, una manera de señalar que se está teniendo en cuenta que hay varias personas presentes en el contexto; y de tematizar la pregunta, que pasa a ser algo que está ahí, a disposición de todos y que cada uno recoge cuando quiere, cuando le toca, cuando puede, etc.

2.2.3.3. En preguntas, cuando se contesta a algo dicho por otro, o a otra pregunta, señalando que se tienen dudas sobre la identidad del destinatario de la pregunta o el sujeto del verbo. Se trata de un mecanismo general de control de la identidad de un elemento, que rebasa la problemática de los pronombres:

[4] ● ¿Por qué has llegado tarde?
○ ¿Yo?

[5] ● Acordaos de avisar a Luis.
○ ¿Quién? ¿Nosotros?

En estos usos del pronombre sujeto, lo que hace el enunciador es poner en discusión la atribución de un determinado predicado a un sujeto. Como el único elemento que discute es el sujeto, aceptando todo lo demás, es el único elemento que menciona en su pregunta.

A veces, en lugar de preguntas, se trata de verdaderas exclamaciones.

2.2.3.4. En repuestas a algo dicho por otros, o en afirmaciones / informaciones que se dan espontáneamente para dejar claro que se está refiriendo el verbo a un sujeto determinado, y establecer a la vez un contraste con todos los demás sujetos posibles en el contexto.

[6a] ● ¿Has hablado con Félix?
○ Yo, no.

[7a] ● Yo ya estoy listo.

A diferencia de lo que ocurre en [6b] y [7b], en [6a] y en [7a] el hablante está sugiriendo indirectamente que hay otros sujetos posibles en el contexto, y que lo dicho puede no ser verdad con respecto a ellos. En [6b] y [7b], en cambio, se entiende que se está hablando sólo de una persona, sin ninguna referencia a otros:

[6b] ● ¿Has hablado con Félix?
○ No.

[7b] ● Ya estoy listo.

Los efectos expresivos relacionados con estos usos pueden ser múltiples: nota polémica, timidez por parte del hablante (que no quiere que su respuesta parezca definitiva), miedo, sorpresa, etc. Así, por ejemplo en [6a], el hablante que usa **yo** puede estarlo haciendo para señalar que no sabía que tenía que hablar con Félix, para no excluir las esperanzas de que lo haya hecho otro, para expresar su sorpresa por la pregunta, para subrayar su rechazo (posiblemente expresado anteriormente) de hablar con Félix, etc.

2.2.3.5. Al contestar a algo dicho por otro, para señalar que se sigue hablando del mismo tema y, a la vez, subrayar el cambio de sujeto o de hablante:

[8]   ● **¿Sabes? Este verano he estado en Ibiza.**
       ○ **No me digas. Yo también.**

[9]   ● **Él está convencido de que todo se va a arreglar solo, pero yo no estoy tan seguro.**

2.2.3.6. Para subrayar que un predicado que acaba de aparecer en el contexto se aplica a otro sujeto, se usa con frecuencia:

pronombre sujeto + **también / tampoco**

según sea el predicado afirmativo o negativo respectivamente.

[8]   ● **¿Sabes? Este verano he estado en Ibiza.**
       ○ **No me digas. Yo también.**

[10]   ● **No soporto la música moderna.**
       ○ **Yo tampoco.**

Estos usos, típicos de la expresión del acuerdo y del desacuerdo, aparecen además en otros contextos, y están perfectamente en la línea de lo que son los operadores **también** y **tampoco**:
→ con **también** el enunciador señala que está añadiendo un elemento más a los que ya había mencionado; en el caso del ejemplo dado, dicho elemento es una persona, a la que remite el pronombre sujeto;
→ con **tampoco**, el enunciador señala que a las negaciones que ya sa han dado se añade una más; en este caso, se trata de la que se refiere a la persona a la que remite el pronombre.

La función de **también** y **tampoco** es, en estos usos, señalar que hay continuidad con la línea expresada anteriormente.

      ➲   Coordinar, corregir, contrastar informaciones: también
      ➲   Coordinar, corregir, contrastar informaciones: tampoco

En casos análogos, cuando se quiere subrayar que un predicado que acaba de aparecer en el contexto no se aplica a un sujeto se usa:

pronombre sujeto + **sí / no**

según sea respectivamente afirmativo o negativo el predicado anterior. La función de los operadores **sí** y **no** es señalar que se ha producido una ruptura con lo anterior.

[11]   ● **No he estado nunca en París.**
       ○ **Yo sí.**

[12]   ● **Este ejercicio lo acabo yo en diez minutos.**
       ○ **Pues yo no.**

2.2.3.7. CON MÁS DETALLE

En todos estos casos, se trata de un único principio básico: en español, el pronombre sujeto aparece sólo cuando al hablante le parece indispensable para la correcta comprensión de sus intenciones comunicativas.

Así por ejemplo, en los casos en los que se está identificando a alguien, la presencia del pronombre sujeto se debe al contraste con todos los demás elementos concebibles / presentes / etc. implícito en la búsqueda misma de la persona que corresponde a la identificación:

[1]   ● **¿Jaime Gómez?**
      ○ **Soy yo.**

[2]   ● **¿Eres tú Javier Zanón?**
      ○ **No, yo soy Jenaro Ortega.**

Las interpretaciones de un uso de un pronombre sujeto pueden ser múltiples y están siempre estrechamente relacionadas con el contexto, la información que comparten los interlocutores, la necesidad mayor o menor que perciben de usar un pronombre, etc. Todos estos componentes juntos, llevarán a una u otra interpretación. Así, por ejemplo, en [3]:

[13]   ● **¡Quisiera yo saber dónde has estado!**

Se entiende la nota polémica o la fuerte participación del hablante en lo que dice debido a la presencia de un pronombre sujeto aparentemente innecesario, combinado además, en este ejemplo, con una inversión del orden sujeto verbo que tiende a poner el pronombre en posición de relieve al proyectarlo entre los elementos más remáticos (nuevos).

2.2.3.8. Posición del pronombre sujeto

Para entender este aspecto del funcionamiento del pronombre sujeto, como en todos los demás temas relacionados con el orden de las palabras, es importante notar que siempre se parte de lo que está más contextualizado y se van añadiendo los elementos nuevos después. Así, pues, si se está hablando de una de las personas y el elemento más nuevo es el verbo, el sujeto (o el pronombre sujeto) va antes:

[2] ● ¿Eres tú Javier Zanón?
     ○ No, yo soy Jenaro Ortega.

[3] ● ¿Cómo os llamáis?
     ○ Yo, Pepe.
     ❑ Y yo, Andrea.

En [2], al decir **yo soy Jenaro Ortega**, el hablante antepone el pronombre sujeto para señalar que, aunque está teniendo en cuenta que su interlocutor está buscando a **Javier Zanón** (de ahí la presencia del pronombre), lo único que puede hacer él es hablar de sí mismo, informando sobre su propia identidad. En [3], en respuesta a una pregunta colectiva dirigida a un grupo, cada uno contesta hablando de sí mismo. El verbo no aparece porque está tematizado en su posición normal.

Cuando, por el contrario, ya se ha dado un predicado y lo que se quiere es atribuirlo a un sujeto, el pronombre sujeto representa el elemento nuevo y va después:

[1]   ● ¿Jaime Gómez?
      ○ Soy yo.

[14] ● La cena la hice yo.
      ○ ¿Ah, la hiciste tú? ¡No me digas!

A veces, aun en estos casos, se antepone el pronombre sujeto para marcar un contraste, una ruptura con lo anterior (*Estamos hablando de* A*, y yo, sin más transición, rompo con lo anterior y hablo de otra cosa*):

[15] ● Anoche fui a un concierto estupendo.
      ○ ¡Qué suerte! Yo, anoche tuve que trabajar hasta tarde.

[16] ● Debe de estar furioso. No soporta a los que llegan tarde.
      ○ Sí, pero tú nunca llegas tarde. Hoy es la primera vez.

Naturalmente, todo esto tiene relevancia únicamente en los casos en los que sea necesario expresar el pronombre sujeto explícitamente. De lo contrario, sólo se expresa el verbo, sin pronombre sujeto, y no se plantea el problema del orden de las palabras.

2.2.3.9. El pronombre sujeto **usted** tiene usos indudablemente más frecuentes que los demás: con frecuencia, se utiliza sencillamente para subrayar a través del trato (evidenciado por la presencia de **usted** en contextos en los que en principio es innecesario) el tipo de relación que se mantiene con el interlocutor.

En estos usos de **usted**, desempeña un papel fundamental el orden de las palabras: cuando el uso de **usted** tiene únicamente la función de poner de manifiesto una relación de respeto, distancia, desprecio, etc., sin implicar ningún tipo de contraste con respecto a otras personas (presentes o ausentes), **usted** suele ir después del verbo:

[17] ● Tiene usted toda la razón en decir lo que dice.

Sin embargo, cuando el uso del pronombre sujeto **usted** implica contraste con otras personas posibles —igual que los usos de los demás pronombres sujeto— **usted** suele ir antes del verbo:

[18] ● **Son unos groseros... No usted, no, claro que no... Usted es el único que ha mantenido un comportamiento impecable...**

2.2.3.10. A diferencia de lo que ocurre en otros idiomas, en español no se suelen usar los pronombres sujeto **nosotros** y **vosotros** en oraciones en las que ya hay un sujeto expresado y que es un sintagma nominal:

[19] ● **Sí, te entiendo muy bien, los médicos lleváis una vida horrible, sin parar un momento.**

En estos contextos, en español, los pronombres sujeto se usan sólo cuando se percibe una fuerte necesidad de subrayar un contraste —como en todos los usos del pronombre sujeto.

[20] ● **Sí, claro, lo tenéis todo muy bien montado, con unas oficinas fantásticas. Lo que pasa es que no habéis tenido en cuenta que nosotros, los periodistas, también necesitamos una sala.**

2.2.3.11. Tampoco se repite nunca el sujeto con pronombres plurales cuando ya hay un sujeto expresado compuesto por un sintagma nominal o un nombre coordinados a un **yo**, a un **tú/usted** o a un **él/ella**, a diferencia de lo que ocurre en otros idiomas:

[21] ● **Tanto mi mujer como yo trabajamos casi todo el mes, o sea que sólo iremos unos pocos días a la playa.**

[22] ● **¿Felipe y tú cómo lo hacéis?**

En algunos idiomas, se añade en ciertos casos un pronombre plural que recoge los elementos que se acaban de enumerar. En otros, esto se hace sólo en los registros informales / familiares. En español no se hace nunca.

3. LOS PRONOMBRES PERSONALES COMPLEMENTO

Existen dos tipos de pronombres complemento: los *tónicos* y los *átonos*.

● Las *formas átonas* pueden ir antes o después del verbo, y no van nunca introducidas por ninguna preposición.

● Las *formas tónicas* van siempre introducidas por una preposición, y anunciadas o recogidas por una forma átona.

Para estudiar y entender el funcionamiento de los pronombres personales que desempeñan funciones de complemento dentro del enunciado en el que se encuentran, es importante distinguir entre las personas que se refieren directa y explícitamente al *hablante* y al *oyente* (es decir: **yo, tú**), o que lo pueden incluir / lo excluyen explícitamente (**nosotros, vosotros**) de las terceras personas (**él/ella, ellos/ellas**) y de **usted/ustedes** (ya que se trata de un interlocutor al que, en cierta medida, el hablante no quiere tratar como tal).

3.1. LAS FORMAS ÁTONAS

3.1.1. Para las personas **yo/tú/nosotros/vosotros**

Las personas **yo, tú, nosotros/as** y **vosotros/as** tienen, cada una de ellas, una única forma átona de pronombre complemento, que puede funcionar como pronombre reflexivo, pronombre complemento directo y pronombre complemento indirecto. Estas formas son:

Persona a la que corresponde	*Pronombre*
yo	**me**
tú	**te**
nosotros/as	**nos**
vosotros/as	**os**

[23]   ● **¿Y tú, a qué hora te levantas?** [= reflexivo]

[24]   ● **Ayer te vi en la cola de un cine.** [= complemento directo]

[25]   ● **¿Te he contado lo que me sucedió la semana pasada?**
       [= complemento indirecto]

Estas formas son las únicas formas átonas de pronombre complemento que tienen estas personas.

3.1.2. Para las personas **él/ella, ellos/ellas, usted/ustedes**

A diferencia de las personas del grupo anterior, las terceras personas tienen formas distintas de pronombre complemento átono: *reflexivo, complemento directo* y *complemento indirecto.*

Las formas átonas de pronombre complemento de tercera persona funcionan perfectamente tanto para referirse a personas / seres animados como para referirse a objetos o conceptos abstractos.

Usted, aun siendo un interlocutor, al seguir las formas de la tercera persona, adopta las mismas formas de pronombre complemento.

3.1.2.1. La única forma de pronombre reflexivo de tercera persona, que se usa tanto en singular como en plural es **se**.

[26]   ● **Es un desastre, siempre se deja las cosas por ahí, nunca se afeita...**

3.1.2.2. Existen dos formas átonas de pronombre complemento indirecto de tercera persona, una de singular y otra de plural:

Persona a la que corresponde	*Pronombre complementento indirecto*
él/ella, usted	**le**
ellos/ellas, ustedes	**les**

[27]   ● **Si ves a Mariángeles, por favor, dile que me llame.**

[28]   ● **Señora Vila, ¿le han dicho que lo de mañana está cancelado?**

3.1.2.3. Existen cuatro formas átonas de pronombre complemento directo de tercera persona, *masculino* y *femenino*, *singular* y *plural*:

Persona a la que corresponde	*Pronombre complementento directo*
él, usted (*masculino*)	**lo**
ella, usted (*femenino*)	**la**
ellos, ustedes (*masculino*)	**los**
ellas, ustedes (*femenino*)	**las**

[29]   ● **¿Y esta lámpara es nueva?**
        ○ **Sí, me la regalaron en Navidad.**

[30]   ● **Mira, allí va el señor Huerta. ¿Por qué no lo saludamos?**
        ○ **¿Dónde? No lo veo...**

[31]   ● **¡Qué bonitos!**
        ○ **Los compramos en la India el año pasado.**

Además, en masculino, y sólo cuando se trata de personas, se usan, a veces, en algunas zonas del español peninsular, las formas **le** (singular) y **les** (plural).

3.1.3. Combinación de dos formas átonas de pronombre complemento

Cuando se juntan en una misma oración varios pronombres complemento, para establecer el orden hay que atender a dos tipos de consideraciones: la persona a la que se refiere cada uno de ellos y la función que desempeñan en la oración.

Por lo general, los pronombres que se refieren al **tú** ocupan siempre la primera posición, seguidos por los que se refieren al **yo**, y éstos a su vez van seguidos por los que se refieren a **él/ella/usted**:

> te — me — le/lo/la

En plural, el orden suele ser el mismo: **vosotros - nosotros - ellos/ellas/ustedes**:

> os — nos — les/los/las

Cuando combinan un pronombre singular que se refiere a **tú** o **yo** con uno cualquiera de plural, el de plural va después. Sin embargo, en la lengua hablada esta última combinación es frecuente sólo en registros informales.

La única excepción importante a estas reglas es el pronombre **se**, que siempre antecede a cualquier otro pronombre complemento.

Si bien estas reglas permiten resolver perfectamente todos los usos, es útil, además, tener en cuenta la presentación tradicional más frecuente, que, aunque más imprecisa, es más fácil de recordar y funciona en la gran mayoría de los casos. Tal es la presentación que desarrollamos a continuación.

3.1.3.1. Cuando coinciden en un contexto dos formas átonas de pronombre complemento, el indirecto va siempre antes del directo:

[32] ● **Me encanta tu camisa.**
○ **¿Sí? Me la regalaron el día de mi cumpleaños.**

3.1.3.2. Cuando se juntan dos pronombres de tercera persona, el indirecto (que va antes) se transforma en **se**:

le/les + lo	→	se lo
le/les + la	→	se la
le/les + los	→	se los
le/les + las	→	se las

3.1.3.3. Si uno de los dos pronombres es un reflexivo, éste precede siempre al otro:

[33] ● **Por favor, no te me vayas todavía, que necesito hablar contigo.**

[34] ● **¿Y la lámpara que estaba aquí?**
○ **Se me cayó esta mañana al limpiarla, y se rompió.**

3.1.3.4. Asimismo, cuando se junta una forma átona de pronombre complemento con el **se** de la construcción impersonal, **se** va siempre antes:

[35]   ● He engordado mucho.
        ○ Pues no se te nota nada.

[36]   ● Se te ve cansado. ¿Qué te pasa?

⮑ Las oraciones impersonales

3.1.4. Posición

Las formas átonas de pronombre complemento van siempre antes del verbo, si se trata de un verbo conjugado:

[37]   ● Me encanta esa camisa.
        ○ ¿Sí? Me la regalaron el día de mi cumpleaños.

[38]   ● ¿Y la lámpara que estaba aquí?
        ○ Se me cayó esta mañana al limpiarla, y se rompió.

Sin embargo, cuando el verbo va en infinitivo, en gerundio o en imperativo afirmativo, los pronombres van inmediatamente después de él, unidos al verbo. Se habla de *pronombres enclíticos*:

[39]   ● Es difícil ayudarla. No se deja ayudar.

[40]   ● Pasa, pasa. Siéntate, siéntate.

[41]   ● Emborrachándose no va a resolver sus problemas.

En imperativo negativo van, como con cualquier otra forma conjugada del verbo, antes:

[42]   ● No te sientes en esa silla, que está rota.

Cuando el infinitivo o el gerundio dependen de un verbo en una forma conjugada, los pronombres pueden ir antes de dicha forma, o inmediatamente después del infinitivo o del gerundio, pegados a él:

[43a]   ● ¿Quieres sentarte?

[43b]   ● ¿Te quieres sentar?

Sin embargo, si el infinitivo depende de una expresión del tipo de **me gusta**, los pronombres se mantienen pegados al infinitivo, para evitar confusiones con el pronombre que se refiere a dicha expresión:

[44]   ● Me apetece hacerle un regalo.

[45]   ● No le gusta ponerse moreno.

3.2. LAS FORMAS TÓNICAS

Como ya se ha dicho, las formas tónicas siempre van introducidas por una preposición y *anunciadas* o *recogidas* por una forma átona.

3.2.1. Existen tan sólo tres formas que son únicamente formas tónicas de pronombre complemento: la que corresponde al **yo** (**mí**), la que corresponde al **tú** (**ti**) y una forma de reflexivo de tercera persona (**sí**).

En todos los demás casos, las formas tónicas de pronombre complemento son idénticas a las formas de pronombre sujeto:

Persona a la que corresponde	*Forma tónica de pronombre personal complemento*
yo	**mí**
tú	**ti**
usted	**usted / sí** *(reflexivo)*
él	**él / sí** *(reflexivo)*
ella	**ella / sí** *(reflexivo)*
nosotros/as	**nosotros/as**
vosotros/as	**vosotros/as**
ustedes	**ustedes / sí** *(reflexivo)*
ellos	**ellos / sí** *(reflexivo)*
ellas	**ellas / sí** *(reflexivo)*

[46]   ● **Tengo que llevar mi reloj a arreglar.**
     ○ **Si quieres, déjamelo a mí. Te lo arreglo yo.**

[47]   ● **Toma, esto es para ti.**

[48]   ● **El otro día estuvimos cenando con Mariel y Juan Carlos.**
     ○ **¡Qué horror! Yo, francamente, a ella no la puedo ver.**

3.2.2. Existen tres formas contractas con la preposición **con**, que se usan en lugar de las formas normales:

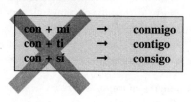

con + mí	→	conmigo
con + ti	→	contigo
con + sí	→	consigo

3.3. USOS

3.3.1. Las formas átonas

3.3.1.1. Cuando un elemento ya ha aparecido en el contexto, para volverlo a usar en función de complemento del mismo o de otro verbo se utilizan las formas átonas:

[27] ● **Si ves a Mariángeles, por favor, dile que me llame.**

[49] ● **¿Por qué no estabas ayer? Festejamos el cumpleaños de mi hermano.**
○ **Ah, no lo sabía. Bueno ya le pediré perdón. ¿Y qué le habéis regalado?**

[28b] ● **Señora Vila, ¿le han dicho que lo de mañana está cancelado?**
○ **Sí, ya me lo han dicho, gracias.**

[50] ● **Para mí, ha sido un error contarles todo eso.**

3.3.1.2. Como ya se ha señalado, siempre que se use una forma tónica, ésta va anunciada o recogida por una forma átona.

3.3.1.3. Existe un número consistente de verbos y expresiones que se refieren a sensaciones, reacciones físicas o emotivas, etc. que experimenta un sujeto, en las que el sujeto que las vive / sufre (es decir: el sujeto al que *se aplican*) va en una forma de pronombre indirecto —y el verbo no concuerda con él, sino con lo que provoca la reacción o la sensación. Damos a continuación algunos ejemplos:

> **gustar**
> **encantar**
> **apetecer**
> **constar**
> **antojarse**
> **ocurrirse**
> **saber + bien / mal**
> **hacerse difícil / fácil / ...**
> **olvidarse**
> **tocar (el turno,** en un juego, en una cola, etc.)
> **pesar**

Algunos de estos verbos (**tocar, pesar**, etc.) tienen, además, usos normales (a veces con sentido distinto) en los que concuerdan con el sujeto que vive el proceso al que remiten.

A estos se añaden una serie de expresiones con **dar**, como por ejemplo:

> **dar vergüenza / ganas de / asco / risa / frío / calor / miedo / ...**

[51] ● Me encanta el pescado.

[52] ● Ahora me toca a mí.

[53] ● Me sabe mal que esté tan solo.

[54] ● No se me habían ocurrido esas posibilidades.

3.3.1.4. A veces, se usa una forma átona de pronombre complemento indirecto con verbos perfectamente normales con sujeto propio, con los que no parece necesario el pronombre indirecto:

[38] ● ¿Y la lámpara que estaba aquí?
      ○ Se me cayó esta mañana al limpiarla, y se rompió.

[55] ● No me entres con los pies llenos de arena, que me ensucias el suelo.

[56] ● Se me ha muerto el gato.

Con frecuencia se trata de verbos usados en construcción reflexiva.

En estos casos, la persona a la que se refiere el pronombre indirecto *se beneficia de* o *padece* la acción ejecutada por el sujeto del verbo o, de alguna manera, *está implicada* en ella o en su(s) consecuencia(s).

Es frecuente este uso de los pronombres átonos indirectos con verbos en construcción reflexiva para señalar la involuntariedad de una acción por parte del sujeto al que remite el pronombre complemento indirecto. En muchos de estos casos, el sujeto que ha provocado la acción pasa a ser así una víctima involuntaria de algo en lo que se ve implicado y que sucede a pesar de él:

[57] ● Se me ha estropeado el coche.

[38] ● ¿Y la lámpara que estaba aquí?
      ○ Se me cayó esta mañana al limpiarla, y se rompió.

3.3.1.5. Cuando **todo(s)/a(s)** es complemento directo de un verbo (sustituyendo a un sustantivo que ya ha aparecido, o como forma neutra), se repite o se anuncia con una forma átona de pronombre complemento directo:

[58] ● Es insoportable. Siempre lo sabe todo.

3.3.1.6. Con verbos como **haber** en sus usos impersonales (**hay, había**, etc.), **tener**, etc. se usan a veces los pronombres **lo, la, los** y **las** con sentido partitivo, para recoger un elemento que ya se ha mencionado en el contexto anterior o para anunciar uno que se menciona justo después:

[59]   (Instrucciones para un ejercicio)
         Lea este texto y corrija las faltas, si las hay.

[60]   ● **Y en este espacio de aquí escribe los nombres de sus hijos, si los tiene.**

El uso de estos pronombres es facultativo en estos casos.

3.3.1.7. En español, al contrario de lo que ocurre en muchos idiomas, hay una tendencia muy fuerte a usar siempre una forma átona de pronombre complemento indirecto aun cuando el complemento mismo esté explícito en la misma oración, y en principio podría parecer innecesario:

[61]   ● **¿Le has preguntado a Concha lo del examen?**

La ausencia de dicha forma átona, cuya función es recoger o anunciar el complemento indirecto, se percibe como claramente extraña o anómala. Sólo se tolera tal ausencia, en algunos casos, en los registros más formales o en la lengua escrita.

Cuando el complemento indirecto expresado explícitamente va antes del verbo es inaceptable, aun en los registros formales o escritos, la supresión del pronombre átono que lo recoge:

[62]   ● **A mí, dime la verdad. No hace falta que me andes mintiendo.**

Este uso de una forma átona de pronombre complemento indirecto se da normalmente aun en las preguntas:

[63]   ● **¿Y el canario? ¿A quién le vamos a pedir que nos lo cuide?**

3.3.1.8. Análogamente a lo que ocurre con los complementos indirectos, también es posible el uso de formas átonas de complemento directo cuando está expresado el complemento explícitamente en la misma oración:

[64a]   ● **¿Sabes? Ayer me encontré con Daniela.**
         ○ **Yo la veo todos los días, a Daniela.**

Igual que en el caso de los complementos indirectos, este uso de un pronombre átono también es obligatorio para los complementos directos cuando el complemento precede al verbo, si se trata de un elemento conocido:

[64b]   ● **¿Sabes? Ayer me encontré con Daniela.**
         ○ **Yo, a Daniela la veo todos los días.**

[65]   ● **Este libro lo vendemos mucho.**

Si se trata de un elemento indeterminado —no mencionado anteriormente— o de una cantidad indeterminada, no se recoge con ningún pronombre:

[66]   ● **Yo, cerveza bebo mucha.**

3.3.1.8.1. CON MÁS DETALLE

Generalmente en estos casos se trata de un complemento directo que acaba de aparecer en el contexto justo anterior, y que el hablante retoma en lo que dice después tanto en su forma explícita como con un pronombre átono. Tanto en [64a] como en [64b], el elemento **Daniela** ya ha aparecido en la primera réplica, por lo que podría ser suficiente, en la réplica del hablante que contesta, recogerlo simplemente con una forma átona de pronombre. Al recogerlo tanto en su forma explícita (**a Daniela**) como bajo la forma de un pronombre (**la**), el enunciador efectúa una doble operación: tematiza y, a la vez, relanza como remático el complemento directo.

Para que esto sea posible, tiene que tratarse de un elemento que ya ha aparecido previamente en el contexto, y que se halla por lo tanto en su segunda mención. Por eso en estas estructuras, el complemento directo es siempre un nombre propio de persona o un elemento introducido por un determinante de segunda mención (artículo **el/la/los/las**, posesivo, demostrativo). Tal es, además, el motivo por el que no funciona esta operación en las preguntas por la identidad del complemento directo:

[67a]   ● **¿Qué fruta quieres?**

[67b]   ● ***¿Qué fruta la quieres?**

Este recurso comunicativo puede tener efectos expresivos de distintos tipos: con frecuencia se trata de mayor claridad, especialmente cuando se acaba de mencionar a más de un elemento, como en [68]:

[68]   ● **Anoche fuimos a cenar a casa de Federica y José.**
      ○ **¡Qué bien! Yo a José lo adoro. ¡Es tan cariñoso! ¡Pero a ella francamente no la puedo ver!**

Sin embargo, a menudo se trata de una nota polémica debida a que, al no aceptar una tematización simple, el hablante rompe en cierto sentido la dinámica normal de cooperación con su interlocutor en la construcción del discurso, como si no quisiera retomar nada de lo dicho por el otro y quisiera decirlo todo explícitamente y *ex novo*, dominando así el intercambio y marcando cierto despegue, superioridad, desprecio, ironía, etc. Normalmente el contexto general permite entender sin muchas dudas las intenciones comunicativas de los hablantes.

Nada de esto ocurre cuando se tematiza regularmente el elemento que ya ha aparecido:

[64c]   ● **¿Sabes? Ayer me encontré con Daniela.**
      ○ **Yo la veo todos los días.**

Cuando el hablante no está recogiendo un complemento que ya ha aparecido en el contexto previo, sino simplemente introduciendo el complemento como elemento nuevo de su discurso, éste suele ir después del verbo y no va anunciado por ningún pronombre:

[69a]   ● **Esta noche vuelve pronto, que he invitado a Agustín.**

Cuando el complemento directo no ha sido mencionado en el contexto previo es imposible o muy extraño que se recoja o anuncie con un pronombre:

[69b]   ● *Esta noche vuelve pronto, que lo he invitado a Agustín a cenar.

[69c]   ● *Esta noche vuelve pronto, que a Agustín lo he invitado a cenar.

Es importante no confundir los usos de una forma átona de pronombre complemento directo tratados en este apartado, con la anteposición de un complemento directo de primera mención:

[70]   ● Poca fruta y demasiada verdura has comprado.

[71]   ● ¡Un buen problema tenemos ahora!

En estos casos, no puede usarse paralelamente una forma átona de pronombre complemento directo porque no se trata de un complemento directo mencionado previamente, sino tan sólo de un recurso estilístico de ruptura con lo anterior, con el que, mediante la anteposición, se intenta poner el complemento en posición de mayor relieve.

3.3.2.   El uso de las formas tónicas queda reservado para aquellos casos en los que pueda haber ambigüedad (por ejemplo, debido a la presencia de varios elementos en el contexto, que pueden confundir) y se haga necesario explicitar bien a qué elementos nos estamos refiriendo:

[72]   ● Oye, por favor, si ves a Felipe y Ana, dile a él que lo espero mañana en la oficina.

[46]   ● Tengo que llevar mi reloj a arreglar.
       ○ Si quieres, déjamelo a mí. Te lo arreglo yo.

A veces, además, se usa una forma tónica de pronombre complemento cuando se percibe la necesidad de establecer un contraste claro con respecto a otras personas que han aparecido o pudieran aparecer en el contexto. Su uso, en el ámbito de los pronombres complemento, es paralelo al del pronombre sujeto:

[46]   ● Tengo que llevar mi reloj a arreglar.
       ○ Si quieres, déjamelo a mí. Te lo arreglo yo.

3.3.3.   A diferencia de lo que ocurre en otras lenguas, no se usan las formas **mí** y **ti** como segundo término de una comparación. En estos casos se usan, en español, las formas **yo** y **tú**:

[73] ● **Es un poco mayor que yo, tiene un año y pico más.**

[74] ● **Yo trabajo tanto o más que tú.**

3.3.4. Tampoco se usan estas formas con los operadores **entre, excepto, salvo, incluso y según**. En estos casos, también se usan **yo** y **tú**:

[75] ● **Ya se han servido todos excepto tú y yo.**

Sin embargo, con **excepto, salvo** e **incluso** puede ocurrir que el pronombre esté introducido por una preposición; en tal caso, se usa la forma tónica normal:

[76] ● **Hay uno para cada uno, excepto para ti y para mí.**

3.3.5. Uso de los pronombres complemento en oraciones impersonales con **se**

➲   Las oraciones impersonales

3.3.6. Con los verbos que funcionan como **me gusta**, se usan pronombres tónicos introducidos por una preposición para subrayar que un predicado que acaba de aparecer en el contexto *se aplica / no se aplica* a otro sujeto, análogamente a los usos del pronombre sujeto ilustrados en 2.2.3.6.:

[77] ● **Me encanta la cerveza.**
○ **A mí no.**

[78] ● **A mí me parece que tiene razón.**
○ **A mí también.**

Estos usos son frecuentes en la expresión de acuerdo y desacuerdo.

3.3.7. Usos del reflexivo

3.3.7.1. Los pronombres reflexivos se usan tanto para referirse a acciones que el sujeto efectúa sobre sí mismo, como para hablar de acciones que varios sujetos efectúan unos en otros o unos con otros recíprocamente:

[79] ● **En mi familia, en Navidad, siempre nos hacemos regalos.**

[80] ● **Son tremendos. Se pasan el día insultándose.**

[81] ● **Yo, sinceramente, encuentro que se maquilla demasiado.**

A veces, en estos casos, para explicitar el complemento, ya sea porque se quiere constrastar con algún otro elemento, ya sea porque se quiere subrayar la reciprocidad,

▶ si se quiere señalar explícitamente que se trata de un reflexivo, se usa:

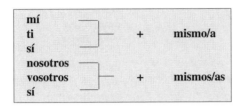

[82] ● **Para mí, portándote de esa manera lo único que haces es hacerte daño a ti misma.**

Como sucede en el ejemplo dado, esta expresión puede ir acompañada de una preposición.

Cuando **mí/ti/sí + mismo** o **nosotros/vosotros/sí + mismos** es complemento directo o indirecto del verbo, siempre va acompañado de un pronombre reflexivo átono (**me, te, se, nos, os, se**). En los demás casos, esta expresión suele encontrarse sola:

[83] ● **Es insoportable. No habla sino de sí misma.**

▶ si, por el contrario se quiere resaltar la reciprocidad, se usa:

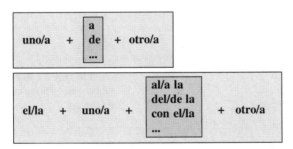

[84] ● **Se pasan la vida haciéndose daño el uno al otro.**

Cuando el complemento del verbo va introducido por una preposición, dicha preposición se pone entre los dos términos de esta expresión:

[85] ● **Desconfían mucho uno del otro.**

3.3.7.2. Existen en español una serie de verbos reflexivos que no lo son en otros idiomas, y otros que son reflexivos en otros idiomas y que no lo son en español. Mencionamos a continuación algunos en inglés y en francés, tan sólo a título de ejemplo:

Inglés:	Español:
sit down	sentarse
stand up	levantarse
get up	levantarse
get off / get away from	alejarse
get near	acercarse
wake up	despertarse
get fat	engordar(se)
get slim	adelgazar(se)
stay / remain	quedar(se)
die	morir(se)
say good bye	despedirse
refuse to sth	negarse a
melt	derretirse
dare to do sth	atreverse a
forget	olvidar(se de)
remember	acordarse de
move	moverse

Francés:	Español:
prendre congé	despedirse
refuser de faire quelque chose	negarse a
fondre	derretirse
oser faire quelque chose	atreverse a
oublier	olvidar(se de)
vieillir	envejecerse
grossir	engordar(se)
maigrir	adelgazar(se)
rester	quedar(se)
mourir	morir(se)
étouffer	ahogarse
bouger	moverse
rougir	ponerse rojo / colorado, ruborizarse
se fier à	confiar en / fiarse de
se reposer	descansar

Muchos verbos pueden conjugarse tanto en construcción reflexiva como con un complemento directo o en construcción intransitiva:

caer / caerse
morir / morirse
adelgazar / adelgazarse
engordar / engordarse

CON MÁS DETALLE

La forma reflexiva, en estos casos puede expresar distintos matices que varían de un verbo a otro. Por lo general, señala una participación mayor del hablante en lo que dice (por ejemplo: *Fíjate (bien) en lo que te digo*). Con frecuencia se trata de comparar situaciones distintas, de darle un tono ligeramente menos frío, objetivo y distante a lo dicho, etc.

3.3.7.3. Quedar / quedarse

❧ **Quedar** se usa como sinónimo de *acordar una cita:*

[86] ● **¿A qué hora quedamos?**

También se usa como sinónimo de *permanecer* o *sobrar:*

[87] ● **Queda un poco de ensalada. ¿Quién quiere más?**

❧ **Quedarse** se usa con frecuencia para remitir a un acto voluntario por parte del sujeto:

[88] ● **Yo me quedo aquí, no me apetece salir a estas horas.**

3.3.7.4. CON MÁS DETALLE

En el caso de los verbos transitivos, el uso de la forma reflexiva señala que el proceso se produce en el sujeto mismo del verbo o que se trata de un uso con sentido de reciprocidad: **matar a alguien/matarse de un tiro en la sien, matarse el uno al otro; mover una cosa/ moverse a sí mismo,** etc.

➲   3.3.7.1.

A diferencia de lo que ocurre en otros idiomas, a veces el uso de la forma reflexiva indica que el hablante no quiere poner otro sujeto o tiene dificultades para hacerlo. Esto ocurre especialmente en usos que remiten a algo involuntario, resultado de otro suceso o situación. Así pues, **matarse**, en los casos en los que no se trata de reciprocidad (**matarse el uno al otro**) puede referirse a un acto voluntario por parte del sujeto (suicidio), o a una muerte involuntaria como resultado de un accidente. Lo mismo ocurre con otros verbos que también expresan maneras de *morir / matar:* **ahogarse, ahorcarse, envenenarse, estrellarse,** etc.

[89] ● **Un amigo mío se mató allí, en esa curva, en un accidente de moto.**

3.3.7.5. Existen algunos verbos que en su forma reflexiva indican el acto / suceso por el que comienza algo y, en su forma simple, el acto / la situación posterior; por ejemplo:

dormir	→	*estar durmiendo*
dormirse	→	*quedarse dormido / empezar a dormir*
ir	→	*movimiento en una dirección*
irse	→	*acto de marcharse de un sitio / empezar a ir a otro lugar*
venir	→	*movimiento hacia aquí*
venirse	→	*acto de marcharse de un sitio para dirigirse hacia aquí / empezar a venir*

Entre éstos merecen especial atención los verbos **irse** y **venirse**. En ambos casos, con esta forma reflexiva se hace más hincapié en la *ruptura con una situación anterior* que en el movimiento mismo.

3.3.7.6. Con los verbos que expresan consumición o remiten a una idea de *fruición* de algo por parte del sujeto, como **comer, beber, ver** (por ejemplo una película), **leer, escuchar**, etc. el uso del reflexivo indica gozo, aprovechamiento o fruición por parte del sujeto, o da una idea de aprovechamiento de toda la cantidad disponible:

[90a] ● **¡No te puedes imaginar la cantidad de novelas que me leí este verano!**

[91] ● **¿Te gusta? Cómetelo todo si quieres.**

Estos usos del reflexivo para expresar cierta idea de aprovechamiento o fruición[1] son frecuentes con un gran número de verbos. En estos casos, también el hablante participa más en lo que dice.

4. CASOS ESPECIALES

4.1. USOS DEL PLURAL EN LUGAR DEL SINGULAR

4.1.1. Nosotros

En el lenguaje de los escritores, de los periodistas, de los investigadores científicos, de los políticos, etc. se encuentran usos frecuentes de **nosotros** con los que el hablante sólo se está refiriendo a sí mismo. Se trata de un plural llamado de modestia: con él, el enunciador evita, en cierta medida, afirmar de manera demasiado enérgica su identidad de **yo** y ponerse así en el centro de la atención de manera exclusiva:

[92] **Se dice con frecuencia que en la enseñanza de idiomas lo único que cuenta es la experiencia. Nosotros, en el presente trabajo, sostenemos que también es importante una buena dosis de formación profesional previa.**

En estos casos, el verbo va en primera persona de plural. Además, a diferencia de lo que ocurre en idiomas como el francés en los que, a veces en estos casos, los adjetivos y todos los demás elementos que se refieren al sujeto van en singular, en español van en plural:

[93] ● **Estamos convencidos de que las cosas van a cambiar.**

---

1. En algunos contextos, al revés, se trata de marcar la cantidad en sentido negativo, la soportación por parte del sujeto etc.:

[90b] ● **¡No te puedes imaginar las porquerías que me tuve que leer!**

Generalmente, en estos casos, hay algún elemento que nos lleva hacia la interpretación negativa: **tener que, porquería,** etc.

La forma de pronombre complemento es, en estos casos, la de **nosotros**: **nos**.

4.1.2. Plural mayestático

En el lenguaje solemne de Papas, Reyes, Obispos, etc. se encuentran usos de la forma **nos** seguida de la primera persona de plural del verbo. Al dirigirse a estas mismas personas de manera muy solemne se usa **vos**.

Las formas de pronombre complemento que corresponden a estos usos son las de **nosotros** y **vosotros**: **nos** y **os** respectivamente.

4.2. Para referirse con un pronombre complemento a toda una frase, a una información que se ya se ha dado, se usa el pronombre **lo** o el demostrativo **esto**:

[94] ● **¿Sabes? Rosa se ha casado con Miguel.**
○ **No me digas... no lo sabía.**

[95] ● **Yo, la verdad, no lo entiendo. ¿Por qué no habrán llamado antes de venir?**

4.3. A veces, se usa este pronombre para recoger un complemento atributivo:

[96] ● **Ese día me dijeron que era médico, y yo no me lo podía creer. Me parecía increíble... Pues ahora, resulta que acabo de descubrir que lo es realmente. Me he quedado de piedra.**

Sin embargo, es importante no caer en el error de usar esta forma en cualquier contexto, ya que en español, a diferencia de lo que ocurre en otros idiomas, sus usos son bastante limitados: se utiliza este **lo** sobre todo cuando en el contexto se retoma una información para dar un paso más, para ir más allá, y expresar, por ejemplo un punto de vista, un elemento de sorpresa, un rechazo, etc.; o cuando se trata de reafirmar algo que había sido negado o puesto en discusión anteriormente: generalmente se retoma un complemento atributivo con **lo** cuando no interesa tanto la información en su referente extralingüístico (es decir que no interesa tanto aquello a lo que remite) como en su dimensión metalingüística: lo que quiere el enunciador es analizar, discutir, etc. la atribución misma de una determinada característica a un sujeto / situación / etc.

[97] ● **Si ahora es médico, lo es gracias a sus padres.**

[98] **Si soy español lo soy**
A la manera de aquéllos
Que no pueden ser otra cosa... (Luis Cernuda)

No se suele emplear esta construcción cuando no es indispensable retomar la atribución mediante un pronombre para evitar alguna ambigüedad posible. No se usa esta construcción, por ejemplo, al contestar afirmativa o negativamente a una pregunta que se acaba de formular, a no ser que se quiera dar un tono muy formal (puntilloso) a la respuesta:

[99a] ● ¿Y eres médico?
       ○ Sí./ Sí, ¿por qué? / Sí, claro, ¿y tú? / Sí, ¿necesitas algo? / Sí, trabajo en un hospital / Sí, soy pediatra / etc.

[99b] ● ¿Y eres médico?
       ○ Sí, soy médico.

[99c] ● ¿Y eres médico? / Pero tú no eres médico, ¿verdad?
       ○ Sí, lo soy.

En [99a], nos hallamos ante una serie de respuestas posibles, y normales. En [99b], la respuesta puede parecer polémica, porque repite toda la pregunta, lo cual no es normal, a no ser que se quiera subrayar, de alguna manera, que nuestro interlocutor nos está sometiendo a un interrogatorio, o señalar la falta de voluntad de cooperar con el interlocutor, o de hablar con él. [99c] se daría sólo en el caso en que no se interpreta tanto la pregunta como una petición de información, sino más bien como una manera de poner en discusión una información que ya se había dado o que se estaba tratando como información presupuesta.

Generalmente, en estos usos de **lo** se recoge más que nada una cualidad. Así pues, la gran mayoría de los hablantes de español no reconocen como aceptables proferencias como por ejemplo:

[100] ● ¿Y tú eres Jenaro?
       ○ *Sí, lo soy / No, no lo soy.

1. INTRODUCCIÓN

Igual que los adjetivos sirven para hablar de los sustantivos, los adverbios sirven para hablar de los verbos, de los adjetivos, o de otros adverbios.

A diferencia de los adjetivos, los adverbios no concuerdan nunca con nada: se dice que son invariables.

Tradicionalmente, se subdividen en *adverbios de modo, de tiempo, de lugar, de cantidad, de intensidad, de comparación, de afirmación, de duda y de negación.*[1]

2. FORMACIÓN

Además de las palabras que nacen como adverbios, se pueden formar adverbios a partir del femenino de muchos adjetivos, añadiendo el sufijo —**mente**:

lenta	→	lenta**mente**
rápida	→	rápida**mente**
abierta	→	abierta**mente**

Hay que recordar que en algunos adjetivos el femenino es igual que el masculino:

---

1 En este capítulo nos limitaremos a algunas observaciones generales sobre el sistema del adverbio en español, y dejaremos el estudio de los distintos adverbios para los capítulos de la segunda parte, que tratan las distintas áreas semántico-pragmáticas a las que pertenece cada adverbio: un único capítulo sobre el adverbio sería muy poco operativo —y nos obligaría a no presentar más que clasificaciones demasiado generales y listas de adverbios.

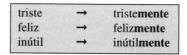

triste	→	triste**mente**
feliz	→	feliz**mente**
inútil	→	inútil**mente**

[1] ● Es un lugar tristemente famoso.

[2] ● Si me dejas hablar abiertamente, te diré todo lo que pienso.

Cuando el adjetivo lleva acento gráfico, el adverbio lo mantiene. Generalmente se trata de adverbios largos, que tienen dos acentos tónicos, uno principal y uno secundario.

Este mecanismo de formación del adverbio también puede funcionar con algunos superlativos y con algunos adjetivos que tienen un sentido de superlativo:

rapidísima	→	rapidísima**mente**
estupenda	→	estupenda**mente**
fatal	→	fatal**mente**

[3] ● ¿Qué tal estáis?
     ○ Estupendamente.

[4] ● Si quieres acabar con tiempo, vas a tener que hacerlo rapidísi-
       mamente.

➲ Las exclamaciones y la intensidad: el superlativo

2.1. Cuando se coordinan dos o más adverbios, el sufijo —**mente** se añade sólo al último:

[5] ● Lo hizo lenta pero sistemáticamente.

2.2. Existen muchas expresiones compuestas por preposiciones y sustantivos, adjetivos o adverbios que pueden funcionar exactamente igual que un adverbio; por ejemplo:

a tontas y a locas	**a oscuras**
a hurtadillas	**a medias**
de todas maneras	**de mala gana**

2.3. Además, a veces se usan algunos adjetivos con función adverbial:

[6] ● Te costó caro, ¿no?

➲ El adjetivo

2.4. En muchas ocasiones, un gerundio o incluso toda una oración sirve para hablar de la acción verbal (situándola en el tiempo o en el espacio, o para hablar del modo en que se produce, etc.) y tiene, por lo tanto, función adverbial en la frase:

[7] ● Hice todo el camino andando.

[8] ● Te llamaré en cuanto pueda.

Lo mismo ocurre con algunos sintagmas preposicionales:

[9] ● Lo hizo sin decir nada.

3. COMPARATIVO Y SUPERLATIVO

La mayoría de los adverbios admiten todas las alteraciones que admiten los adjetivos: comparativos, superlativos, distintos gradativos.

[10] ● Las dos profesoras de alemán son muy buenas, pero la que te he presentado esta mañana habla mejor.

Algunos adverbios tienen un comparativo y un superlativo irregulares:

adverbio	comparativo	superlativo
bien	mejor	óptimo
mal	peor	pésimo / fatal

Además, en la lengua familiar se encuentran usos de adverbios en diminutivo, con distintos valores afectivos:

[11] ● Hazlo despacito, ¿vale?

4. POSICIÓN DEL ADVERBIO EN LA ORACIÓN

4.1. Los adverbios o los sintagmas que tienen función adverbial usados para matizar / hablar de un adjetivo, un sustantivo usado como adjetivo, un participio pasado, un adverbio, un sintagma preposicional en función adverbial, etc. se ponen justo delante del elemento al que modifican:

[12] ● Es muy simpático.

[13] ● Es demasiado sin escrúpulos.

[14] ● Es un poco niño.

4.2. Los adverbios de modo van más a menudo después del verbo:

[15] ● Escribe maravillosamente bien.

En algunas ocasiones, se invierte este orden para poner el adverbio en una posición de relieve:

[16] ● **Conduce más despacio, por favor.**
○ **Más despacio no llegamos...**

4.2.1. CON MÁS DETALLE

En la mayoría de los casos en los que se produce este tipo de inversión, ya se han contextualizado todos los elementos de la frase excepto el elemento adverbial. Al ponerlo al comienzo de la frase, el enunciador rompe con todo lo anterior[1]. Generalmente, este tipo de efecto estilístico se acompaña con una entonación que pone dicho elemento adverbial de relieve, pronunciándolo en un tono ligeramente más alto, con un salto entonativo para la pronunciación del resto de la frase.

4.3. Los elementos adverbiales que sirven para localizar en el tiempo o en el espacio pueden ir tanto al principio de la oración como inmediatamente después del verbo:

[17] ● **Nunca había visto nada por el estilo.**

[18] ● **Llegó muy temprano.**

En este caso también, se respeta un principio habitual que rige el funcionamiento del orden de las palabras en español: se empieza siempre por los elementos más contextualizados y de los que se está hablando, para poner después los elementos nuevos.

⮞ Sobre los actos de habla y la información: el orden de las palabras

---

1 En los casos como [16] el enunciador pone el adverbio al principio de la frase para recoger, de manera inmediata, lo que le acaba de decir su interlocutor, subrayando así que le está contestando.

LAS PREPOSICIONES

1. INTRODUCCIÓN

1.1. Las preposiciones son elementos llamados de relación porque sirven para poner en relación entre ellos a dos elementos.

La mayoría de los demás elementos del sistema lingüístico, por muy abstractos que sean algunos de ellos, son todos más o menos definibles en lo que respecta al elemento extralingüístico o la operación metalingüística a la que remiten, en sí y por sí mismos, aun fuera de un contexto preciso. Las preposiciones, al contrario, son muy difíciles de definir sin caer en los contextos concretos de utilización, debido a que se encuentran, sin lugar a dudas, entre los operadores más abstractos de los que dispone la lengua.

En español, al no existir la declinación del sustantivo, las preposiciones desempeñan un papel importante al ayudar a establecer relaciones de distintos tipos entre los elementos de la oración. Muchas de las funciones de las preposiciones en español las cubre, en otros idiomas la declinación del sustantivo.

1.2. Las preposiciones son elementos abstractos que pueden funcionar en distintos niveles[1]. Suelen tener tres niveles distintos de utilización y de interpretación: los usos temporales, los usos espaciales, y los usos conceptuales.

CON MÁS DETALLE

En la interpretación de los usos de cada preposición en los diferentes contextos desempeñan un

---

1 Véase B. Pottier *Lingüística moderna y filología hispánica*, especialmente pp. 37-57.

papel fundamental toda una serie de factores, como el semantismo de los elementos puestos en relación con la preposición, el conocimiento que de ellos y de las relaciones posibles entre ellos más allá de la lengua, en lo extralingüístico, tienen tanto el hablante como el destinatario del mensaje, la influencia de la evolución histórica de la lengua (que puede haber llevado a fijar ciertos usos, que no son sino huellas de un sistema anterior que ya ha evolucionado, como frases hechas, que no responden a las características del sistema actual), etc.

1.3. Las preposiciones sirven para relacionar dos elementos lingüísticos entre ellos, creando así una *imagen de relación abstracta* que puede remitir a una relación concreta con existencia en el mundo extralingüístico. La relación extralingüística (el referente) puede ser más o menos real, más o menos física o concreta, etc.

Por comodidad en la exposición que sigue, en este capítulo y en el resto de esta obra nos referiremos a los dos elementos relacionados como *elemento A* y *elemento B*. El elemento *B* será siempre el que va inmediatamente después de la preposición, es decir, el introducido por ella.

Al ser operadores que establecen una relación, cada preposición ya lleva en sí una *imagen vacía de dos elementos* que son los que va a poner en relación: dos *posiciones* que ya están previstas antes de ser ocupadas por algo[2]. Para poder usar una preposición, tienen que cubrirse esas dos plazas libres.

Los elementos relacionados, *A* y *B*, pueden ser de distintos tipos, y pertenecer a diferentes categorías gramaticales: sustantivo, adjetivo, verbo (conjugado o no), adverbio, etc.

A menudo, se dan contextos en los que aparentemente sólo hay un elemento *B*: se trata de casos en los que el elemento *A* es el *hecho mismo de decir* algo, es decir un acto de habla:

[1] ● **Se ha marchado, por si no lo sabes.**

Como ya se ha dicho, cada preposición introduce siempre directamente el elemento *B* (el que va inmediatamente después de la preposición misma). El elemento *A* suele estar antes, pero también hay casos en los que va después del elemento *B*. Las estructuras posibles son:

▶ **elemento *A* + preposición + elemento *B***

[2] ● **Estuve en su casa el viernes.**

▶ **preposición + elemento *B* + elemento *A***

[3] ● **Para mi hermano, he comprado el último disco de Aute.**

---

2 Se trata de algo próximo al concepto de *site* propuesto por J. C. Chevalier en su análisis del sistema verbal. Véase J. C. Chevalier, *Verbe et phrase,* París, 1976.

Además de tener previstas (en sí misma) las dos posiciones que van a ocupar los elementos relacionados (*A* y *B*), cada preposición tiene una *imagen del tipo de relación* que va a establecer entre dichos elementos.

El resultado semántico final de cada uso de una preposición (es decir el sentido) será el resultado de la combinación de la relación que establece la preposición entre los elementos *A* y *B* en cuestión y lo que son los elementos mismos con las relaciones que existen entre ellos en lo extralingüístico[3].

1.4.   Las principales preposiciones[4] del español son las siguientes:

a	de	hacia	salvo
ante	desde	hasta	según
bajo	durante	incluso	sin
cabe	en	mediante	so
con	entre	para	sobre
contra	excepto	por	tras

1.5.   Además de los operadores presentados en 1.4., existen numerosas expresiones que, concebidas cada una de ellas como bloque indisociable, funcionan exactamente igual que los operadores del grupo anterior: de ahí que algunos autores hablen de preposiciones compuestas, otros de locuciones preposicionales, etc.

La mayoría de estas expresiones están compuestas de un adverbio y una preposición, o de un sustantivo y una o dos preposiciones.

He aquí algunas de las principales:

a cargo de	acerca de	conforme a
a causa de	además de	de acuerdo con
a costa de	al cabo de	debajo de
a favor de	al final de	delante de
a fin de	al lado de	dentro de
a la vuelta de	alrededor de	después de
a pesar de	antes de	detrás de
a propósito de	cerca de	en calidad de
a través de	con respecto a	en cuanto a

---

3   En este capítulo, nos limitaremos a dar una presentación muy general de cada una de las preposiciones, intentando acercarnos lo más posible a lo que nos parece su esencia.

4   Existe cierto desacuerdo sobre la oportunidad de adscribir algunos de estos operadores a la categoría *preposición*. Así, por ejemplo, **excepto, incluso** y **salvo** pueden, legítimamente, considerarse adverbios, ya que, en numerosos casos, tienen un comportamiento análogo al de otros adverbios. Por otra parte, algunos autores tratan como preposiciones otros operadores que no aparecen en esta lista.
Como el objetivo principal de esta obra es estudiar el funcionamiento del español como instrumento de comunicación —y no clasificar y categorizar los distintos operadores de los que dispone en sí— no entraremos aquí en esta discusión. Nos limitaremos, pues, a señalar que todos los operadores presentados arriba tienen una distribución y un comportamiento morfosintáctico parecidos. Todos ellos sirven para relacionar elementos análogos.

en derredor de	en vista de	junto a
en lo que respecta a	encima de	lejos de
en lo tocante a	enfrente de	pese a
en medio de	frente a	por causa de
en torno a	fuera de	respecto a/de

El único objeto de la lista anterior es dar algunos ejemplos, sin pretender ser exhaustiva[5].

1.6. En español, como en la mayoría de los idiomas, las preposiciones pueden relacionar elementos de distintos tipos. Pero en español es frecuente que el elemento B sea una oración entera (introducida por **que, donde, cuando, como**, etc.), sin que B sea prácticamente nunca un gerundio.

En la gran mayoría de los casos, el elemento B es un sintagma nominal, un infinitivo, una oración o un adjetivo.

2. BREVE PRESENTACIÓN DE LAS PRINCIPALES PREPOSICIONES[6]

2.1. CABE Y SO

Las preposiciones **cabe** y **so** se consideran ya arcaicas; sus usos son hoy rarísimos y muy literarios. En el caso de **so**, se limitan a las expresiones **so pena de** (bajo pena de, *de lo contrario ocurre lo que se introduce con dicha expresión*) y **so pretexto de** (con el pretexto de).

2.2. CON

Con sirve esencialmente para subrayar la presencia y la participación / implicación directa (activa o no, voluntaria o no) en el elemento A del elemento B que la preposición introduce.

2.2.1. Efectos expresivos múltiples que pueden obtenerse:

◆ Compañía

    [4]   ● **Los restaurantes españoles suelen servir las carnes con guarnición.**

    [5]   ● **Lo he discutido largamente con Andrés.**

---

5 Igual que en el caso de las preposiciones propiamente dichas, los usos de muchas de estas expresiones están expuestos en los capítulos correspondientes a sus contextos y posibilidades de utilización real.

6 En esta presentación, se va de las preposiciones con significado más concreto a las de significado más abstracto.

● Instrumento, medio o modo

    [6]   ● **Lo mejor es cortarlo con unas tijeras.**

    [7]   ● **Se lo dijo con mucha gracia.**

● Contenido o ingredientes

    [8]   ● **En la terraza tiene una pajarera con más de cien pájaros exóticos.**

    [9]   ● **No me gusta la tortilla con cebolla.**

Para introducir el contenido también se usa con frecuencia la preposición **de**:

                                                        ➲ De

● Presencia del elemento *B* considerado como característica de algo

    [10]   ● **La chaqueta con el cuello de piel es la mía.**

    [11]   ● **Quería reservar dos habitaciones con baño.**

En español peninsular y en algunas zonas de la América hispanohablante, al hablar de personas o prendas de vestir en estos contextos, se establece una distinción entre el uso de **con,** reservado más bien para las características consideradas transitorias, y el de **de** para las características más permanentes:

    [12a]   ● **El chico con los vaqueros blancos**

    [12b]   ● **El chico de pelo rubio**

● Encuentro positivo o negativo, pacífico o violento, concreto o abstracto, entre dos o más elementos. De ahí la gran cantidad de expresiones, como por ejemplo:

    coincidir con alguien en algún sitio / sobre algún punto
    chocar con algo o alguien
    cruzarse con
    toparse con
    tropezarse con
    discutir con alguien / tener una discusión con alguien
    enfrentarse con algo o alguien
    pelearse con
    hacer las paces con

◗   Trato entre personas

[13]   ● **Siempre es muy amable con todo el mundo.**

[14]   ● **No te enfades conmigo: yo no tengo nada que ver.**

Entre estos usos, cabe señalar los adjetivos siguientes, que se construyen con la preposición **con** cada vez que se está hablando de la actitud que tiene con otras personas el sujeto al que se refieren:

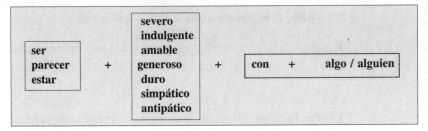

◗   Sentimiento / sensación debido/a a / procurado/a por el elemento B

[15]   ● **¿Y estás contento con el resultado?**
       ○ **Podía haber quedado mejor.**

[16]   ● **Estoy muy preocupado con todo lo que ha pasado.**

⊃   La necesidad

◗   Idea de que se está teniendo en cuenta la presencia / existencia del elemento <u>B</u> (introducido por la preposición). Destacan en particular los usos concesivos y causales de **con** + *infinitivo*:

[17]   ● **Con enfadarte no vas a resolver nada.**

⊃   La concesión y las frases adversativas

2.2.2.   En lugar de funcionar como todas las demás preposiciones con las formas tónicas normales de los pronombres personales de primera, segunda y tercera persona de singular, **con** tiene tres formas contractas especiales:

conmigo	(= * *con* + **yo**)
contigo	(= * *con* + **tú**)
consigo	(= * *con* + **él/ella, ellos/as, usted/ustedes** + **mismo/a(s)**)

Consigo sólo tiene un valor reflexivo. En los demás casos se usa **con** + **él/ella, ellos/as, usted/es**.

2.3. SIN

La preposición **sin** expresa una idea prácticamente opuesta a la que expresa la preposición **con**: hace hincapié en la ausencia, la no implicación de algo o alguien en un proceso o una situación.

2.3.1. Los efectos expresivos son menos numerosos que con la preposición **con**. En este caso, se trata siempre de la ausencia del elemento B:

[18] ● Se bebió el café y se marchó sin pagar.

[19] ● Sin la llave, no podemos entrar.

El elemento *B* introducido por la preposición **sin** es siempre presupuesto por la situación, el proceso o la cosa de la que se está hablando. Esto se debe a que, para hablar de la ausencia de algo, inevitablemente se tiene antes que haber concebido o pensado en la necesidad, la eventualidad o la posibilidad de su presencia. Así pues, en [18] se sabe que antes de salir de un bar o de un restaurante se paga; en [19], el que habla de la ausencia de la llave lo hace porque sabe de qué llave está hablando y sus interlocutores saben que van a abrir una puerta. En este ejemplo concreto, saben además que no tienen la llave necesaria.

2.3.2. Muchos de los usos de **sin + *infinitivo / sustantivo*** se interpretan como la expresión de condiciones o como complemento de modo:

[20] ● Sin desayunar, te va a dar hambre.

[21] ● Nada se consigue sin esfuerzo.

[22] ● Hicimos todo el viaje sin hablar.

2.3.3. **Sin + *infinitivo*** sustituye generalmente al gerundio precedido de una negación, cuando éste tiene la función de complemento de modo o un sentido condicional:

[23] ● No se puede presentar sin pasarlo a máquina.

2.4. EXCEPTO Y SALVO

Con estos dos operadores se introduce el único elemento que se excluye o queda fuera de algún proceso o de alguna situación:

[24] ● Estaban todos, excepto mi hermano menor, que estaba en Inglaterra.

[25] ● Estaban todos los ministros, salvo el de Industria.

Se usa **excepto / salvo que** + *subjuntivo* para expresar la condición mínima para la no realización de algo, con un sentido muy próximo al de **a no ser que**.

➲ Expresar condiciones

2.5. INCLUSO

Con este operador se introduce un elemento B para señalar que, a pesar de las posibles previsiones de exclusión o de no consideración de dicho elemento B, se incluye en algún proceso o situación (elemento A):

[26] ● **Estaban todos, incluso mi hermana, que vive en Japón.**

➲ Coordinar

2.6. MEDIANTE

Con este operador se introduce en registro formal un elemento que constituye un modo o un medio para lograr algo:

[27] ● **El gobierno pretende recuperar una parte del dinero invertido, mediante un recorte de otros presupuestos.**

[28] ● **Se informó a todos los socios mediante un anuncio en la prensa.**

2.7. SEGÚN

Con este operador se señala que se considera el elemento B como un punto de referencia que constituye la perspectiva desde la que se enfoca el elemento A.

El elemento A es a menudo el hecho de decir algo, de dar una determinada información.

2.7.1. Los efectos expresivos más frecuentes son los siguientes:

◗ Punto de vista / opinión:

[29] ● **Según mi opinión, ésta es la única solución.**

[30] ● **¿O sea que, según tú, no va a servir de nada?**

[31] ● **¿Qué tal las cosas en la empresa?**
○ **Según el jefe, fatal. Sin embargo a mí me parece que no van tan mal.**

Para tener este efecto expresivo, el elemento B (punto de referencia) es, generalmente, una persona o un grupo de personas, la opinión de una persona o de un grupo de personas, una teoría, etc.

‣ El elemento B determina las distintas variaciones / distintos resultados / condiciones / etc. del elemento A:

[32] ● ¿Y cuánto vale la habitación?
      ○ Siete u ocho mil pesetas, según la temporada.

[33] ● Hay entre diez y quince estudiantes por grupo, según el nivel.

Este efecto expresivo es frecuente sobre todo cuando el elemento B remite a los distintos momentos del desarrollo de algo, distintas etapas por las que pasa, o distintos aspectos de la organización de algo, etc.

‣ El elemento B es un punto de referencia que se tiene en cuenta para valorar el modo como se realiza / se tiene que realizar algo (elemento A), o con respecto al que se dan ciertas informaciones (elemento A):

[34] ● Según el horario que me dieron ayer, el tren sale a las ocho y veintisiete.

[35] ● Y todas las habitaciones tienen baño, según consta en el folleto que le enviamos.

Este efecto expresivo es frecuente sobre todo cuando el elemento B se refiere a reglamentos, instrucciones, leyes, horarios, informes, etc.

‣ Paralelismo en la realización de dos acciones que se desarrollan progresivamente en el tiempo:

[36] ● Los congresistas recogerán la documentación según vayan llegando.

Es frecuente, en estos casos, el uso del operador **ir + *gerundio***, que marca la progresión en el desarrollo de las acciones.

2.7.2. CON MÁS DETALLE

Todos estos efectos expresivos corresponden a relaciones que se establecen en lo extralingüístico entre los elementos en cuestión. **Según** se limita a señalar que el elemento B constituye la perspectiva desde la que hay que considerar al elemento A, el marco de interpretación de A.

2.8. ENTRE

Se usa este operador para marcar los límites dentro de los que se realiza alguna cosa. Con **entre** se localiza en el elemento B un proceso (elemento A), ya sea a nivel conceptual, espacial, o temporal. Los límites mismos forman parte del área que se ha considerado para dicha localización:

[37] ● Entre una clase y otra, es importante que os leáis las partes del libro que os vaya señalando.

[38] ● Mira, todavía no sé bien cuándo, pero te prometo que entre el lunes y el martes nos vemos.

[39] ● La mesa no cabe entre la cama y la ventana.

[40] ● Yo creo que, entre los tres, podemos acabarlo de aquí a mañana.

Normalmente, con **entre** el elemento *B* tiene que remitir por lo menos a dos puntos de referencia coordinados por **y**, pero también pueden ser más. A veces, se da un único sustantivo en plural, que puede ir introducido por un número: lo fundamental es que se prevea una pluralidad de puntos de referencia que constituyan los límites de algo: **entre estas cuatro paredes**, etc.

Se encuentran usos de **entre** con un sustantivo que remite a un grupo. En estos casos, sin embargo, tiene que tratarse de un sustantivo que remita a un grupo en el que se considere cada elemento en su individualidad (por ejemplo **entre nosotros**), o hay que añadir un elemento que lleve a considerar claramente cada elemento en su individualidad: si resulta difícil poder decir **entre la clase**, es perfectamente normal **entre toda la clase**.

Los tipos de relación extralingüística a los que remiten estos usos pueden ser múltiples: reciprocidad, localización, colaboración, etc.

2.9. DURANTE

Con este operador, el elemento *B* es una unidad de tiempo que coincide con el elemento *A*:

[41] ● Se conocieron durante la guerra.

[42] ● He estudiado español durante cuatro años seguidos.

2.9.1. Los efectos expresivos son esencialmente de dos tipos:

▶ Duración:

[43] ● Estuve leyendo durante toda la noche.

[44] ● Cada tres meses hago una dieta que me ayuda a sentirme mejor: no como nada durante tres días.

Para subrayar el hecho de que el elemento *A* se prolonga por toda la duración del elemento *B*, se usa con frecuencia **durante + todo/a**:

[45] ● Ha estado charlando durante toda la clase.

El elemento *B* puede ser una expresión de cantidad de tiempo, o un sustantivo que se refiere a un período de tiempo o a un suceso que se puede interpretar como período de tiempo (es decir, como cantidad de tiempo).

▶ El elemento B es un marco temporal dentro del cual se produce el elemento A, sin necesidad de que los dos tengan la misma duración ni se sobrepongan:

[46] ● **Durante la conferencia, alguien me robó la cartera.**

⮑ El tiempo: expresar la duración

2.10. SOBRE

Con este operador se expresa una superposición o una coincidencia aproximada del elemento *A* con el elemento *B*.

2.10.1. Los efectos expresivos más frecuentes son:

▶ Al hablar de la posición espacial: superposición física:

[47] ● **¿Las llaves? Están sobre la mesa.**

En estos casos, también es posible —y frecuente— el uso de la expresión preposicional **encima de**.

El uso de **sobre** implica contacto físico entre el elemento *A* y el elemento *B*. El elemento *A* está siempre encima del elemento *B* y en contacto con él. Por el contrario, el uso de **encima de** no implica necesariamente que haya contacto físico entre los dos elementos:

[48] ● **La lámpara está en el techo, encima de la mesa.**

▶ Tema o argumento:

[49] ● **He hablado largo y tendido con Felipe sobre las elecciones. Tenemos posturas muy parecidas.**

[50] ● **Sobre eso ya hablaremos más adelante.**

▶ Idea de aproximación con respecto a una cantidad precisa, una fecha o una hora:

[51] ● **¿A qué hora piensas llegar?**
      ○ **Sobre las tres, tres y media.**

[52]   ● ¿Sabes cuánto cuesta?
       ○ Sobre las ochenta mil pesetas, creo.

2.11. DESDE

Se usa este operador para presentar un elemento *B* que representa un punto de origen o de arranque de algo, una posición inicial a partir de la cual se desarrolla el elemento *A*.

2.11.1. Los efectos expresivos más frecuentes son:

▶ Punto de origen temporal o espacial de un proceso, una situación o de un movimiento:

[53]   ● ¿Llevas mucho rato aquí?
       ○ Desde las cuatro.

[54]   ● Trabajamos juntos desde hace dos años.

[55]   ● Estamos agotados: nos hemos venido andando desde el aeropuerto.

[56]   ● Desde la Revolución no ha cambiado nada.

➲ Hasta

▶ Punto a partir del cual se observa algún fenómeno concreto o abstracto, perspectiva de observación:

[57]   ● Desde la ventana de mi habitación se ve todo el valle.

[58]   ● Desde el punto de vista económico, las cosas van mucho mejor.

El elemento *B* introducido por **desde** remite siempre
→ a un punto de referencia: origen físico (lugar), temporal (hora, fecha, momento, etapa en la evolución o el desarrollo de algo, etc.);
→ o a una perspectiva de observación (sustantivos como por ejemplo **punto de vista, posición, teoría,** etc.).

2.11.2. Se usa **desde que** cuando el punto de referencia es, en lugar de un sustantivo, un suceso o un acontecimiento expresado por un verbo conjugado.

➲ El tiempo
➲ Hasta: contraste

2.12. HASTA

Con **hasta** se introduce el punto final, en el que acaba un recorrido físico / espacial, temporal, o abstracto / mental:

[59] ● Estuvimos trabajando hasta las seis de la mañana.

[60] ● Nos pusimos a charlar y no nos dimos cuenta de la hora. Total que llegamos hasta la playa.

[61] ● Hasta un niño entendería lo importante que es.

➲ Coordinar

2.12.1. Paralelamente a lo que ocurre con **desde que**, cuando se toma como punto de referencia un suceso o un acontecimiento expresado mediante un verbo conjugado, se usa **hasta que**.

➲ El tiempo

2.12.2. **Hasta** se encuentra a menudo en correlación con **desde** —en la construcción **desde... hasta**, que se opone a **de... a**:

[62] ● Estoy agotado: he trabajado desde las siete de la mañana hasta hace media hora.

CON MÁS DETALLE: desde... hasta / de... a

❭ Con **de... a** se trata más de hablar de etapas / fases por las que pasa el desarrollo de algo, o de informar sobre los movimientos espaciales o temporales considerados globalmente.

❭ Con **desde... hasta**, por el contrario, se hace mucho más hincapié en el punto de origen y el punto de llegada / final, poniendo así de relieve todo el espacio físico o temporal que media entre los dos, para subrayar, a veces, que se trata de mucho / poco:

[63] ● ¿Qué haces mañana?
○ Trabajo de nueve a una y media, luego voy a comer, y por la tarde, trabajo de nuevo de cinco a siete y media.

[64] ● Mañana tengo un día horrible: trabajo desde las nueve hasta las diez y media de la noche sin parar.

[65] ● Fuimos de Los Ángeles a San Francisco en avión; y luego, desde San Francisco, en autobús hasta Nueva York.

2.13. HACIA

Se usa **hacia** para expresar una tendencia del elemento *A* hacia el elemento *B*.

2.13.1. Los efectos expresivos pueden ser, en este caso también, bastante variados, según los contextos de uso:

▸ Hablando de movimientos espaciales, dirección precisa o aproximada:

[66] ● **En cuanto me vio, se puso a correr hacia mí.**

[67] ● **¿Y adónde vais a ir?**
○ **No lo sabemos exactamente... Salimos mañana hacia el norte, pero no sabemos exactamente dónde vamos a quedarnos.**

▸ Localizando algo en el espacio o, más frecuentemente, en el tiempo, idea de aproximación alrededor de un punto de referencia (elemento *B*):

[68] ● **¿Y tú dónde vives?**
○ **Hacia el parque del Retiro.**

[69] ● **¿Nos vemos mañana hacia las cuatro y media?**
○ **Perfecto. Te espero en casa.**

A veces, el elemento *B* no es un punto de referencia espacial o temporal preciso en sí, sino una de las fases / etapas del desarrollo temporal de algo, o una de las zonas en las que se divide un espacio:

[70] ● **¿Y te fijaste, hacia el final de la película, en las imágenes del parque?**

2.13.2. **Hacia** se usa también para introducir el destinatario / objeto de un sentimiento:

[71] ● **Siento un gran respeto hacia él.**

[72] ● **Yo hacia ese tipo de personas sólo siento desprecio.**

En estos casos, también se emplea **por**.

2.13.3. Contraste **hacia / hasta**

Con **hasta**, el hablante hace hincapié en el punto en que termina algo. Con **hacia**, por el contrario, sólo se fija en una tendencia, pero sin referencias precisas.

➲ CON MÁS DETALLE: contraste **para / hasta / hacia / a**

2.14. CONTRA

Con este operador, el hablante se refiere a un encuentro entre el elemento *A* y el elemento *B* —encuentro en el que hay tendencias / movimientos opuestos entre los dos elementos relacionados.

2.14.1. Los efectos expresivos más frecuentes son:

▶ Resistencia física del elemento *B* al elemento *A* (soporte, elemento que frena / interrumpe un movimiento físico, movimientos encontrados entre los dos elementos, límite representado por el elemento *B* al elemento *A*, etc.):

[73] ● **Al darse vuelta para mirar el panorama, perdió el control del coche y se estrellaron contra un árbol.**

[74] ● **Cuidado, así se va a caer, mejor que lo apoyes contra la pared.**

▶ Opiniones contrapuestas entre personas, grupos de personas, etc.:

[75] ● **Es una organización que lucha contra la discriminación racial.**

Para expresar una opinión contraria a algo, se usa además la expresión (**estar / actuar / etc.**) **en contra de**:

[76] ● **Yo estoy en contra de la última propuesta. Me parece que no tiene en cuenta todo lo que hemos dicho hasta aquí.**

En algunos contextos en los que en otros idiomas se usa la preposición equivalente de **contra**, en español también se usa **con**. En tales casos, **con** da más la idea de un obstáculo encontrado en el camino, y **contra** una idea de mayor violencia.

➲ Con

2.15. ANTE

Con **ante** se sitúa física o conceptualmente un elemento delante de otro. Sin embargo, **ante** no se usa nunca para referirse sólo a una posición física. El uso de este operador siempre implica que se están teniendo en cuenta otras dimensiones / otros niveles —todas las connotaciones del elemento considerado:

[77] ● **Ante un paisaje como éste, uno se emociona.**

[78] ● **Ante la perspectiva de perderlo todo, se vio obligado a cambiar radicalmente de estrategia.**

Cuando lo que interesa es únicamente la posición física, en lugar de **ante** se usa **delante de**.

➲ El espacio

2.16. BAJO

Con **bajo** se sitúa un elemento debajo del otro, física o conceptualmente. Como en el caso de **ante**, el uso de **bajo** señala que no se está haciendo referencia tan sólo a la posición física, sino también a todas las connotaciones y a todo lo que implica el elemento considerado.

Aun en los casos en que el uso de **bajo** parece referirse sobre todo a la posición física, siempre se está considerando el punto de referencia de manera mucho más amplia:

[79] ● **¡Cómo me gusta echar la siesta bajo un árbol!**

[80] ● **¿Llevo paraguas?**
○ **Bueno, no vamos a andar bajo la lluvia así, sin nada, ¿no?**

[81] ● **Ahora vivimos bajo un régimen democrático, o sea que todo el mundo tiene que tolerar las opiniones de los demás.**

Cuando lo único que interesa es la posición física, en lugar de **bajo** se emplea **debajo de**.

⮑ El espacio

2.17. TRAS

Se usa esta preposición para presentar al elemento A como posterior al elemento B, ya sea en el tiempo o en un recorrido espacial:

[82] ● **Tras la pelea de ayer, ya no se ha vuelto a tocar el tema.**

[83] ● **Sigues todo recto y encontrarás un edificio blanco. Está tras la segunda o tercera casa, a mano derecha.**

⮑ Establecer relaciones desde un punto de vista temporal
⮑ El espacio

2.18. PARA Y POR

Estos dos operadores tienen fuertes parecidos entre sí, por lo que plantean bastantes problemas a los extranjeros que aprenden español. En algunos casos, incluso el hablante nativo pasa por un momento de vacilación a la hora de escoger entre una u otra de estas preposiciones.

La función de ambas es limitar el alcance del elemento A al elemento B, cualquiera que sea la razón: explicar el elemento A, justificarlo, dar más información, etc.

La diferencia entre estos operadores está en la concepción previa que tienen de los dos elementos que van a relacionar, aun antes de encontrarse con ellos en un contexto específico; es decir: antes de conocerlos, cuando aún se trata de espacios vacíos, independientemente de lo que son dichos elementos en la realidad.

◆ **Para** concibe y plantea los dos elementos relacionados como independientes uno del otro, con una autonomía total del uno con respecto al otro, y, por lo tanto, como posterior el elemento *B* al elemento *A*.

◆ **Por**, a su vez, los concibe como totalmente indisociables el uno del otro, y, por lo tanto, como contemporáneos: no existe el uno sin el otro, y en el momento mismo en que existe el uno, automáticamente existe también el otro.

Como ya se ha señalado, esto no tiene nada que ver con lo que sucede en el mundo extralingüístico más allá de la lengua: **por** y **para** imponen en cierta medida esta concepción que tienen de los dos elementos relacionados, independientemente de las relaciones que los interlocutores saben que existen entre ellos en el mundo extralingüístico: el resultado semántico, es decir la interpretación que damos de los distintos usos de **por** y de **para** es el producto de la combinación de todos estos componentes.

Como es previsible con operadores tan abstractos, los efectos expresivos pueden ser múltiples, pero en el caso de estos operadores, preferimos hablar de contextos de uso o intenciones comunicativas con las que se emplean.

2.18.1. Usos espaciales y temporales

En los usos espaciales y temporales las intenciones comunicativas con las que se usan más frecuentemente son:

◆ Al referirse a movimientos espaciales,

→ **por** se usa para referirse al tránsito a través de un sitio, o a un movimiento dentro de un sitio:

[84] ● **Todas las mañanas, antes de ponerme a trabajar, doy un paseo por el parque.**

[85] ● **Seguro que entraron por aquella ventana.**

→ **para** se usa para referirse al destino:

[86] ● **Salió esta mañana para Madrid.**

CON MÁS DETALLE

1. En los ejemplos [84] y [85], hay coincidencia temporal absoluta entre los elementos relacionados A y B, y los dos elementos son totalmente indisociables: no hay **paseo** si no hay **parque**, ya que el **parque** es el lugar en el que existe el **paseo**, y ambos son contemporáneos. Análogamente, el acto de **entrar** y **la ventana** también son contemporáneos. Por otra parte, si no hay **ventana** no hay acto de **entrar**.— El conocimiento y la experiencia que tienen los hablantes de lo que son **entrar** y **la ventana**, o **pasear** y **el parque**, desempeña un papel fundamental para la comprensión de estos enunciados.

En el ejemplo [86], **Madrid** es el destino final, porque **para** lo presenta como algo que viene después: la prueba está en que también se puede emprender un viaje sin llegar al destino final, o cambiar de rumbo durante el viaje mismo, etc.

Naturalmente, sabemos que el sujeto de [85] habría podido buscar otra manera de entrar, que el de [84] podría dar un paseo por otro sitio, o que el de [86] hubiera podido no emprender ningún viaje que no fuera para dirigirse a Madrid, pero esto no pertenece a la manifestación lingüística de la que nos estamos ocupando, sino que forma parte de una fenomenología que nada tiene que ver con los mecanismos lingüísticos. Lo que le interesa a la lengua es, en el caso de los usos de **por**, presentar el elemento espacial como una de las coordenadas esenciales, es decir como una condición *sine qua non* del elemento A; y, en el caso de los usos de **para**, presentar el elemento B como algo que llega sólo posteriormente, en un segundo momento con respecto a A.

2. Contraste **para** / **hasta** / **hacia** / **a**

Para referirse al destino / dirección se usa también **hacia**, **hasta** y **a**:

→ Con **a** se indica el destino en sí, sin ningún énfasis especial, ni ninguna preocupación por otros aspectos / elementos del movimiento.

→ Con **hasta** se hace hincapié en el punto final, el término del movimiento, poniendo de relieve, a la vez, la entidad del recorrido anterior.

→ Con **hacia**, por el contrario, se indica tan sólo la dirección, señalando explícitamente un rechazo a tener en cuenta el destino final: lo único que interesa es lo que hay antes.

→ Con **para** se informa sobre el punto que tiene como destino / meta el movimiento considerado, pero se subraya, a la vez, que se trata de una meta que se pretende alcanzar sólo al final del movimiento: esta idea de posterioridad le da un matiz de incertidumbre, ya que deja más espacio a lo que hay antes y, por tanto, al hecho de que pueden producirse cambios de programa, etc. En estos usos, **para** se asemeja bastante a **hacia**.

▶ Al hablar de movimientos físicos o figurados, el elemento introducido por medio de **por** es más, con algunos verbos, el canal físico por el que se efectúa el movimiento, que un lugar de tránsito —aunque las dos ideas se parecen mucho semánticamente:

[87] ● ¿Y cómo os habéis venido, por la costa o por el interior?

[88] ● Si no puedes ir a verla, llámala por teléfono.

▶ Al localizar en el espacio, se usa **por** para expresar una localización aproximada:

[89] ● ¿Sabes dónde está la calle Postas?
○ Me parece que está por la plaza Mayor.

Cuando se trata de lugares que el hablante considera más bien lejanos y para subrayar en tales casos la idea de aproximación, se usa **por ahí por** y **por allá por**.

Es difícil usar **para** en estos casos, ya que, debido al elemento *posterioridad* que esta preposición atribuye al elemento *B*, parece incompatible con el concepto de localización espacial.

▶ En la localización temporal, **por** sitúa de manera aproximada con respecto a un momento / fecha, y **para** de manera más precisa:

[90] ● Nos conocimos por el año cincuenta y cinco.

En estos casos también, y para dar una idea de mayor aproximación se usa con frecuencia **por ahí por**:

[91] ● Fue por ahí por el año 52 ó 53.

[92] ● Este año para mi cumpleaños quiero organizar una gran fiesta.

[93] ● Y vosotros ¿cómo habéis pasado estas vacaciones?
○ Para Navidad, fuimos a casa de mis padres. Y Año Nuevo lo pasamos con unos amigos.

En algunos casos, el uso de **para** con una fecha (más o menos precisa) se interpreta como el último plazo antes del que tiene que realizarse algo:

[94] ● ¿Y cuándo sale el libro?
○ Para noviembre estará en las librerías.

[95] ● ¿Nos vemos esta noche?
○ Es que tengo que acabar esta traducción para mañana.

➲ El tiempo

Para situar algún suceso —con sentido próximo a **en** o **durante**— en una de las partes del día, se usa la expresión **por + la mañana / tarde / noche**:

[96] ● Por la mañana, vamos a la playa y por la tarde, trabajamos. Luego, por la noche, depende: a veces salimos.

Para situar con respecto a una hora más determinada, se usa la expresión **a + mediodía / medianoche / media tarde/mañana**.

Cuando en lugar de usar **por** con un marcador que remite a un momento más o menos preciso del tiempo o a una fecha concreta, se usa con marcadores que remiten a una cantidad de tiempo, el efecto expresivo es el de duración:

[97] ● Me voy por unos días al campo. Nos vemos cuando vuelva.

[98] ● ¿Y cómo has aprendido español?
○ Estuve siguiendo un curso en Barcelona por un par de meses el año pasado.

Estos usos de **por** evocan con frecuencia una sensación de provisionalidad del elemento *A*. Es característico, en este sentido el uso de **por ahora**, con sentido próximo a **de momento**:

[99] ● Ya hemos hecho nueve tortillas. ¿Seguimos?
○ No, no hace falta... Me parece que por ahora basta.

La duración se expresa también con **durante, en** o simplemente con un marcador temporal que remite a una cantidad de tiempo sin ningún operador que lo introduzca.

⮑ El tiempo
⮑ El artículo

CON MÁS DETALLE

En todos estos usos, **por** y **para** se limitan a presentar los elementos relacionados como contemporáneos e indisociables (**por**) o independientes uno del otro y posterior el uno al otro (**para**).

A diferencia de la localización espacial, la localización temporal no presupone la contemporaneidad de los dos elementos relacionados.

Al presentar los dos elementos relacionados como totalmente independientes el uno del otro y con autonomía propia, **para** es difícilmente compatible con una unidad de tiempo que no haya sido proyectada previamente en el eje del tiempo mediante un determinante de segunda mención (**el/la**, un posesivo, un demostrativo, etc.) —o que por sí misma no tenga ya una existencia propia y autónoma en dicho eje (como una fecha, por ejemplo).

Con frecuencia, el uso de **para** + *fecha* para localizar un suceso le da a la misma un tono / estatuto de acontecimiento especial o esperado (que a menudo se celebra de alguna manera). De ahí que se use sobre todo al referirse a ocasiones como Navidad, Año Nuevo, Pascua / Semana Santa, las vacaciones o los cumpleaños y aniversarios. A este matiz contribuye la idea de espera implícita en el elemento de posterioridad presente en **para**.

Este matiz no se percibe al referirse al plazo último para la realización de algo debido a que esta interpretación ya por sí misma acarrea una idea de espera.

Entre los usos temporales de **por** en los que es evidente que este operador presenta los dos elementos relacionados como contemporáneos, cabe destacar la expresión *número +* **vez/veces + por + mes(es) / día(s) / año(s)...** usada para referirse a cosas que se repiten de manera regular.

> [100] ● **¿Cada cuánto vas a la piscina?**
> ○ **Tres veces por semana.**

En estos casos, se usa también la preposición **a +el/la/los/las.**

2.18.2. Usos conceptuales

En los usos conceptuales de estas dos preposiciones se pueden sintetizar la infinidad de efectos expresivos con dos conceptos fundamentales:

▶ el elemento *B* introducido por la preposición **por** remite siempre a la razón de ser del elemento *A*, a su causa / origen;

▶ el elemento *B* introducido con **para** constituye siempre un elemento posterior de matización / limitación del alcance de *A*: en la gran mayoría de los casos se trata de la finalidad, del destinatario posterior de *A*, etc.

Sin embargo, aun reduciéndose los infinitos usos de **por** y **para** en el plano conceptual a estas dos ideas fundamentales, son numerosísimos los contextos de uso posibles y, por ende, los efectos expresivos que pueden surgir.

2.18.2.1. Entre los efectos expresivos que implica el uso de **por** cabe señalar:

▶ La causa:

> [101] ● **Al final, me tuve que quedar en casa por la nieve.**

> [102] ● **Eso te pasa por meterte donde no debes.**

En estos ejemplos es fácilmente comprensible que se trata de elementos indisociables y contemporáneos. Sin el uno no existe el otro: es éste un concepto básico en la causa.

Entre usos cabe destacar los numerosísimos contextos en los que **por** introduce la causa / justificación no ya de un acto extralingüístico, sino de un acto de habla, del hecho de *decir* algo:

[103] ● **¿Has hablado con Jaime? Se ha marchado, por si no lo sabías. Ha dicho que vuelve mañana.**

Por si no lo sabías es la justificación del hecho de decir **se ha marchado**.

◗ Objeto / destinatario de algún sentimiento, actitud o estado mental:

[105] ● **Siento un gran respeto por su trabajo, aunque no comparto todas sus ideas.**

Entre los sentimientos que se construyen con esta preposición, cabe destacar los siguientes: amor, odio, respeto, admiración, atracción, simpatía/antipatía, repulsión, asco, curiosidad, interés, etc.

Es fácil entender estos usos: no hay sentimientos sin objeto que los provoque —y el objeto de los sentimientos no es un beneficiario posterior, ni interviene posteriormente: pensar en él provoca los sentimientos. Los dos elementos *A* y *B* son, pues, contemporáneos e indisociables.

◗ La finalidad (cuando ésta no se concibe como algo que hay que alcanzar posteriormente, sino como lo que provoca la acción):

[106] ● **Tenemos que luchar todos por la libertad, por la paz, por una sociedad más justa.**

[107] ● **Haré todo lo posible por convencerla.**

[108] ● **Es tremendo, sólo se mueve por dinero.**

En todos estos casos, la *idea de obtener una determinada cosa* está fuertemente instalada en la mente del sujeto de los verbos y es lo que lo mueve a la acción: de ahí que se use **por** para presentar los dos elementos relacionados (la acción y el resultado que se quiere conseguir) como contemporáneos e indisociables. No se trata de actuar para que llegue un resultado *después*, sino de actuar *estando ya en la idea* del resultado. El hecho de que el resultado llegue sólo después de la acción no tiene que ver con la lengua, sino con lo que sucede en lo extralingüístico.

- Pensamiento / idea que provoca / hace surgir el elemento A:

  [109] ● Hazlo por mí. Haz otro pequeño esfuerzo y termínalo, anda.

  [110] ● Otras dos cucharadas, y ya está. Venga, una por papá y una por mamá.

  [111] ● ¿Has leído *Réquiem por un campesino español*?

En estos casos, el elemento *B* no es un beneficiario de la acción, que llega posteriormente, sino lo que la provoca: pensar en él lleva al sujeto a actuar. De nuevo, pues, se trata de elementos indisociables y contemporáneos.

- El precio:

  [112] ● Empezaron pidiendo veinte millones, pero nosotros dijimos que no; y, como no lograban venderlo, al final nos lo dejaron por doce. Fue un verdadero negocio.

Es importante no confundir, sin embargo, **por** con sus contextos de uso: por sí solo **por** no expresa el precio. Este efecto expresivo se debe en gran medida a la presencia en el contexto de información y elementos lingüísticos que hacen pensar en una venta, así como a los conocimientos que tienen los interlocutores de lo que significa vender y su capacidad de relacionarlo con las referencias al dinero, etc.; **por** se limita, en este caso, también, a presentar los dos elementos como indisociables y contemporáneos: sin dinero no hay venta y, al tratarse de un intercambio, se dan al mismo tiempo.

El precio se expresa también con las preposiciones **a** y **en**.

➲ *A*

- En contextos en los que el elemento *A* sustituye al elemento *B*, o para señalar que los dos elementos son equivalentes:

  [113] ● Ve tu por mí a la reunión, por favor... Es que a mí no me apetece nada.

- Para introducir el agente de una pasiva (en el fondo, es éste un uso perfectamente coherente con todos los demás: el agente de una pasiva es lo que provoca el proceso, su ejecutor material):

  [114] ● La ciudad fue destruida y reconstruida totalmente por los romanos durante la segunda invasión.

➲ La pasiva

2.18.2.2. Entre los efectos expresivos que se encuentran más a menudo con **para** cabe señalar:

▶ La finalidad:

[115] ● **Te he traído un libro para que te entretengas.**

[116] ● **¿Y tú por qué estudias español?**
○ **Para leer literatura hispanoamericana.**

El concepto de finalidad es perfectamente compatible con la idea de posterioridad del elemento introducido por **para**. Sin embargo, es importante tomar conciencia de que, en este caso, se trata de dos elementos independientes uno del otro: el sujeto emprende una acción con la voluntad o la esperanza de llegar, tras un proceso, a un resultado.

▶ El elemento *B* como destinatario o beneficiario posterior del elemento *A*:

[117] ● **¿Salimos?**
○ **Es que tengo que terminar de preparar unos ejercicios para mis alumnos.**

[118] ● **Todavía tenemos que ir a comprar el regalo para María José, y ya faltan sólo dos días para la boda.**

Para expresar el complemento indirecto también se puede usar la preposición **a**. Sin embargo, con **a** se trata de una relación más directa entre el elemento *A* y el elemento *B*. Con **para** se hace más hincapié en el hecho de que el elemento *B* llega después. Por eso se usa en los casos en que hay un intermediario, una espera intermedia, etc.:

[119] ● **Le he comprado un reloj a Paco.**

[120] ● **He comprado un reloj para Paco.**

▶ Relativizar, matizar o limitar el alcance de algo dicho, que no se quiere dejar con su sentido absoluto (plano metalingüístico):

[121] ● **Para tener sólo dieciocho años, ya está muy maduro.**

[122] ● **Me parece que, para los que somos, hay poco pan.**

Entre estos usos entran los tradicionalmente catalogados como expresión de opiniones:

[123] ● **Para mí, tienes toda la razón del mundo.**

[124] ● **Para un buen cristiano, no deberían existir esos prejuicios.**

Entre estos usos entran también aquéllos en que se aclara o relativiza el uso de un adjetivo que se refiere a capacidades, etc. de un sujeto:

[125] ● **Es muy buena para cocinar, vas a ver.**

CON MÁS DETALLE

En estos usos de **para** con la intención de relativizar lo dicho es normal que se prefiera **para** a **por**: se trata de dos elementos independientes entre sí (una afirmación y un elemento de información que se está recordando). Además, el elemento *B* viene a matizar un enunciado proferido o pensado previamente.

⊃ Las perífrasis verbales: **estar para / por**
⊃ La esencia y la existencia: **Estar para / estar por**

2.19. A

Con la preposición **a** se introduce siempre un elemento *B* con existencia y autonomía propia, al que se *acerca*, se *adjunta*, se *añade*, se *agarra*, se *engancha*, se *pega* o *toca* el elemento *A*. De manera figurada, se puede afirmar que el elemento *A* es siempre algo parecido a un parásito que salta sobre el elemento *B*, su víctima, e intenta acercarse / pegarse / etc. a él de todas las formas. Se usa esta preposición, pues, para referirse a movimientos, tendencias, etc. hacia el elemento *B*, o para tomar el elemento *B* como punto de referencia espacial ajeno al elemento *A* y que no lo incluye, sino que es más bien hacia el que aspira el elemento *A*.

La preposición **a** tiene una forma contracta con artículo:

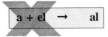

a + el → al

2.19.1. Usos temporales y espaciales

En los usos espaciales y temporales, los efectos expresivos con la preposición **a** pueden ser múltiples. Se usa **a** para:

▶ Expresar el destino, cuando, al hablar de movimientos espaciales, el elemento *B* es un punto del espacio:

[126] ● **Perdone, subo un momento a mi habitación. ¿Me espera?**

[127] ● **No salgas a la calle vestida así. No te lo aconsejo. Te vas a morir de frío.**

[128] ● **¿Vas a la oficina?... Espera, que voy contigo.**

El destino también se expresa con las preposiciones **para**, **hacia** y **hasta**.

⊃ 2.18.1.: CON MÁS DETALLE: contraste **para / hasta / hacia / a**

◆ Localizar en el espacio con respecto a espacios que no se definen en sí mismos por sus límites físicos concretos, sino conceptualmente, como abstracciones con implicaciones varias. A menudo se trata de conceptos / direcciones que se definen en oposición con otra cosa (espacio, concepto abstracto, movimiento, trayecto o recorrido, etc.). En algunos casos se trata simplemente de proximidad o de posición contigua:

[129] ● **Por favor, ¿los servicios?**
○ **Están justo a la entrada, a la derecha.**

[130] ● **¿Para renovar el pasaporte?**
○ **La última puerta al final del pasillo, a la derecha.**

[131] ● **Si las dejas así, al viento y al frío, se te van a morir en dos días. Son unas plantas muy delicadas.**

[132] ● **No había nadie; sólo una señora sentada al piano, repitiendo los mismos acordes una y otra vez.**

Entre las expresiones más frecuentes cabe mencionar: **a la vuelta de la esquina**, **al final / fondo de** (sobre todo con **pasillo**, **corredor**, **calle** y otros espacios que implican un recorrido), **a la derecha / izquierda / entrada / salida** (sobre todo consideradas en relación con un movimiento como *llegar* e *irse*), **a la mesa / al piano**, etc. (= *al lado de*), **al norte / sur / este / oeste + de** (con respecto a otro punto.— Si se considera la ubicación en una zona más o menos definida en sí: *en* **el norte / sur...**). A éstas se añaden los fenómenos atmosféricos que implican una exposición: **al viento, al frío, al sol, a la sombra, al calor, a la intemperie, al aire, a la luz del día**, etc.

CON MÁS DETALLE

En todos estos casos, se está hablando de espacios que representan más bien abstracciones que zonas físicamente bien definidas. Así, por ejemplo, al hablar de los conceptos **norte / sur** o **derecha / izquierda** —es decir de las direcciones abstractas a las que se refieren estos términos—, se usa la preposición **a**. Si, por el contrario, hay referencia a una zona bien reconocida por los interlocutores implicados en la comunicación se usa la preposición habitual para situar en un lugar: **en**.

➲ El espacio

[133] ● **Barcelona está al norte de Valencia.**

[134] ● **En el norte de España llueve mucho.**

Con algunas de estas expresiones hay cierta vacilación en el uso: *al / en el* **fondo**. Se usa preferentemente **a** cuando hay una referencia explícita o implícita a un recorrido o movimiento (de cualquier tipo, aun una mirada puede ser considerada y tratada lingüísticamente como movimiento). Sin embargo, si el hablante está contrastando dos zonas que le parecen bien definidas, también podrá usar **en**:

[135] ● **En mi clase hay uno que siempre está sentado en el fondo y que no deja de charlar.**

En todos estos casos se trata de elecciones altamente subjetivas.

◆ Introducir la distancia con respecto a un punto de referencia determinado:

[136] ● **¿Está muy lejos?**
○ **No, a unos cincuenta kilómetros de aquí.**

[137] ● **Mañana podríamos ir a pasar la tarde a San Feliu.**
○ **¡A pasar la tarde! ¡Pero si está a más de cien kilómetros!**

➲ El espacio

CON MÁS DETALLE

Es interesante notar en estos casos también la importancia que puede tener para la descodificación del mensaje la presencia o ausencia de artículo:

[138] ● **A dos kilómetros hay un buen restaurante.**

[139] ● **A los dos kilómetros había / nos encontramos con un restaurante.**

En [138], se está situando el restaurante con respecto a un punto dado, sin más. En [139], por el contrario, se está haciendo referencia a un viaje / un recorrido emprendido por el hablante. El artículo **el**, al presentar el elemento **dos kilómetros** como algo presupuesto o previamente mencionado, nos lleva a la única interpretación que permite presuponer una distancia: la de un viaje o un recorrido más largo. Es significativa, a este respecto, la imposibilidad de usar **el** en [138], donde sólo se trata de localizar / situar el restaurante de manera abstracta, sin la presuposición de distancias inherente en un recorrido o viaje emprendido o por emprender.

➲ El espacio

◆ Expresar la distancia en el tiempo o distancia espacial formulada en términos de duración temporal del recorrido:

[140] ● **A los dos años de edad ya sabía hablar perfectamente.**

[141] ● **A dos días de camino hay un pueblo.**

[142] ● **Nos conocimos durante las vacaciones y, a los seis meses, nos casamos.**

➲ El tiempo

CON MÁS DETALLE

Es interesante, en este caso también, el hecho de que la ausencia del artículo **el** nos lleve necesariamente a la interpretación en términos de distancia espacial expresada con la duración del recorrido: para poder hablar de la distancia en el eje del tiempo es indispensable la presencia de **el**, debido a que el eje del tiempo es un recorrido en el que estamos todos metidos y del que no podemos prescindir: se presupone siempre, pues, que va pasando el tiempo y, por consiguiente, el mismo elemento tiempo. Es interesante notar, además, la necesidad de un punto de referencia, explícito o implícito.

▸ Situar un acontecimiento con respecto a una hora:

[143] ● **¿A qué hora nos vemos?**
○ **A las tres y media, ¿te va bien?**

➲ El tiempo

Entre estos usos, también cabe destacar los usos frecuentes de **a** en contextos en los que se sitúa un suceso con respecto a las distintas fases del desarrollo temporal de algo:

[144] ● **Al principio, no hablaba con nadie, pero al final ya no se quería ir.**

➲ El tiempo

En estos casos, también se observa cierta vacilación y se encuentran usos en los que se sitúa un suceso con respecto a las distintas etapas del desarrollo temporal de algo con la preposición **en**: **en el principio / final**. Sin embargo, no se usa nunca **en** para situar un suceso con respecto a las horas del día.

CON MÁS DETALLE

Los usos de **a** en estos contextos son perfectamente coherentes con lo que es la esencia de **a**: se trata de *colgar* algo a un eje / recorrido (el del tiempo) que va por su camino, independiente de todo.

2.19.2. Usos conceptuales

En los usos conceptuales de **a**, también son numerosos los efectos expresivos y los contextos de utilización:

▶ Para introducir el complemento indirecto de los verbos transitivos: **a** + *sintagma nominal / nombre* desempeña en estos casos una función próxima al dativo de las lenguas con declinación del sustantivo:

[145] ● Por favor, si decides ir, dile a Rafael que me llame.

[146] ● ¿Y cómo te lo mando?
○ Dáselo a Marisol y ya me lo dará ella. Nos vemos casi todos los días.

[147] ● Le he traído un regalito a tu hijo. Luego te lo doy.

▶ Para introducir el complemento directo todas las veces que se trata de una persona considerada como tal, con todo lo que implica el ser una persona (emociones, una historia personal, una relación de algún tipo con las personas implicadas directa o indirectamente en el intercambio, competencias o capacidades específicas, etc.):

[148] ● Por favor llama a los niños, que está lista la cena.

[149] ● Lo hemos intentado todo y sigue sin funcionar. Ahora vamos a llamar a un técnico que nos han recomendado unos amigos.

Sin embargo, cuando el complemento directo es una persona que no interesa tanto como persona específica en sí, sino como número anónimo, como función (papel que desempeña), sustancia, etc., no se usa la preposición **a**:

[150] ● Es un ogro: come niños, animales domésticos, etc.

[151] ● ¿Por qué no te buscas un buen técnico que te lo arregle?

Son frecuentes los casos en los que el uso de esta preposición depende de la perspectiva desde la que se están mirando las cosas en ese momento.

CON MÁS DETALLE

A veces, también se introduce con la preposición **a** el complemento directo que no es una persona en los casos en los que pueda haber ambigüedad / duda entre dos sustantivos sobre cuál es el complemento directo y cuál es el sujeto del verbo, o cuando el hablante siente la necesidad de marcar la diferencia entre las funciones de los dos sustantivos presentes:

[152] ● Son las palomas las que ahuyentan a los gatos, y no los gatos a las palomas.

Con frecuencia en estos casos, se trata de oraciones de relativo.

Sin embargo, el semantismo de los elementos presentes, nuestro conocimiento del mundo, etc. permiten generalmente entender cuál es el sujeto y cuál es el complemento directo; hay que saber, no obstante, que estos usos son bastante raros.

◆ Para introducir un elemento *B* al que se añade o se quita algo:

[153] ● **Por favor, échale sal al agua...**

[154] ● **Quítale el jersey al niño, que hace mucho calor.**

[155] ● **Si queréis añadirle un poco de aceite a la ensalada, aquí lo tenéis.**

◆ Para localizar un proceso espontáneo con respecto a un sujeto que lo vive / experimenta: **a +** *forma tónica de pronombre complemento* (con verbos como **gustar**)

[156] ● **A mí no me gusta nada el boxeo.**

[157] ● **¿Te gusta el gazpacho?**
○ **¿A quién? ¿A mí?**
● **Sí, a ti.**

➲ Los pronombres

◆ Como punto de referencia temporal o para recordar que se está teniendo en cuenta lo expresado por el infinitivo: **al +** *infinitivo*

➲ El infinitivo

También se usa **a** en algunas expresiones con valor condicional compuestas por **a +** *infinitivo* (**a decir verdad**, **a ser sincero**, **a poder ser**...):

[158] ● **A decir verdad, yo no lo he visto: me lo han contado.**

◆ En la expresión **a +** *cantidad de algo concreto / distancia* **+ por +** *unidad de tiempo*:

[158] ● **Estos aparatos los producen rapidísimo, a diez o veinte por hora.**

[159] ● **Venía disparado, a unos ciento cincuenta o ciento ochenta kilómetros por hora.**

A veces se especifica aún más que se trata de un ritmo o de una velocidad con expresiones como **a un ritmo de** o **a una velocidad de**,

◆ Para hablar del modo de hacer alguna cosa, en expresiones como **a mano**, **a máquina**, **a pie**, **a caballo**, etc.:

Cuando el elemento *B* introducido es el motor que impulsa una máquina, también se introduce con la preposición **a**: **máquina a vapor / gasolina / gas**... En estos casos también es frecuente, no obstante, la preposición **de**.

⊃ De

Para referirse a una acción repetida con la que se obtiene o logra algo, existen una serie de expresiones compuestas con **a** + *sustantivo* o **a fuerza de** + *sustantivo / infinitivo*: **a palos, a golpes, a empujones, a fuerza de empujones, a fuerza de gritar / gritos, a fuerza de escribir**...

◆ Para introducir el precio de algo cuando se hace más hincapié en las fluctuaciones que presenta. Se trata casi siempre de hablar del *precio por unidad*:

[160] ● **Si quieres, te cambio yo. ¿A cuánto está el dólar en este momento?**

[161] ● **Es increíble cómo van los precios... Fíjate que esta mañana en el mercado, las manzanas estaban a trescientas cincuenta pesetas el kilo.**

Con **por**, se insiste más en el acto mismo de compraventa, es decir en el intercambio. Con **a**, se sitúa el precio con respecto a un recorrido autónomo en el que va subiendo o bajando.

◆ Para incitar a una o varias personas a hacer algo (en los registros familiares, **a** + *infinitivo*, con un sentido próximo del imperativo):

[162] ● **¡A comer! ¡La cena está lista!**

[163] ● **Y ahora, a callar y a hacer los deberes. ¡Hala!**

Estos usos son frecuentes en el trato de adulto a niño y al dirigirse a un grupo.

◆ Para expresar una idea de acercamiento hacia una situación / acción, o de comienzo (con un pequeño grupo de verbos —muchos de ellos transitivos— tales como **empezar /comenzar (a hacer) algo**, **ponerse a hacer algo**, etc.

2.19.3. Contraste **a** / **para**

En algunos de sus usos, estos dos operadores se parecen bastante. Sin embargo, → con **para**, los elementos relacionados mantienen su autonomía total el uno con respecto al otro, y el elemento *B* llega siempre después del elemento *A*, en un segundo momento;

→ con **a**, por el contrario, no existe esta idea de posterioridad y el elemento A no tiene tanta autonomía con respecto al elemento *B*. El elemento *B* sí mantiene toda su autonomía.

2.20. EN

Se usa esta preposición para localizar el elemento *A* en el espacio / universo / perspectiva / etc. que representa el elemento *B* introducido con ella.

Con frecuencia, el elemento *A* es el hecho mismo de decir algo.

2.20.1. <u>Los efectos expresivos en los usos espaciales y temporales son muchos; cabe destacar los siguientes:</u>

▸ Localizar algo en el espacio, introduciendo con **en** el lugar en que se encuentra:

[164] ● **¿Has visto mis cigarrillos?**
○ **Sí, están en la mesa de la cocina.**

[165] ● **¿Dónde vives?**
○ **En Berlín.**

[166] ● **¿Tienes cerillas?**
○ **Sí, están ahí, en el primer cajón.**

[167] ● **En el pasillo hay una maleta que parece llena de cosas. Se la debe de haber dejado alguien.**

El tipo de localización que se expresa con **en** es bastante vago; puede referirse tanto a presencia en un espacio plano (como con **sobre**), como en el interior de un espacio (abierto o cerrado).

▸ Hablar de movimientos espaciales, introduciendo con la preposición **en** el espacio en el / dentro del cual se produce el movimiento (el medio de transporte):

[168] ● **¿Y cómo vais?**
○ **En tren.**

[169] ● **Te estaba buscando...**
○ **Es que me levanté pronto y decidí ir a dar un paseo en bicicleta.**

Este efecto expresivo se debe, naturalmente a nuestro conocimiento de lo que son **barco, coche, bicicleta, tren, avión, moto,** etc., pero también a la función fundamental de **en**, que es localizar.

- Para introducir el lugar hacia donde se produce un movimiento, con verbos que expresan movimiento hacia el interior de algún espacio. Este uso es posible sólo con verbos como **meter, entrar, colocar, introducir**, etc.:

[170] ● **Métetelo en el bolsillo, que si no se te va a perder.**

[171] ● **No entres en esa habitación, que está durmiendo el tío Ignacio.**

[171] ● **Me sentía tan mal que entré en un bar y me senté a tomar algo.**

➲ El espacio

- En usos temporales, el efecto expresivo más frecuente es el de localización con respecto a unidades de tiempo más o menos largas: meses, estaciones, años, temporadas (vacaciones, cursos, viajes, etc.):

[172] ● **Aquí nunca nieva, ni siquiera en enero.**

[173] ● **Los socialistas ganaron las elecciones por primera vez en España en el ochenta y dos.**

[174] ● **Esta región es preciosa... Sobre todo en primavera y en otoño.**

[175] ● **Fuimos en las vacaciones de Navidad.**

Sin embargo, cuando va seguida de una expresión de cantidad de tiempo, también expresa la duración y, en los casos en los que está claro que se está hablando del futuro, un plazo para la realización de algo:

[176] ● **Fueron rapidísimos: lo hicieron todo en menos de diez días.**

[177] ● **Nos vemos en una semana.**

Para referirse a un plazo para la realización de algo, también se usa **dentro de**.

➲ El tiempo

2.20.2. En sus usos conceptuales, esta preposición sirve para introducir un lugar conceptual que constituye un marco de interpretación para el elemento A. Este elemento B, por lo general, limita el alcance del elemento A, especificando el universo dentro del que nos estamos moviendo.

Los efectos expresivos, aun siendo numerosos, tienen siempre esta base en común:

- Área / universo que constituye una ubicación figurada:

[178] ● En medicina se investiga más que en otras ciencias.

[179] ● En lingüísitica se dice que nada de lo que se dice está de más.

[180] ● En este momento, están en graves dificultades económicas.

▶ Área / universo que constituye una ubicación figurada que viene a limitar el alcance del elemento *A* (que deja así de ser algo dicho de manera absoluta):

[181] ● Es muy bueno en química.

[182] ● Es una región muy rica en recursos naturales.

[183] ● Es un genio en la materia... O sea que fíate de él.

El elemento *A* es, generalmente, una afirmación (ejemplo [181]), un adjetivo (ejemplo [182]) o un sustantivo (ejemplo [183]).

A diferencia de los usos de **para** para matizar una afirmación, en los que siempre se está justificando / matizando el hecho de decir algo relacionándolo. con otro elemento que tiene autonomía propia, en estos usos de **en** se trata con frecuencia de áreas del saber humano, de conceptos abstractos, etc. Generalmente, se trata de matizar el uso de un elemento lingüístico, o de relacionarlo con el universo en el que tiene vigencia —y no de limitar el alcance de toda una afirmación.

Entre estos usos, cabe destacar algunas expresiones como:

> **en general**
> **en serio**
> **en broma**
> **en secreto**
> **en función de**
> **en calidad de**
> **en este tema**
> **en este sentido**
> **en este orden de ideas / cosas**

▶ En relación con evaluaciones, estimaciones, crecimientos, etc. de cantidades, proporciones, etc. se usa **en** para introducir el universo en el que se mueve o se sitúa el elemento *A*:

[184] ● Es un ejemplar rarísimo. Me lo han evaluado en medio millón de pesetas.

[185] ● Ha crecido mucho en estatura.

[186] ● Este año ha aumentado en un cinco por ciento el número de parados.

▶ Se usa a veces la preposición **en** para introducir el precio final de algo en el que se cierra el trato, después de una negociación:

[187] ● **Primero pidieron quince millones, pero nosotros dijimos que era demasiado y que no lo podíamos pagar, y al final nos la dejaron en doce.**

En estos casos, también se pueden usar **por** y **a**. Con **por** se hace más hincapié en el intercambio implícito en la venta, mientras que con **en** se indica el punto (es decir el lugar figurado) en el que se cierra el trato. Con **a** se hace más hincapié en las etapas de una evolución.

▶ Con frecuencia se usa la estructura **en + *infinitivo*** (con un infinitivo que se refiere a algo ya hecho / sucedido o que ya forma parte del presente y de lo experimentado) con una intención comunicativa muy próxima al *área / universo que constituye una ubicación figurada*:

[188] ● **Has hecho muy bien en decírselo.**

[189] ● **¿Cuánto has tardado en llegar?**

[190] ● **¿Has sido tú el primero en verlo?**

[191] ● **No entiendo por qué insistes en no querer ir.**

▶ Con los verbos **pensar** y **creer**, **en** introduce un sentido próximo a *evocar, considerar global y detenidamente*:

[192] ● **Creo en sus posibilidades, y por eso lo quiero ayudar.**

[193] ● **Piensa en todo lo que te he dicho, y ya lo volveremos a hablar.**

Se usa **fijarse en** para referirse al hecho de notar un detalle.

2.21. DE

De es una de las preposiciones más usadas del español.

La idea substancial expresada por esta preposición es la de especificación mayor sobre la esencia del elemento *A*.

La preposición **de** tiene una forma contracta con artículo:

de + el	→	del

2.21.1 <u>Son múltiples sus contextos de uso y los efectos expresivos posibles, según los elementos con los que se emplea:</u>

♦ Con verbos de movimiento, el elemento *B* que introduce corresponde al punto de origen del movimiento:

[194] ● **Salgo de Málaga mañana a las diez de la mañana.**

[195] ● **¿De dónde vienes?**
○ **De la oficina.**

En estos usos, **de** se encuentra a menudo en correlación con **a**. Para introducir el punto de origen de un movimiento, también se puede usar la preposición **desde**.

⮡ **Hasta:** contraste **desde**... **hasta** / **de**... **a**...
⮡ El espacio

♦ Con el verbo **ser,** si el elemento *B* es un elemento espacial (ciudad, región o país), se trata de la procedencia, origen o nacionalidad:

[196] ● **¿De dónde eres?**
○ **De París. ¿Y tú?**
● **Alemán, de Frankfurt.**

Pero sólo se usa **de** + *país* cuando se habla de países exóticos desde la perspectiva de un hispanohablante.

♦ Si el elemento *B* es una sustancia / una materia / un argumento / un color / una categoría profesional/ etc., **de** especifica la esencia del elemento *A* (material del que está compuesto, tema o argumento en el que consiste, etc.):

[197] ● **¿Qué tenemos para cenar?**
○ **Croquetas de pollo. Y si no te apetecen, te puedes hacer un bocadillo de jamón.**

[198] ● **¿Sabes qué me ha regalado Mario? No te lo vas a creer: ¡un reloj de oro!**

[199] ● **Si sales, ¿puedes comprar un kilo de azúcar y un poco de fruta, por favor?**

[200] ● **¿Te gustan las películas de ciencia ficción?**

[201] ● **¿Por qué no te vienes a cenar esta noche? Así hablamos de las vacaciones.**

En muchos de estos casos, según el tipo de elemento *A* y la naturaleza del elemento *B*, los diferentes autores clasifican estos usos de distintas maneras. Así, por ejemplo, cuando el elemento *A* se refiere a una cantidad, algunas gramáticas hablan de *partitivo*. Cuando se trata de un verbo como **hablar,**

discutir, etc. lo clasifican como *argumento*. Sin embargo, se trata del mismo fenómeno en todos los ejemplos: *especificar la materia / sustancia*. El tema o argumento entra en esta misma categoría. La interpretación distinta depende en gran medida del elemento *A* mismo más que de la preposición **de**.

▸ Si el elemento *B* es una persona, se trata de distintos tipos de relación, pero de cualquier forma, siempre se está especificando la esencia del elemento *A*. Con frecuencia **de** + *persona* indica una relación equivalente a la que expresan los posesivos:

[202] ● Me voy a cambiar de banco. Esta mañana he estado en el de Susana, y deberías ver lo amables que son y lo bien que funciona.

[203] ● ¿De quién será esa chaqueta?
○ Es de Simón. Se la dejó anoche.

⮑ Los posesivos
⮑ La posesión

A veces, si el elemento *A* es un trabajo o una obra artística, científica, literaria, etc., **de** introduce el autor:

[204] ● Ayer vi una película muy buena de un director español.

[205] ● *Cien años de soledad* es de García Márquez, ¿verdad?
○ Sí.

▸ Cuando el elemento *A* se refiere a algo que implica la idea de *contener,* el elemento *B* introducido por **de** se refiere al contenido:

[206] ● ¿Esta vez también te has traído una maleta de libros?

[207] ● ¿Qué tal en la agencia?
○ Bueno, ocupadísimos. Esta noche nos llegan dos autobuses de alemanes.

Para introducir el contenido, también se usa la preposición **con**:

[208] Un plato de verdura.

[209] Un plato con verdura.

→ Con **de** se considera el todo de manera más global, o se hace más hincapié en la *cantidad* que implica: puede decirse que se borra en parte el contenedor a favor del contenido.

→ Con **con** no se borra el contenedor, que sigue siendo un elemento fundamental del discurso: el contenido es una información suplementaria que se da sobre él.

▶ Con verbos como **vestirse**, **disfrazarse**, etc. la especificación de la esencia de A a la que corresponde el elemento introducido por **de** se refiere a las características de lo expresado por el verbo (modo, color, etc.):

[210] ● **Me dijo que quería casarse de blanco.**

[211] ● **Es policía, pero siempre va de paisano.**

▶ Entre las especificaciones de la esencia del elemento A entran además muchas otras características, como la edad, las dimensiones, etc. Estos usos equivalen frecuentemente a *que tiene(n)*:

[212] ● **Una casa de cinco habitaciones.**

[213] ● **Un señor de 80 años.**

[214] ● **Un barco de vela.**

[215] ● **Un piso de 20 millones.**

2.21.2. Se dan a menudo usos de esta preposición para introducir un elemento B que especifica el tipo de uso que se hace del elemento A. Son frecuentes las expresiones como:

> **máquina de escribir**
> **maquinilla de afeitar**
> **espuma de afeitar**
> **cuarto de estar**
> **cuchara de postre**
> **taza de café**
> **plato de sopa**
> **goma de borrar**
> **maletín de viaje**
> **jabón de tocador**
> **ropa de caballero**
> **tabla de planchar**
> **juego de té**

Como se puede observar en estos ejemplos, es frecuente que el elemento B sea un verbo en infinitivo.

2.21.3. También se encuentran usos de la preposición **de** en los que se introduce un elemento B cuya función es limitar el alcance de lo expresado por el elemento

A, para que éste no tenga un valor absoluto. Generalmente, el elemento *A* es un adjetivo y el elemento *B* es un infinitivo:

> **difícil de explicar**
> **fácil de comprender**
> **bueno de comer**
> **cómodo de usar**
> **fácil de romper**

En estos casos, también se encuentran usos de la preposición **para**.

2.21.4. Cuando el elemento *A* es un verbo, el elemento *B* es, a menudo, el modo en que se hace la acción expresada por el elemento *A*, o lo que la provoca:

[216] ● **Por favor, vámonos. Yo estoy tiritando de frío.**

[217] ● **Como nos habíamos dejado la llave, tuvimos que echar la puerta abajo de una patada.**

2.21.5. Se usan las expresiones **de + día / noche** cuando se quieren oponer las *horas en las que hay luz* a las *horas en las que no la hay*.

2.21.6. A diferencia de lo que ocurre en otros idiomas, en español no se usa la preposición **de** entre un verbo conjugado / expresión verbal (elemento *A*) y un infinitivo (elemento *B*), sino en los casos en los que la expresión verbal / el verbo conjugado *por sí mismo exige esta preposición*. Para comprobarlo, basta con pensar en un uso del mismo verbo / expresión verbal seguido de un sustantivo:

> **decidir ø una cosa**
> → **decidir ø +** *infinitivo*
>
> **esperar ø una cosa**
> → **esperar ø +** *infinitivo*

[218] ● **Espero poder terminar para mañana.**

[219] ● **He decidido tomarme unos días de vacaciones.**

Pero:
> **acordarse de una cosa**
> → **acordarse de +** *infinitivo*
>
> **estar contento de una cosa**
> → **estar contento de +** *infinitivo*

[220] ● **Por favor, acuérdate de llamarme mañana.**

[221] ● **Estoy muy contento de poder ir. Me apetecía muchísimo.**

Sin embargo, sí se usa la preposición **de** con un pequeño grupo de verbos transitivos (que por lo tanto no requieren ninguna preposición cuando se emplean con sustantivos) que expresan una idea de alejamiento, interrupción o de ruptura con una situación / acción anterior, a la que remite el elemento *B*:

> **dejar algo** / *de* **hacer algo**
> **terminar algo** / *de* **hacer algo**
> **acabar algo** / *de* **hacer algo**
> **parar algo** / *de* **hacer algo**

2.21.7. A diferencia de otros idiomas en los que se usa la preposición **de** (francés *de*, italiano *di*) o alguna otra preposición que los extranjeros perciben como próxima a **de** y traducen con frecuencia por **de** (inglés *to*, alemán *zu*), en español, cuando dos verbos se refieren al mismo sujeto, el segundo va con frecuencia en infinitivo —pero no va introducido por ninguna preposición:

> **[222a]** Francés:
> ● **J'ai décidé de le faire.**

> **[222b]** Italiano:
> ● **Ho deciso di farlo.**

> **[222c]** Inglés:
> ● **I have decided to do it.**

> **[222d]** Español:
> ● **He decidido hacerlo.**

2.21.8. Tampoco se usa la preposición **de** en la transposición al estilo indirecto de una orden o de una petición. En estos casos, el español emplea la estructura **que** + *subjuntivo*:

> **[223a]** Francés:
> ● **Il m'a demandé de l'appeler.**

> **[223b]** Italiano:
> ● **Mi ha chiesto di chiamarlo.**

> **[223c]** Inglés:
> ● **He asked me to call him.**

> **[223d]** Alemán:
> ● **Er hat mich gefragt, ihn anzurufen.**

> **[223e]** Español:
> ● **Me pidió que lo llamara.**

2.21.9.   En español, la preposición **de** tiene usos limitadísimos cuando se trata de

→   introducir el segundo término de una comparación.

➲ Comparar

→   introducir el agente de la oración pasiva.

➲ La pasiva

2.21.10.   A veces se usa **de +** *infinitivo* con un valor condicional:

➲ Expresar condiciones

2.22. COMBINACIÓN DE PREPOSICIONES

Es frecuente en español que, para expresar mejor una determinada idea, se combinen dos o tres preposiciones entre ellas o con alguna de las expresiones preposicionales mencionadas:

[224] ● **Como estaba en el rincón, con la mesa delante, y habría tenido que hacer que se levantara un montón de gente, salí por debajo de la mesa.**

[225] ● **¡Es una lata! Desde por la mañana temprano ya se está quejando.**

[226] ● **Me encanta pasear por entre los árboles.**

2.23. OTRAS PREPOSICIONES

Para más información sobre los usos de las distintas preposiciones, así como de las numerosas expresiones preposicionales que existen en español, remitimos al lector a los distintos capítulos y apartados de esta obra.

además de:

➲ Coordinar

a pesar de, **pese a**:

➲ La concesión y las frases adversativas

a causa de, **a fin de**, **en vista de**, **por causa de**:

➲ Causa, consecuencia, finalidad y modo

conforme a, **de acuerdo con**, **acerca de**, **respecto de**, **a propósito de**, **en cuanto a**, **en lo que respecta a**, **con respecto a**, **en lo tocante a**:

➲ Sobre los actos de habla y la información: relacionar lo que se va a decir con conceptos mencionados anteriormente

al cabo de, antes de, después de:

➲ Establecer relaciones desde un punto de vista temporal

al final de:

➲ El tiempo:
para hablar de las distintas etapas
del desarrollo temporal de algo

a la vuelta de, al lado de, alrededor de, a través de, cerca de, debajo de, delante de, dentro de, detrás de, encima de, en derredor de, enfrente de, en medio de, en torno a, frente a, fuera de, junto a, lejos de

➲ El espacio

LOS RELATIVOS
Y LAS ORACIONES DE RELATIVO

1. INTRODUCCIÓN

1.1.   A veces se dan dos oraciones en las que aparece el mismo sustantivo, y una de ellas se refiere a una información secundaria que no es el punto sobre el que el enunciador está más interesado en informar en ese momento, sino algo que siente la necesidad de recordar, de decir de paso o de usar para ayudar a su interlocutor a identificar el sustantivo del que está hablando:

> [1]   ● **Me he encontrado con ese chico. A ese chico lo conocimos ayer en la fiesta.**

> [2]   ● **Viven en una casa. La compraron el año pasado.**

En estos dos ejemplos, la segunda frase ayuda a entender a qué se está refiriendo el hablante con **chico** en [1], y con **casa** en [2]: son informaciones sobre dichos elementos.

En estos casos, en lugar de coordinar las dos oraciones mediante uno de los recursos habituales de la coordinación y de tematizar el sustantivo como se suele hacer normalmente, el hablante decide en ocasiones integrar la oración con la información que considera secundaria o suplementaria en la que contiene la información que le parece esencial (la oración principal). Para ello, dispone de los relativos, cuya función es permitir integrar una oración en otra y, a la vez, relacionarla con el sustantivo al que se refiere, para evitar así la repetición de elementos que ya habían aparecido:

> [1b]   ● **Me he encontrado con ese chico al que conocimos ayer en la fiesta.**

[2b] ● Viven en una casa que compraron el año pasado.

Que es, en estos casos, un relativo que permite integrar la segunda frase en la primera, evitando así la repetición de **chico** y **casa**. El resultado obtenido por este procedimiento es una oración más compleja, en la que las informaciones se presentan de manera más articulada.

1.2. EL ANTECEDENTE

Se llama *antecedente del relativo* el sustantivo al que remite el relativo y con respecto al cual relaciona la oración que introduce e integra en la oración principal. En [1b] y [2b], los antecedentes son **chico** y **casa**.

1.3. FUNCIÓN DE LAS ORACIONES DE RELATIVO

Las oraciones de relativo tienen una función análoga a la de un adjetivo que añade elementos de información sobre el sustantivo.

Es frecuente que, en un mismo enunciado, haya más de una oración de relativo. En estos casos pueden estar en aposición o coordinadas mediante uno de los recursos habituales de la coordinación (generalmente **y** o **pero**).

1.4. DISTINTOS TIPOS DE ORACIÓN DE RELATIVO

A veces, las oraciones de relativo permiten identificar el elemento en cuestión o distinguirlo de otros elementos de la misma categoría, como si se seleccionara uno o un pequeño grupo, es decir que lo definen; en estos casos se habla de *oraciones especificativas:*

[3] ● **El gobierno acaba de decidir liberalizar los alquileres de todas las casas que tengan más de cinco habitaciones.**

[4] ● **Los intérpretes que hablan más de cuatro idiomas encuentran trabajo muy fácilmente.**

[5] ● **Mañana te devuelvo el libro que me prestaste la semana pasada.**

En otros casos, la oración de relativo sólo añade una información más que el hablante desea dar sobre el sustantivo; se habla entonces de *oraciones explicativas:*

[6] ● **Mañana voy a ver a mi padre, que está enfermo.**

[7] ● **Después de tantas peripecias, los pasajeros, que estaban agotados, pidieron que por favor les dieran algo de comer.**

[8] ● **Los profesores de inglés, que disponen de muchos más materiales, no tienen los problemas que tenemos los de español.**

1.5. CRITERIOS PARA ELEGIR EL RELATIVO

Son varias las formas de los pronombres de relativo. En la elección entre una u otra posibilidad influyen principalmente cuatro consideraciones:

→ si el antecedente es una persona o no
→ la función gramatical del sustantivo borrado por medio del relativo, dentro de la oración de relativo
→ si se trata de oración especificativa o explicativa
→ el registro en el que nos movemos (más o menos formal, literario, etc.)

En las páginas que siguen, presentaremos el sistema de los relativos en español basándonos en estos cuatro criterios fundamentales.

2. ANTECEDENTE PERSONAL

2.1. ORACIÓN ESPECIFICATIVA

2.1.1. Si dentro de la oración de relativo (es decir la oración que se ha integrado en la principal) el sustantivo que se ha borrado por ser idéntico al antecedente no iba introducido por ninguna preposición, el único relativo posible, tanto para integrar un sujeto como un complemento directo es **que**:

> [9] ● **Si no te importa, para esta noche quería invitar también a un chico que trabaja conmigo.**
>
> [10] ● **Aquéllos que tengan preguntas o dudas pueden dirigirse a cualquiera de nosotros.**
>
> [11] ● **Vamos a necesitar una secretaria que sepa hablar inglés y que entienda francés.**
>
> [12] ● **Oye, va a pasar un fontanero que me recomendó la vecina para lo del cuarto de baño.**

CON MÁS DETALLE

1. En estas oraciones, si el antecedente (y, por ende, el sustantivo que se ha borrado en la oración integrada en la principal) remite a un ser conocido o del que se sabe que existe, sobre el que se están dando informaciones, el verbo va en indicativo (ejemplos [9] y [12]). Por el contrario, si el antecedente remite a un ser desconocido o del que no se presupone la existencia, sobre el que no se pueden dar informaciones concretas, el verbo de la oración de relativo va en subjuntivo (ejemplos [11]). El verbo va en subjuntivo también cuando la oración de relativo no constituye una información sobre el antecedente (aunque se trate de antecedente conocido), sino un predicado que el hablante plantea tan sólo como *relación*, para considerarlo, evocarlo, etc. (ejemplo [10]).

En las preguntas por la existencia de algo —puesto que se trata de elementos desconocidos, de los que no se presupone la existencia— se usa, como siempre en estos casos, el subjuntivo:

[13] ● ¿Hay algún sitio en el que pueda dejar esto?

[14] ● ¿Conoce a alguien que nos pueda arreglar el televisor?

➲ El subjuntivo

2. En la lengua hablada, se observa corrientemente cierta tendencia a borrar la preposición **a** que introduce el complemento directo de persona en las oraciones de relativo especificativas, y a usar siempre el relativo **que** —tanto en los casos en los que el sustantivo borrado es sujeto de la oración, como en los casos en los que es complemento. Sin embargo dicha preposición **a** se mantiene en la lengua más cuidada y en los registros ligeramente más formales y / o cultos:

[15a] ● El chico que invitaste.

[15b] ● El chico al que invitaste.

➲ 2.1.2.

2.1.2. Cuando, en la oración que se ha integrado como oración de relativo, el sustantivo que se ha borrado iba introducido por alguna preposición, el relativo **que** va introducido por la misma preposición y precedido del artículo determinado correspondiente al sustantivo que se ha borrado. En estos casos, además de **que**, se usan —registros más formales y / o cultos— las formas **quien / quienes** (que sólo pueden ir precedidas de preposición, pero nunca de artículo) y **cual / cuales** (que, igual que **que**, va precedido tanto de un artículo determinado como de la preposición):

[16] ● ¿Te acuerdas de Felipe, ese chico del que te estuve hablando ayer? Pues...

[17] ● Ya hemos terminado.
○ ¿Tan pronto?
● Sí, es que esos amigos con los que nos fuimos a pasar el fin de semana nos ayudaron a recoger.

[18] ● Y entre las personas a las que desearía dar una especial bienvenida, quiero señalar la presencia entre nosotros de un delegado de Japón, que se ha desplazado especialmente para asistir a esta reunión.

[19] ● Y otro de los especialistas con quienes hemos discutido largamente la cuestión es un famoso investigador francés: el profesor Sorbonés.

[20] ● Debido a la ausencia de uno de los especialistas del equipo, sin el cual preferimos no intervenir, para evitar posibles situaciones de emergencia, la operación no se podrá llevar a cabo antes de mañana.

[21] ● Desgraciadamente, la persona en honor de la cual se ha organizado esta reunión acaba de comunicarnos que no podrá venir.

Como ya se ha señalado, con **quien / quienes** no se usa nunca artículo. En sus usos como relativo, **cual / cuales** va siempre introducido por un artículo determinado. Asimismo, el operador **que** (relativo) aparece acompañado de un artículo determinado todas las veces que va introducido por una preposición. Sin embargo, es posible omitir el artículo cuando se trata de las preposiciones **con, en, de** o **a**. Dicha omisión es, no obstante, frecuente sólo con las preposiciones **con** y **en**:

[22] ● **Esta noche vamos a cenar al mismo restaurante en (el) que nos conocimos.**

CON MÁS DETALLE

Con el operador **quien / quienes** no es necesario el artículo, porque se trata de un operador que ya por sí mismo remite a un referente preciso —a diferencia de lo que ocurre con **que** y con **cual**.

Quien es un operador que sirve para identificar a un individuo (o a varios, en el caso de **quienes**). Esto es lo que le permite funcionar también, aunque acentuado, en las oraciones interrogativas y en las exclamativas: en el fondo, sustituye un elemento nominal personal (cualquiera que sea el motivo: no se conoce / no se ha identificado —en las preguntas—, se quiere hacer hincapié en su identidad o ponerla en tela de juicio —en las exclamativas— o, simplemente, se ha borrado porque se ha integrado la oración en otra oración que ya lo contiene —en las oraciones de relativo—). Lo importante es que siempre remite a un elemento preciso. Es, pues, innecesario el uso del artículo para aclarar el antecedente.

2.1.2.1. Cuando la preposición que introduce al sustantivo que se borra es **de**, y está usada para relacionar dos sustantivos indicando propiedad (con una distribución / extensión de significado paralela a la de los posesivos), se usa, en los registros más cuidados o cultos, el relativo **cuyo/a / cuyos/as**.

Cuyo/a / cuyos/as no va precedido de ningún artículo. Este operador reemplaza el sintagma **de** + *sustantivo / nombre* y, por tanto, no requiere la presencia de la preposición **de**. Introduce siempre un sustantivo que, en la oración integrada bajo la forma de oración de relativo, constituye el elemento A^1 relacionado, mediante la preposición **de**, con el sustantivo que se borra por ser idéntico al antecedente:

[23a] ● **El autor cuya obra pasamos a comentar propone una teoría muy original sobre el tema.**

Las oraciones de las que se compone este enunciado complejo son:

[23b] a. **El autor ha elaborado una obra y propone una teoría muy original sobre el tema**

b. **pasamos a comentar** *la obra de este autor*

---

1 Sobre los conceptos de *elemento A* y *elemento B* véase el capítulo acerca de las preposiciones: el *elemento A* es el primer elemento relacionado por una preposición; el *elemento B* es el segundo, es decir el elemento que introduce directamente la preposición.

Cuyo/a / cuyos/cuyas concuerda en género y número con el sustantivo al que introduce —y no con el antecedente.

Sin embargo, puede ir introducido por una preposición cuando en la oración que se integra bajo la forma de oración de relativo el grupo *sustantivo (elemento A) + de + sustantivo (elemento B)* va introducido a su vez por otra preposición:

[24a] ● Esta noche se encuentra entre nosotros el profesor en cuyas investigaciones se basa todo el trabajo realizado en nuestro departamento.

Las oraciones de las que se compone este enunciado complejo son:

[24b] a. Esta noche se encuentra entre nosotros un profesor
b. todo el trabajo realizado en nuestro departamento se basa *en las investigaciones de este profesor*

El uso de este operador conduce a oraciones altamente complejas; por eso en la lengua hablada corrientemente en registros que no pretendan ser demasiado cultos se intenta evitarlo.

2.2. ORACIÓN EXPLICATIVA

En la lengua escrita o transcrita, estas oraciones se escriben entre comas o, si van al final de la frase, después de una coma.

2.2.1. Cuando el sustantivo que se borra es sujeto de la oración que se integra en la principal bajo la forma de oración de relativo, se usan los relativos **que** y **quien**.

En los registros menos formales, se usa más a menudo **que**. El uso de **quien** tiene connotaciones ligeramente cultas:

[25] ● ¿Nos vemos esta noche?
○ Es que tengo que ir a casa de mis padres, que se van de viaje mañana, y ya no los veré hasta septiembre.

[26] ● Cedo ahora la palabra al profesor Peter Slagter, de la Universidad de Utrecht, quien preparó para el Consejo de Europa el *Nivel Umbral* del español.

En estos casos, cuando el antecedente está separado de la oración de relativo por algún elemento que no forma parte del antecedente mismo o de su definición / especificación, se usa **el/la cual / los/las cuales** o, en algunos raros casos, **quien**:

[27] ● Fuimos con un amigo a la montaña, el cual tiene una casa maravillosa en un lugar precioso.

Es bastante poco frecuente, por otra parte, que se separe el antecedente de la oración de relativo; se trata por lo general de registros relativamente cultos. En la lengua hablada, se prefiere reorganizar la frase para evitar dicha separación.

2.2.2. Cuando el sustantivo que se borra es complemento directo de la oración que se integra en la principal bajo la forma de oración de relativo —si se trata de oraciones explicativas— suele estar presente la preposición **a**, cuando se trata de persona(s). Se usan en estos casos los mismos relativos que con todas las demás preposiciones.

⊃ 2.2.3.

CON MÁS DETALLE

A diferencia de lo que ocurre en el caso de las oraciones especificativas, en las oraciones explicativas es un poco menos frecuente que se borre la preposición **a**, debido a que, en general, se está hablando de un antecedente mucho más definido por sí mismo, que mantiene por lo tanto más su autonomía de persona.

⊃   Las preposiciones: **a** - usos con los complementos directos de persona

2.2.3. Cuando el sustantivo que se borra va introducido por una preposición dentro de la oración que se integra en la principal bajo la forma de oración de relativo, se usan generalmente los relativos **que** y **cual/cuales**, precedidos del artículo determinado (segunda mención) correspondiente al sustantivo borrado, o **quien/ quienes** (que, como ya se ha señalado, no va nunca introducido por ningún artículo). En este caso también, el uso de **quien** y de **cual** es más frecuente en registros más bien formales o cultos.

[28] ● **Y esa noche, en casa de Mariel, imagínate, me encontré con que estaba nada menos que el escritor Vargas Llosa, a quien yo admiro profundamente y del que he leído todas las novelas.**

[29] ● **Mañana tenemos una reunión a las diez y media con Cristina y Eulosio, con los que vamos a trabajar el próximo curso.**

Cuando la preposición que introduce el sustantivo que se borra en la oración que se integra en la principal bajo la forma de oración de relativo es **de**, se usa, en registros ligeramente más cultos, el relativo **cuyo/a / cuyos/cuyas**. Este relativo funciona en las oraciones explicativas igual que en las especificativas:

⊃ 2.1.

3. ANTECEDENTE NO PERSONAL

3.1. Cuando el antecedente se refiere a una cosa, un concepto, etc. —y no a una persona, se usan los mismos relativos que para las personas, excepto **quien**, operador reservado únicamente para las personas. En todos los demás casos, los relativos son iguales:

[30] ● **Quiero que pruebes este licor que me trajo Detlev de Alemania. Está buenísimo.**

[31] ● **Por favor, no entres con los pies mojados, que se mancha la alfombra, que ya está bastante sucia.**

[32] ● **¿Tienes un rato? ¿Vamos a ver esa casa de la que te hablé anoche?**

3.2. Cuando lo que se borra en la oración que se integra en la principal bajo la forma de oración de relativo se refiere a un concepto abstracto —difícil de identificar con una palabra—, a una idea o a toda una afirmación, el artículo que se usa es, como siempre en estos casos, **lo**:

[33] ● **Me molestó mucho todo lo que me dijo en aquella ocasión. La verdad, no lo entiendo.**

[34] ● **Quería hablar un momento contigo de lo que me comentaste anoche. ¿Tienes un minuto?**

4.   ELEMENTO ESPACIAL COMO ANTECEDENTE

Cuando el antecedente es un lugar, si se trata de localización, la oración de relativo va introducida por el operador **donde**, por **en (el/la / los/las) que** o por **en el/la / los/las cual/cuales**:

[35] ● **¿Te apetece ir a ese pueblo donde estuvimos el año pasado de vacaciones?**

En que no se usa en las oraciones explicativas (es decir en los casos en los que el antecedente ya está claramente definido y sólo se trata de añadir datos suplementarios); en tales casos, se usa siempre **donde, en donde, en el que** o **en el cual**.

Sin embargo, cuando el antecedente es un nombre propio sólo se puede usar **donde** o **en donde**:

[36] ● **Si llamas después del quince ya no estaremos. Estaremos en Santander, donde pasamos un par de semanas con mi familia todos los años.**

Si se trata de movimiento hacia un lugar, la oración de relativo se introduce con **adonde, al / a la / a los / a las + que** o **al / a la / a los / a las cual/cuales**. Sin embargo, en este caso también, en las oraciones explicativas el único operador posible es **adonde**:

[37] ● **En los hoteles a los que voy en verano, siempre hay piscina.**

[38] ● **Yo el Año Nuevo lo pasé en Madrid, adonde voy todos los años.**

Donde no se usa para referirse a elementos temporales.

➲ El espacio: relacionar dos acciones desde un punto de vista espacial

5. ELEMENTO TEMPORAL COMO ANTECEDENTE

Cuando el antecedente es un elemento temporal, la oración de relativo suele introducirse con **en que** o con **cuando**:

> [39] ● **¿No te acuerdas de él? Lo conocimos el día en que tuvimos la avería en Castellón.**

Si se trata de oración especificativa, se usa generalmente **en que**. A diferencia de lo que ocurre en otros idiomas, en español en estos casos el operador **cuando** tiene usos limitados.

Si la oración es explicativa, se usa el operador **cuando**:

> [40] ● **Nos conocimos el 22 de abril, cuando se casó mi hermana.**

➲ Establecer relaciones desde un punto de vista temporal
➲ Sobre la información: introducir el último elemento de información que falta

6. USO DEL INDICATIVO Y DEL SUBJUNTIVO

Como en otro tipo de oraciones, en las de relativo se usa
▶ el indicativo si la oración informa
▶ el subjuntivo si sólo se trata de manejar relaciones entre sujetos y predicados sin informar.

➲ 2.
➲ El subjuntivo

7. ANTECEDENTE NO EXPLÍCITO

Con frecuencia, el antecedente no está expresado explícitamente en el contexto. Se trata, por lo general, de un antecedente fácil de imaginar o que se presupone por el sentido del enunciado:

> [41] ● **El que sepa la respuesta que la diga.**

Cuando el antecedente no está expresado no se usa **cual/cuales**.

8. ALTERNATIVAS A UNA ORACIÓN DE RELATIVO

Es frecuente que, para referirse a una información que puede ayudar a identificar un sustantivo, se emplee —en lugar de una oración de relativo con la información necesaria— la preposición **de** seguida de un elemento que se considera clave:

[42a] ● Perdona, es que me he quedado charlando con mi vecino que vive en el piso de al lado.

[42b] ● Perdona pero es que me he quedado charlando con mi vecino de al lado.

[43a] ● No he entendido bien eso que me dijiste de ir a la playa.

[43b] ● No he entendido bien eso de ir a la playa.

9. ARTÍCULO + ORACIÓN DE RELATIVO

Ocurre a veces que, por haber aparecido en el contexto previo, desaparezca un sustantivo al que se refiere una oración de relativo y que quede el artículo solo, seguido de la oración de relativo:

[44] ● Los estudiantes que hayan terminado el ejercicio pueden esperar fuera si quieren. Los que no hayan terminado aún, que se den prisa, por favor.

[45] ● A mí, ésta me encanta. La encuentro mucho mejor que la que vimos ayer.

REGLAS ORTOGRÁFICAS
Y PRONUNCIACIÓN

Al ser ésta una obra general de gramática española —y no un tratado específico sobre problemas fonéticos y ortográficos—, nos limitaremos a presentar aquí algunas reglas básicas de ortografía y pronunciación.

1. EL ALFABETO ESPAÑOL

El alfabeto español tiene veintinueve letras/grafemas:

letra	nombre	pronunciación
a	*a*	[a]
b	*be, be larga/alta*	[b] / [ß]
c	*ce*	[k] / [θ] / [s]
ch	*che, ce hache*	[t͡ʃ]
d	*de*	[d] / [δ]
e	*e*	[e]
f	*efe*	[f]
g	*ge*	[g] / [γ] / [χ]
h	*hache*	no se pronuncia
i	*i*	[i] [j]
j	*jota*	[x]
k	*ka*	[k]
l	*ele*	[l]
ll	*elle*	[λ] / [j]
m	*eme*	[m]
n	*ene*	[n]
ñ	*eñe*	[ɲ]
o	*o*	[o]

p	*pe*	[p]
q	*cu*	[k]
r	*ere*	[r] / [rr]
s	*ese*	[s] / [z]
t	*te*	[t]
u	*u*	[u]
v	*uve, ve corta/baja*	[b] / [ß]
w	*uve doble, ve doble*	[b] / [ß]
x	*equis*	[ks] / [χ] / [s]
y	*i griega*	[i] / [j] [dʒ]
z	*zeta, zeda*	[θ] / [s]

2. CH y Ll

Desde 1994 la **ch** y la **ll** no se clasifican en el diccionario con entradas independientes. Van colocadas en la **c** y la **l** en el orden alfabético correspondiente.

3.

La ortografía española es bastante fonética y, por lo tanto, sencilla: la mayoría de los grafemas corresponden a un solo sonido. Y en el caso de los grafemas que corresponden a más de un sonido existen reglas de distribución ortográfica bastante rígidas, por lo que queda un margen de error muy limitado en comparación con otras lenguas como por ejemplo el inglés, el francés, el ruso, etc.

Por otra parte, las pronunciaciones del español varían considerablemente de un país a otro, de una región a otra y de una capa social a otra.

4. B y V

Las grafías **b** y **v** corresponden a un único fonema /b/; es decir: se pronuncian de la misma manera. Sin embargo, este fonema tiene dos alófonos (dos pronunciaciones distintas), que no dependen de la grafía, sino del contexto en el que se encuentra:

▶ En posición inicial (es decir, después de una pausa o un silencio) o después de una consonante que interrumpe el flujo de aire que sale de la boca, las grafías **b** y **v** corresponden al sonido oclusivo [b]:

[1]   ● **¿Qué quieres beber?**
       ○ **Vino. [bino]**

[2]   ● **Un buen vino [umbwembino]**[1]

En posición intervocálica, o después de una consonante que no interrumpe el flujo de aire que sale de la boca estas dos grafías corresponden al sonido fricativo [ß]:

[1b]   ● **¿Qué quieres beber? [kekjerezßeßer]**
       ○ **Un vaso de vino. [umbasodeßino]**

---

1 En [2] se produce una asimilación de la [n] en [m]. El hablante está pensado ya en el sonido siguiente, que se pronuncia con los labios *(bilabial)*, y en lugar de pronunciar [n] se pasa al sonido que más se le parece y que, como [b], también es bilabial: [m].

Para entender bien el funcionamiento de este microsistema, es importante tener claro que posición inicial no significa comienzo de palabra. Se trata de posición inicial dentro de la cadena de sonidos pronunciados: primera posición después de un silencio, de una interrupción de la salida del aire.

El hecho de que la pronunciación de las dos grafías **b** y **v** sea idéntica acarrea una serie de problemas ortográficos (incluso para los hablantes nativos del español que, con frecuencia, dudan acerca de la ortografía de ciertas palabras). Es característica, a este respecto, la pregunta: "¿Cómo se escribe, con be o con uve?"

Damos aquí únicamente tres reglas ortográficas que ayudarán al estudiante a evitar errores de elección ortográfica entre **b** y **v**:

1. se escribe siempre **b** —y nunca **v**— delante de otra consonante:

    libro, libre, cobre, cubrir, hablar, amable, blanco, abstracto, absolver, obtener, obnubilar, obsesión, objetivo, abdomen, ablativo, abnegación...

2. después de **m** se escribe siempre **b**; después de **n** se escribe siempre **v**:

    conversar, convertir, combinar, convidar, cambiar, enviar...

3. con frecuencia, cuando en otros idiomas una palabra (de origen latino) lleva una **p**, si la palabra española correspondiente tiene el mismo origen (las dos se parecen), en español lleva una **b**[2]:

Italiano:	**Francés:**	**Español:**
lupo	**loup**	**lobo**
capra	**chèvre**	**cabra**
etc.[3]		

Para pronunciar de manera adecuada el sonido [ß] es importante tomar conciencia de que se trata de un sonido fricativo bilabial —y no labiodental. Es decir: se pronuncia acercando los dos labios de manera que produzca una fricción —los dientes no intervienen. Tal es la diferencia que hay entre este sonido español y el sonido [v] de idiomas como el inglés (en **dove**, **have**, etc.), el francés (en **vous**, **avoir**, etc.), el alemán (en **was**, **wer**, etc.), el italiano (en **avere**, **vado**, etc.), el ruso (en [vwi], [vas], etc.), y otros.

5. D

La grafía **d** corresponde a un fonema /d/ que también tiene dos alófonos (es decir: dos pronunciaciones distintas) según la posición en la que se encuentra en el interior de la cadena hablada:

---

2 Esto se debe a un fenómeno de sonorización de la **-p-** intervocálica que se produjo en la evolución del latín al español.

3 Existen otras recetas, pero que nos parecen algo más difíciles de aprender y que rebasan los límites de este capítulo sobre aspectos esenciales de ortografía y pronunciación del español.

- En posición inicial (después de una pausa o de un silencio), después de una consonante que interrumpe el flujo de aire que sale de la boca o después de [l] corresponde al sonido oclusivo [d]:

  [3]   ● **Oye, Pedro...**
        ○ **Dime [dime]**

  [2]   ● **Un día [undia]**

- En posición intervocálica o después de una consonante que no interrumpe el flujo de aire que sale de la boca corresponde al sonido fricativo [δ]:

  [5]   ● **Dedo [deδo]**

- En posición final de palabra, **d** se pronuncia [δ] (muy débil, casi inaudible, muy próximo de [θ]), o desaparece por completo.

6. G

La grafía **g** corresponde a dos fonemas distintos según la vocal que siga: /g/ y /χ/:

Grafía:	Fonema al que corresponde:
g + a	/g/
g + o	/g/
g + u	/g/
g + e	/χ/
g + i	/χ/

Por otra parte, no son éstas las únicas representaciones gráficas de estos dos fonemas. Además, el fonema /g/ tiene dos alófonos, de ahí que los presentemos cada uno por separado.

7. EL FONEMA /g/

7.1. GRAFÍAS

Este fonema se representa gráficamente de las siguientes maneras:

Grafía:	Correspondencia fonemática:		
ga	/ga/	→	gato
go	/go/	→	gota
gu	/gu/	→	gusto
gui	/gi/	→	guiño
gue	/ge/	→	guerra

Así pues, en **gui** y **gue**, la **u** no se pronuncia. Si lo que se quiere escribir es /gwi/ y /gwe/

(es decir que se pronuncie la **u**), los grupos **gui** y **gue** se escriben con diéresis: **güi** y **güe**:

cigüeña
lingüística

7.2. PRONUNCIACIÓN

Este fonema corresponde a dos alófonos: [g] y [ɣ]

◆ En posición inicial (es decir después de una pausa o un silencio) o después de una consonante que interrumpe el flujo de aire que sale de la boca, corresponde al sonido oclusivo [g]:

    [6]   ● **¿Qué te regalaron en Navidad?**
          ○ **Un gato [uŋgato]**

    [7]   ● **¡Gustavo! ¡Ven! [gustaßo]**

◆ En posición intervocálica o después de una consonante que no interrumpe el flujo de aire que sale de la boca, corresponde al sonido fricativo [ɣ]:

    [8]   ● **Agua [aɣwa]**

    [9]   ● **¿Cuándo te vas de vacaciones?**
          ○ **¿Yo? En agosto. [enaɣosto]**

◆ En posición final de sílaba, el fonema /g/ también se pronuncia [ɣ]:

ignorante, Ignacio

8. EL FONEMA /χ/

Este fonema se representa gráficamente de las siguientes maneras:

Grafía:		Correspondencia fonemática:		
ja		/χa/	→	jamón
jo		/χo/	→	jota
ju		/χu/	→	jugo
ji	gi	/χi/	→	jinete, Ginebra
je	ge	/χe/	→	Jerez, gesto

La existencia de dos grafías posibles con la **i** y con la **e** es fuente de numerosos errores de ortografía (incluso entre hispanohablantes). En este caso también es frecuente la pregunta: "¿Cómo se escribe, con ge o con jota?"

El sistema más rápido para el extranjero que aprenda español es ir aprendiendo la ortografía de las palabras a medida que las vaya encontrando por primera vez.

Al final de una sílaba (muy poco frecuente y, además, tiende a no pronunciarse) el sonido [χ] se obtiene siempre mediante la grafía **j**:

reloj, boj

9. C

La grafía **c** corresponde a dos fonemas distintos según la vocal que siga: /k/ y /θ/ (español peninsular septentrional) - /s/ (español peninsular meridional, canario y americano):

Grafía:	Fonema correspondiente:
c + a	/k/
c + o	/k/
c + u	/k/
c + e	/θ/ - /s/
c + i	/θ/ - /s/

Por otra parte, no son éstas las únicas representaciones gráficas de estos dos fonemas. Por eso los presentamos cada uno por separado.

10. EL FONEMA /k/

Este fonema se representa gráficamente de las siguientes maneras:

Grafía:	Correspondencia fonemática:		
ca	/ka/	→	casa
co	/ko/	→	cosa
cu	/ku/	→	cuna
qui	/ki/	→	quita
que	/ke/	→	queso

En los grupos **qui** y **que** no se pronuncia nunca la **u**. Para representar gráficamente los grupos [kwi] y [kwe] se usa la grafía **c** como forma normal para escribir /k/ delante de **u**:

cuestión, cuidar

Por otra parte, a diferencia de lo que sucede en otros idiomas, en español el grupo **qu** se escribe sólo y únicamente delante de las vocales **i** y **e**. Para escribir [kwa] y [kwo] se usa **c**:

cuánto, cuando, cuadra, cuota

11. EL FONEMA /θ/

Este fonema se neutraliza totalmente en algunas zonas de la península ibérica, en Canarias y en el español americano, porque se confunde con el fonema /s/.

Las reglas de distribución de las distintas grafías no dejan de tener su validez aun en aquellas zonas en las que se neutraliza la pronunciación de /θ/. Lo único que cambia es la pronunciación.

El fonema /θ/ se realiza gráficamente de las siguientes maneras:

Grafía:		Correspondencia fonemática:		
za		/θa/	→	zapato
zo		/θo/	→	zorro
zu		/θu/	→	zumo
zi	ci	/θi/	→	zinc, cinco
ze	ce	/θe/	→	zeta, ceta

La existencia de dos grafías posibles con la **i** y con la **e** es fuente potencial de errores de ortografía (incluso entre hispanohablantes). Sin embargo, los grupos **zi** y **ze** son tan raros que no se trata de un problema real como en el caso de /b/ (¿**b** o **v**?) y /x/ (¿**g** o **j**?). He aquí las principales palabras de uso frecuente en las que aparecen estos grupos:

zigzag, nazi, zinc, Nueva Zelanda, neozelandés, zeta

Por lo general, cuando existen las dos posibilidades potenciales las demás palabras se escriben con **c**, aun en los casos en los que en otros idiomas se escriben con **z**:

cebra, gaceta

Al final de una sílaba, el fonema /θ/ se escribe siempre con **z**:

paz, avestruz, bizco

La distribución ortográfica de **c** y **z** es idéntica en todos los países de habla hispana. La diferencia entre un país/región y otro/a consiste en la manera de pronunciarse. Al confundirse con la **s** en algunas variantes de español, surge un problema ortográfico añadido.

12. H

La grafía **h** no corresponde a ningún sonido: no se pronuncia en español contemporáneo.

Se mantienen una serie de haches de la etimología de las palabras (generalmente se trata de palabras cultas de origen latino o griego). Damos a continuación, y tan sólo a título de ejemplo, algunas de estas palabras:

haber, anhelo, hemiciclo, hemisferio, hemofilia, helicóptero, hélice, hebreo, hepático, heráldica, herencia, herejía, heterogéneo, hectolitro, hexagonal, héroe, hídrico, hipocondríaco, hipertrofia, hombre, hospital, horrible, homogéneo, humano, húmedo...

Además, con frecuencia en español hay una **h** donde en otras lenguas románicas hay una **f** (cosa que puede resultar ciertamente una ayuda para el estudiante extranjero):

Español:	Francés:	Italiano:
harina	farine	farina
hierro	fer	ferro
hilo	fil	filo
humo	fumée	fumo
hada	fée	fata
hormiga	fourmi	formica

En español, sin embargo, se han perdido algunas **h** que existían en la etimología de ciertas palabras —y que se mantienen en otros idiomas:

azar, armonía, arpa...

Se escriben con **h** inicial todas las palabras que empiezan con **u** + *vocal* ([wa], [we] y [wi] esencialmente):

hueso, huevo, hueco...

13. Después de **ch**, **ll** y **ñ**, no hay nunca una **i** átona seguida de otra vocal.

14. No existe en español la grafía **s** + *consonante* al principio de una palabra. La **s** siempre tiene que ir precedida de una vocal y, cuando va seguida de otra consonante, pertenece a la sílaba anterior:

es-drújulo, es-cuela, his-toria...

15. X

La grafía **x** corresponde normalmente al sonido [ks]:

taxi, maxi, exultar, exaltado, examen...

Sin embargo, cuando se encuentra justo antes de otra consonante, muchos hablantes tienden a pronunciar [s]:

externo [eksterno] [esterno]
extraño [ekstraɲo] [estraɲo]
extranjero [ekstraŋχero] [estraŋχero]

Al principio de una palabra también se tiende a pronunciar [s]:

xilófono [ksilofono] o [silofono]
xenofobia [ksenofoßia] o [senofoßia]

En algunas palabras palabras como **México** (que también se puede escribir **Méjico**, aunque no es ésta la grafía más común), **Ximena**, la grafía **x** se pronuncia [χ].

16. Y

La grafía **y** funciona como una consonante a efectos ortográficos y de articulación.

Generalmente, corresponde al sonido [j] o [dʒ]:

oye, payaso, ayer, yo, ya

Sin embargo, tiene variantes bastante considerables según el área geográfica en la que nos hallemos —en particular en el Río de la Plata y en algunas limitadas zonas de España, donde se da como [dʒ] e incluso como su correspondiente sorda [ʃ].
En posición final de palabra, se da sólo como [j]:

soy, doy, estoy, hoy

La conjunción **y** es la única palabra en que se articula como sonido vocálico [i].

17. EL FONEMA / λ /

La articulación [λ] que corresponde a la grafía **ll** se encuentra hoy, por lo general, muy debilitada y tiende a realizarse como [j], dándose muy similares peculiaridades articulatorias en las mismas zonas.

18. I Y U AL PRINCIPIO DE PALABRA

La **i** y la **u** átonas no aparecen, por lo general, a principio de palabra seguidas de otra vocal si no van precedidas de una **h**:

hierba, hierático, hueso, huele...

La composición **hie**— tiende a pronunciarse (e incluso a escribirse en algunos casos, por ejemplo **yerba**) como **y**.

19. I INTERVOCÁLICA

La **i** entre dos vocales siempre tiene que ser tónica (y, por lo tanto, lleva acento gráfico); de lo contrario, se transforma automáticamente en [j] y se escribe **y** —recuérdese que tal cosa tiene consecuencias en la conjugación de algunos verbos:

<u>**oír**</u>**: oigo, oyes, oías**...

20. EL ESPAÑOL Y LAS DOBLES CONSONANTES

A diferencia de otras lenguas, en español no existen dobles consonantes. Las únicas consonantes (grafías) que se pueden encontrar escritas dos veces seguidas en el interior de una palabra son las de la palabra **Carolina**: **c**, **l**, **r** y **n**:

▶ La grafía **ll** es una letra del alfabeto español y tiene, como hemos visto, una pronunciación distinta a la de **l**; por lo tanto, no puede de ninguna manera considerarse una doble consonante.

▶ Todas las veces que se encuentra la grafía **cc** nos hallamos antes dos sonidos distintos agrupados: cada una de las *ces* remite a un sonido distinto:

> **colección** [kolekθjoŋ]/[koleksjoŋ]
> **acción** [akθjoŋ]/[aksjoŋ]

Resulta, pues, imposible hablar de doble consonante.

▶ La grafía **nn** se da casi exclusivamente cuando se trata de palabras compuestas; es la coincidencia de dos enes de orígenes distintos (excepción: **perenne**):

> **innecesario, innovación**

En este caso tampoco es posible, por lo tanto, hablar de doble consonante.

▶ La **rr** es la única consonante doble de la que dispone el sistema español, ya que en este caso sí se produce un redoblamiento de intensidad en la pronunciación de un mismo sonido, que se hace más largo (en lugar de una vibración simple, se da una vibración múltiple):

> **correr, irritar**

La grafía doble **r** (**rr**) —que sólo aparece en posición intervocálica— no se corta nunca: **co/rrer**

La articulación [rr], sin embargo, se da —tanscrita como **r** simple— en posición inicial de palabra y después de algunas consonantes (como **n**, **l**):

> **ratón, rosa, enredo, alrededor**

21. A diferencia de lo que sucede en otras lenguas, en los grupos **ti** + *vocal* y **gn** + *vocal*, los distintos elementos que los componen representan el sonido al que cada uno remite normalmente —es decir que no se agrupan en un solo fonema:

ignorante [iɣnorante]
sitio [sitjo]

El grupo **ti** + *vocal* es, sin embargo, bastante menos frecuente que en otros idiomas (francés, inglés, etc.): por lo general, en los casos en los que en una palabra se da este grupo en francés, en inglés, en alemán, etc. en español tenemos **ci** + *vocal*.

22. Delante de las grafías **b** y **p** no se escribe nunca **n** sino **m**:

combinar, embestir, embocar, empeorar, emparejar...

Por otra parte, delante de **v** y **f** no se escribe **m** sino **n**:

enfundar, infierno, convertir, invertir...

23. No se usa en español la grafía **ph** para al sonido [f], cuya única ortografía posible es **f**.

Tampoco se dan los grupos **th** ni **rh**:

Inglés:	Francés:	Español:
rhythm	rythme	ritmo
theatre	théâtre	teatro
myth	mythe	mito

24. Al contrario de lo que ocurre en otros idiomas, como en español no existen las dobles consonantes, no se asimilan en una doble consonante dos consonantes distintas que se encuentran una al lado de la otra, sino que se mantiene cada una por su cuenta:

inmóvil, abstracto, absolver, obtener, obsesión, abdomen, acto...

EL ACENTO TÓNICO Y LAS REGLAS DE ACENTUACIÓN GRÁFICA

1. En cada palabra de más de una sílaba, en español, como en la mayoría de los idiomas, hay una sílaba que se pronuncia con más intensidad que las demás: es la sílaba tónica —es decir la sílaba en la que descansa el acento tónico (el peso de la voz).

Hay idiomas en los que dicha sílaba tónica es fija: tal es el caso del francés, idioma en el que la sílaba tónica es siempre la última de la palabra. En muchas otras lenguas, sin embargo, la sílaba tónica varía de una palabra a otra, siguiendo unas reglas más o menos complejas en las que desempeñan un papel fundamental ciertos grupos de vocales y/o consonantes, las terminaciones de las palabras, a veces las declinaciones y el semantismo: inglés, alemán, ruso, italiano, etc.

1.1. El español constituye un caso intermedio. Es un idioma en el que el acento tónico no descansa siempre en la misma sílaba en todas las palabras, pero que, sin embargo, obedece a unas reglas rigidísimas —o, de lo contrario, va señalado gráficamente.

    1.1.1. Normalmente:

        → las palabras que terminan en *vocal*, **n** o **s** tienen el acento tónico en la *penúltima* sílaba:

casa →			ca	sa
artistas →		ar	tis	tas
abrigo →		a	bri	go
dibujaron →	di	bu	ja	ron
republicano →	re	pu	bli	ca	no

337

→ Las palabras que terminan en *consonante* que no sea ni **n** ni **s** tienen el acènto tónico en la *última* sílaba:

tener →			te	ner
verdad →			ver	dad
español →		es	pa	ñol
comedor →		co	me	dor
avestruz →		a	ves	truz
publicidad →	pu	bli	ci	dad

1.1.2. Todas las *excepciones* —es decir: todas las palabras que no siguen estas dos reglas básicas— llevan un *acento gráfico*, cuya función es precisamente señalar que se trata de una excepción:

café, mesón, ciprés, árbol, huésped, pájaro, díctamelo...

1.1.2.1. Para la correcta interpretación de las reglas anteriores, conviene recordar que la **y** funciona, a todos los efectos, como consonante:

estoy, virrey, convoy, caray...

1.1.2.2. Es importante tomar conciencia de que con estas tres reglas básicas están cubiertos todos los casos. Con este sistema, el estudiante extranjero que se encuentre con una palabra desconocida en español siempre sabrá pronunciarla, ya que las palabras o se oyen (en tal caso, se percibe por la pronunciación en qué sílaba descansa el acento) o se ven escritas (en tal caso, la ortografía —es decir la presencia o ausencia de acento gráfico) le señalará si se trata de una palabra regular o no.

1.1.2.3. Las palabras esdrújulas, que tanto preocupan a algunos autores, caen automáticamente en la categoría de las excepciones, y por tanto no merecen mención aparte.

2. EL ACENTO Y LOS DIPTONGOS Y TRIPTONGOS

2.1. A veces, una sílaba cuenta con más de una vocal: cuando tiene dos, se dice que hay un *diptongo*; cuando comprende tres, se habla de *triptongos*. Pero no por el hecho de haber dos o tres vocales juntas hay necesariamente diptongo o triptongo —dicho de otro modo: no toda combinación de dos o tres vocales cuenta sistemáticamente como una sola sílaba.

2.2. Las vocales en español se clasifican tradicionalmente en vocales *fuertes* o *abiertas* (**a**, **e**, **o**), y en vocales *débiles* o *cerradas* (**i**, **u**).

2.3. Para que haya diptongo, es decir, para que la combinación de dos vocales cuente como una única sílaba, tiene que tratarse de la conjunción de una vocal fuerte y de una débil (o viceversa) o de dos vocales débiles. Las únicas combinaciones posibles son:

iu	-	ui		viudo	-	ruido
ai	-	ia		caimán	-	farmacia
au	-	ua		cauto	-	agua
ei	-	ie		peine	-	tiene
eu	-	ue		deuda	-	nuevo
oi	-	io		boina	-	biombo
ou	-	uo		—	-	cuota

Sin embargo, el diptongo **ou** no suele darse en español.

La combinación de dos vocales fuertes constituye siempre dos sílabas distintas.

2.4. Para que haya triptongo, es decir, para que la combinación de tres vocales cuente como una única sílaba tiene que tratarse necesariamente de una vocal débil, seguida de una vocal fuerte, seguida a la vez de una vocal débil:

iai	-	iau	-	uai	-	uau
ioi	-	iou	-	uoi	-	uou
iei	-	ieu	-	uei	-	ueu

Sin embargo, la mayoría de estos hipotéticos triptongos no son viables en español (no se dan nunca). Por otra parte, los triptongos son bastante raros en español.

2.5. Cuando el acento tónico descansa en un diptongo o en un triptongo, recae forzosamente en la vocal abierta o, en el caso del diptongo compuesto por dos vocales débiles, en la segunda:

peine, tiene, bueno, deuda, piano, biombo, huir, ruido...

De no ser así, hay que señalar la posición del acento mediante un acento gráfico, para indicar que la palabra constituye una excepción: en este caso, *se rompe el diptongo o el triptongo* y se habla de *hiato*:

oído, baúl, rehúso...

En algunas ocasiones, además, se dan hiatos en sílabas en las que normalmente no debería descansar el acento tónico:

comía, María...

La función del acento gráfico es aquí también la de señalar que la·palabra no sigue las reglas normales de acentuación. Si se escribieran sin acento, la palabras **María** y **comía** se pronunciarían **Maria** y **comia**.

Además de los casos expuestos aquí (hiatos), se dan con frecuencia casos de diptongos o de triptongos que siguen funcionando como diptongos o triptongos y que, sin embargo, llevan un acento gráfico (en la vocal abierta): se trata de palabras en las que el acento no recae en la sílaba en la que normalmente le correspondería:

comió, averigüéis, inviértelo...

(Si estas palabras fueran regulares serían **comio**, **averigüeis** e **inviertelo**)

3. EL ACENTO EN EL RITMO DE LA FRASE Y LOS LLAMADOS "ACENTOS GRAMATICALES"

El acento tónico no funciona tan sólo en el plano de la palabra, sino también en el de la frase (teniendo en cuenta que una frase normalmente se halla insertada en un contexto).

3.1. Normalmente, cuando un elemento lingüístico ya ha aparecido en el contexto tiende a perder su acento en el ritmo de la frase —o, en todo caso, éste se hace bastante más débil que la primera vez que aparece— para permitir señalar de manera más clara los elementos nuevos:

[1]   ● **Cuando llegué a su casa vi que le habían mandado unas rosas amarillas.**
    ○ **¿Y? ¿No era eso lo que habías encargado tú?**
    ● **No. Yo había insistido para que le llevaran rosas rojas o, si no, cualquier otra flor.**

A menudo se evita el fenómeno de la *desacentuación* (pérdida del acento en el ritmo de la frase) mediante una serie de recursos sintácticos, entre los que el más frecuente es, quizá, la desaparición del elemento que se quiere *tematizar* (señalar que ya ha aparecido).

Hay casos en los que el enunciador todavía no quiere o no puede tematizar (señalar que el elemento en cuestión ya ha aparecido) porque todavía no se ha superado la fase de su primera mención para pasar a dar más datos o datos distintos sobre él, en otro nivel: se trata, todavía, de ponerse de acuerdo con el interlocutor sobre la primera mención del elemento en cuestión.

3.2. Hay, en el ritmo de la frase, una serie de palabras que, dada su naturaleza, no ocupan nunca una posición preponderante y, por tanto, no llevan nunca acento tónico propio, sino que se apoyan a otros elementos de la oración.

Tal es el caso, por ejemplo, de los artículos, de las preposiciones, de las formas átonas del posesivo, de las conjunciones, de los relativos, de las formas átonas de pronombre complemento:

▶ artículos:

el, la, los, las, un/una (casos en los que no interesa tanto el número, como el hecho de que se trate de elementos indeterminados), **unos, unas.**

❯ preposiciones:
> **de, a, sin, con, para, por, sobre, tras...**

❯ posesivos:
> **mi, mis, tu, tus, su, sus...**

❯ conjunciones:
> **y, ni, pero, si...**

❯ relativos:
> **quien, que...**

❯ formas átonas de pronombre complemento:
> **me, te, nos, os, lo, la, le, los, las, les, se...**

3.3. Hay, asimismo, una serie de palabras que, debido a su significación y a su función sintáctica en la frase, se hallan siempre en una posición de relieve y, por lo tanto, llevan siempre un acento fuerte en el ritmo de la frase: pronombre sujeto, formas tónicas de pronombres complemento, adverbios, sustantivos, verbos, palabras interrogativas y exclamativas, etc.

Algunas de estas palabras son idénticas a algunas del grupo anterior (citadas en 3.2.) y lo único que las distingue realmente con respecto a ellas es la intensidad con la que se pronuncian. En estos casos, se emplea el *acento gráfico como elemento discriminador en la ortografía*: llevan acento gráfico todas aquellas palabras de este segundo grupo que tengan un homófono en el primer grupo:

él	=	pronombre personal sujeto
el	=	artículo
mí	=	pronombre complemento, forma tónica
mi	=	posesivo
tú	=	pronombre personal sujeto
tu	=	posesivo
sé	=	forma del verbo **saber**
se	=	reflexivo, forma átona
dé	=	forma del verbo **dar**
de	=	preposición
té	=	sustantivo (infusión)
te	=	pronombre complemento átono

sí	=	adverbio afirmativo, pronombre tónico
si	=	conjunción condicional
más	=	adverbio de cantidad o intensidad
mas	=	conjunción, **pero**
sólo	=	adverbio, **solamente**
solo	=	adjetivo
aún	=	adverbio de tiempo (= **todavía**)
aun	=	introduce un elemento nuevo, apoyándose en él para ponerlo de relieve (= **incluso**)

Además:

◗ Llevan acento gráfico todos los demostrativos en función de pronombre, ya que remplazan al sustantivo:

> **éste, ésta, etc.**

◗ No llevan acento gráfico los demostrativos en función de adjetivo, ya que se limitan a introducir el nombre y, por tanto, se apoyan a él:

> **este libro, esa casa, aquel amigo, etc.**

◗ Excepción: **esto / eso / aquello** —no existe el adjetivo correspondiente, ya que no hay sustantivos neutros; por tanto, no tienen que diferenciarse respecto a nada y nunca llevan acento gráfico.

◗ Llevan acento gráfico todas las palabras interrogativas y exclamativas:

¡Qué...! ¡Cómo! ¡Dónde! ¡Cuándo! ¡Quién! ¡Cuánto! **¿Qué? ¿Cómo? ¿Dónde? ¿Cuándo? ¿Quién? ¿Cuánto?...**

[2] ● **¡Qué bonito!**

[3] ● **¿Cuántos años tienes?**

[4] ● **¡Cuánto habla!**

[5] ● **¿Cómo te llamas?**

CON MÁS DETALLE

Es importante entender bien que estas palabras llevan acento gráfico sólo y únicamente en los casos en los que la interrogación o la exclamación se refiere al elemento al que remiten. Con frecuencia se encuentran usos de estas palabras con acento gráfico donde no lo requieren, debido a una mala interpretación de esta regla y a una falta de comprensión de la función del acento gráfico en estos casos: cuando la exclamación o la interrogación se refieren al elemento al que remiten estas palabras, estas palabras tienen una posición preponderante (acento fuerte) en el ritmo de la frase. Por eso llevan acento gráfico: se trata de distinguir estos usos de otros usos en los que son inacentuadas. No hay que caer en el error de tratar estas palabras como palabras interrogativas todas las veces que se hallan entre dos signos de interrogación o de exclamación. Se dan con frecuencia casos en los que estas palabras se hallan entre dos signos de interrogación o de exclamación (es decir, en el interior de una pregunta o de una exclamación) sin ser propiamente palabras interrogativas ni exclamativas:

[6]   ●   ¿Lo conoces?
        ○   ¡*Que* si lo conozco!

[7]   ●   ¿Qué se hace *cuando* a uno le duele una muela?
        ○   ¡Cómo *que* qué se hace! Se va al dentista.

[8]   ●   Sí, aquí está muy bien, pero ¡*donde* estuvimos el año pasado...!
        ○   ¿Por qué? ¿Dónde estuvisteis?

[9]   ●   ¿Me llamas tú *cuando* llegues?

En sus demás usos, estas mismas palabras no llevan acento gráfico porque no ocupan una posición de relieve en la frase, como ya se ha visto en 3.2.:

[10]   ●   Ese chico *que* ves allí es mi hermano.

[11]   ●   Habla *como* si fuera español.

BIBLIOGRAFÍA

La presente bibliografía no tiene ninguna pretensión de exhaustividad: nos limitamos a mencionar aquellas obras de carácter general consultadas más frecuentemente durante la preparación de esta gramática, y las obras (especialmente los escritos de H. Adamczewski, de J. C. Chevalier, de B. Pottier, y las gramáticas de la lengua inglesa de Leech y Svartvick y de Quirk y Greenbaum) que tuvieron una fuerte influencia en los planteamientos presentados aquí.

No mencionamos, en cambio, los numerosos trabajos teóricos de lingüística general y aplicada que pueden haber contribuido más o menos indirectamente a la elaboración de esta gramática, ni los trabajos más puntuales sobre aspectos o fenómenos específicos que nos han ido enseñando a pensar de manera crítica sobre el funcionamiento del español.

Adamczewski, H., *Grammaire linguistique de l'anglais, París,* A. Colin, 1982

Adamczewski, H., *Be + ing dans la grammaire de l'anglais contemporain,* París, Champion, 1978

Adamczewski, H., "Beting revisited", en P. Corder y E. Roulet, *New Insights in Applied Linguistics,* Bruselas, AIMAV, y París, Didier, 1974

Adamczewski, H., "Esquisse d'une théorie de DO", en S. Pit Corder y E. Roulet, *Some Implications of Linguistic Theory for Applied Linguistics,* Bruselas, AIMAV, y París, Didier, 1975

Adamczewski, H., "Le montage d'une grammaire seconde", en *Langages,* n.º 39, septiembre de 1975

Adamczewski, H., "Le faire et le dire dans la grammaire de l'anglais" en *Theoretical Approaches in Applied Linguistics,* París, 1976

Adamczewski, H. y otros, *Tréma n.º 8 "Linguistique: analyse métaopérationnelle de l'anglais",* París, UER des Pays Anglophones de l'Université de París III, 1983

Alcina Franch, J., J. M. Blecua, *Gramática española,* Barcelona, Ariel, 1983 (1975)

Alonso, M., *Gramática del español contemporáneo,* Madrid, Guadarrama, 1974

Balesdent, R., N. Marotte, *Gramáire méthodique de l'espagnol,* París, Ophrys, 1976

Beaumont, D., C. Granger, *English Grammar,* Oxford, Heinemann, 1989

Beitscher, G., J. Domínguez, M. Valle, *Einführung in die Spanische Grammatik für Anfänger,* München, Dolmetscher Institut, 1987

Bello, A., *Gramática de la lengua castellana,* edición EDAF, Madrid, 1982

Berger, D., A. Oliver, M. Hédiard, *Le temps des cerises: grammaire de la langue française,* Florencia, La Nuova Italia, 1989

Borrego, J., J. J. Gómez, E. Prieto, *Temas de gramática española,* Salamanca, Cursos de lengua y cultura españolas, Universidad de Salamanca, 1984

Bouzet, J., *Grammaire espagnole,* París, Belin, sin fecha

Bouzet, J., M. Lacoste, *Précis de grammaire espagnole,* París, Belin, 1958

Busquets, J., L. Bonzi, *Ejercicios gramaticales,* Madrid, SGEL, 1983

Bruegel, M. F., M. Grelier, *Grammaire espagnole contemporaine,* Paris, Editions Desvignes, sin fecha

Camprubí, M. *Etudes fonctionnelles de grammaire espagnole,* Toulouse, France Ibérie Recherche, Institut d'études hispaniques et hispanoaméricaine, Université Toulouse Le Mirail, 1982

Carrera Díaz, M., *Manual de gramática italiana,* Barcelona, Ariel, 1985

Chassard, J., G. Weil, *Grammaire de l'allemand moderne,* París, A. Colin, 1966

Chavronina, S., *Parliamo il russo,* Moscú, 1976

Chevalier, J. C., *Verbe et phrase, les problèmes de la voix en espagnol et en français,* París, Editions Hispaniques, 1978

Chevalier, J. C. "Sur l'idée d'aller et de venir et sa traduction linguistique en espagnol et en français" en *Bulletin Hispanique de l'Université de Bourdeaux III,* tomo LXXVIII, n.º 3-4, juillet-décembre, 1976

Chérel, A., *Le russe sans peine,* París, Assimil, 1974

De Vitis, G., L. Mariani, M. M. O'Malley, *Grammatica inglese della comunicazione,* Bolonia, Zanichelli, 1984

Equipo Pragma, *Para empezar,* Madrid, Edelsa, 1984

Equipo Pragma, *Esto funciona,* Madrid, Edelsa, 1985 y 1986

Fernández, J., J. Siles, R. Fente, *Curso intensivo de español: gramática,* Madrid, Edelsa, 1986

García Santos, J. F., Español: *Curso de perfeccionamiento,* Salamanca, Cursos de lengua y cultura española, Universidad de Salamanca, 1988

Gelabert, M. J., E. Martinell, M. Herrera, F. Martinell, *Niveles umbral, intermedio y avanzado: repertorio de funciones comunicativas del español,* Madrid, SGEL, 1988

Gili Gaya, S., *Curso superior de sintaxis española,* Barcelona, Bibliograf, 1979 (1961)

González Ollé, F., *Textos para el estudio del español coloquial,* Pamplona, Ediciones de la Universidad de Navarra, 1982 (1986)

Green, J., M. Hilton, *Penguin Speaking Skills,* Harmondsworth, Penguin, 1985

Groussier, M. L. y G., P. Chantefort, *Grammaire anglaise et themes construits,* París, Hachette, 1975

Halm, W., *Spanisch für Sie,* München, Max Hueber, 1977

Hamon, A., *Grammaire française,* París, Hachette, 1966

I. C. C., *Certificado de español,* Bonn-Frankfurt, Deutscher Volkshochschul-Verband,˙ 1986

Kundert, H., M. A. Martín Zorraquino, *Ejercicios de español,* Madrid, Alhambra, 1983 (1976)

Leech, G., J. Svartvick, *Communicative Grammar of English,* Londres, Longman, 1975

Levinson, S. C., *Pragmatics,* Cambridge, CUP, 1983

Martínez Calvo, *Gramática rusa,* Barcelona, Ramón Sopena, 1968

Matreyek, W., *Communicating in English: I. Functions,* Cambridge, Prentice Hall, 1987

Miquel, L., N. Sans, *¿A que no sabes?,* Madrid, Edelsa, 1983

Miquel, L., N. Sans, *Intercambio,* Madrid, Difusión, 1989 y 1990

Moliner, M., *Diccionario de uso del español,* Madrid, Gredos, edición consultada 1981

Pedragos, S., L. Guierre, *Le mot juste - ¿Cómo decirlo?: Petit guide pour la traduction et la rédaction en espagnol,* París, 1975

Potapova, N., *Grammatica russa,* a cura di I. Ambrogio, Roma, Editori Riuniti, 1975 (1957)

Pottier, B., *Gramática del español,* Madrid, Alcalá, 1975

Pottier, B., *Introduction à l'étude linguistique de l'espagnol,* París, Ediciones Hispanoamericanas, 1972

Pottier, B., *Lingüística general,* Madrid, Gredos, 1976

Pottier, B., *Lingüística moderna y filología hispánica,* Madrid, Gredos, 1970

Pulkina, I. M., *Compendio de gramática de la lengua rusa,* Moscú, Ediciones Lenguas extranjeras, sin fecha

Quilis, A., *Métrica española,* Madrid, Alcalá, 1983

Quirk, R., S. Greenbaum, *A University Grammar of English,* Londres, Longman, 1973

Real Academia Española de la lengua, Comisión de gramática, *Esbozo de una nueva gramática de la lengua española,* Madrid, Espasa Calpe, 1986 (1973)

Sánchez, A., E. Martín, J. A. Matilla, *Gramática práctica de español para extranjeros,* Madrid, SGEL, 1980

Seco, R., *Manual de gramática española,* Madrid, Aguilar, 1982

Slagter, J. P., *Un nivel umbral,* Estrasburgo, Consejo de Europa, 1979

Swan, M. *Basic English Usage,* Oxford, OUP, 1984

Rècanati, F., *La transparence et l'énonciation,* París, Seuil, 1979

Ulysse O. y G., *Précis de grammaire italienne,* París, Hachette, 1988

Vigara Tauste, A. M., *Aspectos del español hablado,* Madrid, SGEL, 1980

ÍNDICE ALFABÉTICO

Los números se refieren a las páginas en las que se habla del elemento en cuestión. Todos los que van después de II: se refieren al segundo tomo. Los que van antes se refieren al primer tomo.

expresiones que presuponen la relación a la que se refieren, 57, 69

extraordinariamente, II:71, 73, 74

F

fantástico, 60, II:80
fatal, 271
fecha, 284, II:39, 141, 198
fecha del futuro de la que no disponemos, II:174
femenino de los adjetivos, 183
ficciones, 29
fijarse (en), 307, II:320
fíjate, II:278
final, 298, 300, II:153, 198, 199
finalidad, 293, 294, 296, II:219, 230
finalidad, consecuencia, causa y modo, II:219
forma negativa/afirmativa, II:6
formación de adverbios, II:81
formular hipótesis, 44
formular una explicación cuando no se encuentran las palabras exactas, II:222
formular una expresión de probabilidad después de otra expresión de probabilidad, 138
fracciones, II:25
francamente, II:292
frecuencia, II:132
frecuentemente, II:132
frente a, 276, 314, II:180, 183
frente, 177
frutas, verduras y hortalizas, 177
fuera (de), 276, 314, II:180, 181
Fulano de Tal, II:3
Fulano/Fulanito, II:3
función conativa, II:279
función emotiva, II:279
futuro, 31, II:173, 174, 175, 193, 194, 196, 197, 198, 254, 323, 324, 327
futuro / presente de indicativo, 16, 36
futuro con respecto al momento de la enunciación, II:171
futuro de probabilidad, II:87, 261
futuro y condicional, II:261

G

ganas, 257, II:267
generalmente, II:133, 139, 160
género no marcado, 181
gente, II:3, 17, 42, 45

gerundio, 76, 255, 270, II:224, 312
gerundio e imperativo para expresar condiciones, II:206, 207
gracias a, II:225
grafías inexistentes en español, 335
grande, 188, II:193
gustar, 46, 58, 78, 255, 257, II:67, 172, 267, 283

H

haber, 14, 22, 35, 43, 55, 82, 100, 110, 122, 258, II:47, 57, 58, 63
haber + *participio pasado*, II:262
haber de + *infinitivo*, 145
haber que + *infinitivo*, 146
había una vez, II:131
habitualidad, II:166
habitualmente, II:160
hablando de, II:295
hablar de algo esperado, II:156
hablar de algo haciendo hincapié en su universalidad: **la gente, todo el mundo, todos**, II:3
hablar de algo que estuvo a punto de producirse pero no llegó a suceder, II:168
hablar de cantidades, II:20
hablar de conocimientos: **saber / conocer**, II:233
hablar de cosas que el sujeto quiso/ intentó hacer sin conseguirlo, II:167
hablar de cosas habituales en el pasado, II:166
hablar de cosas habituales en el presente, II:160
hablar de efectos personales y partes del cuerpo, 235
hablar de la adquisición de conocimientos: **aprender**, II:234
hablar de la aparición de ideas repentinas: **ocurrirse**, II:237
hablar de la comprensión de informaciones y datos: **entender / comprender**, II:235
hablar de la duración, II:154
hablar de la posición espacial, 283
hablar de la propiedad, 319
hablar de la ropa, 166
hablar de las distintas etapas del desarrollo temporal de algo, II:153
hablar de las transformaciones que sufre el sujeto, II:53
hablar de manera hipotética de personas de identidad

indeterminada: **Fulano, Mengano** y **Zutano**, II:3
hablar de manera imprecisa de una gran cantidad de elementos, II:20
hablar de personas y cosas, II:1
hablar de sucesos pasados que han supuesto dificultades o esfuerzo, II:166
hablar de un colectivo de personas, II:4
hablar de un momento del pasado posterior a otro momento del que estamos hablando, II:166
hablar de un momento posterior a otro: las perspectivas de futuro, II:171
hablar de un momento posterior de manera indefinida, II:128
hablar de un suceso o situación anterior a otro suceso o situación de la que estamos hablando, II:166
hablar de una persona, cosa o abstracción de identidad indefinida sin estar pensando en ningún grupo específico: **alguien, algo, nadie, nada**, II:6
hablar de uno de los referentes extralingüísticos de un sustantivo que ya está en el contexto, 237
hablar del desarrollo progresivo, II:154
hablar del futuro con respecto a un momento del pasado, 44, II:175
hablar del futuro con respecto al momento de la enunciación, II:171
hablar del límite final de algo, II:150
hablar del modo de hacer algo, 303
hablar del pasado, 17, II:163
hablar del presente, II:159
hablar del principio y del final de algo, II:151
hablar del resultado final de algo, 166
hablar del tiempo que se tarda en hacer algo, II:156
hablar por primera vez de elementos que no habían aparecido en el contexto, II:36
hace + *cantidad de tiempo*, II:147, 147
hace tiempo, II:148
hacer, 12, 22, 35, 43, 53, 90, 99, II:56
hacer falta, II:64, 65, 67
hacer ilusión, II:267, 268
hacerse, 257, II:55, 56
hacia, 80, 275, 285, 290, 297 II:142,

145, 180, 184, 185
harto, II:72, 76, 77
hasta, 275, 284, 290, 297, II:109, 111, 112, 113, 123, 150, 151, 161, 162, 168, 185, 198; en correlación con **desde**, 285
hasta/a, 158
hasta ahora, II:125
hasta este/ese momento, II:125
hasta que, 62, 285, II:195
hasta que / hasta cuándo, II:151
hay, II:47
hay que ver, II:276
hay que, II:63, 65, 68
hiato, 339
hipótesis remática o temática, II:257
hipótesis sobre el presente, II:160
hombre, 181, II:319
hora, 284, 300, II:143; aproximada, 228
horarios, II:173
horrible, II:80
horror, 187
horroroso, II:80
hoy, II:121
hoy en día, II:122

I

identidad/definición, II:49
identificación de personas, 246
ignorancia o indecisión, II:173
igual, II:258
igualmente, II:107
imperativo, II:207, 227, 296, 314, 316, 318
imperativos repetidos, 94, 97
imperfecto de indicativo, 25, II:165, 166, 175, 267, 172, 323, 324, 328
imperfecto de subjuntivo, 51
implicatura conversacional, 95, II:242, 248
incitar a alguien para que haga algo, 303, II:266, 320
incluso, 262, 275, 280, II:113
indecisión o ignorancia de algún elemento futuro, II:173
indicar el comienzo de algo, 265
indicar la dirección de un movimiento, II:185
indicativo, II:201, 202
indiferencia, II:276
indiferencia ante una alternativa, II:272
indiferencia con respecto a un dato o la identidad de un elemento, II:270

individuos y cantidades, II:1
infinitivo, 6, 75, 255, II:68, 173, 175, 194, 202, 281, 295, 325; compuesto/simple, 85, II: 206; con o sin preposición, 79, 80; con preposiciones, 85; en instrucciones, órdenes y prohibiciones, II:315
influir sobre los demás, II:313
información que el hablante se había olvidado de dar, II:295
información se refiere a algo de lo que los interlocutores están al tanto y que todavía no se había abordado, II:290
informar, II:307, 327
informar sobre algo establecido que no depende de la voluntad ni de la decisión de nadie, II:173
informar sobre algo ligeramente más amplio que un suceso en sí, II:165
informar sobre el número, II:37
informar sobre el principio de algo, II:148
informar sobre intenciones futuras, 163
informar sobre la propiedad, 236
informar sobre un suceso presentándolo como involuntario o accidental, II:299
informar sobre un sujeto en lo que atañe a un verbo que se acaba de mencionar, II:295
ingredientes, 277
inmediatamente después, II:129
inmediatamente, II:122
insistir en que se está siendo sincero, II:292
insistir sobre el hecho de que nos hallamos ante un proceso en desarrollo, II:165
instantaneidad, II:130
instrucciones, II:314, 315
intenciones, II:171
intensidad, II:85
intensidad de adjetivos y adverbios, II:71
interrogativos, 342
interrumpir, II:290, 303, 304
interrupción de lo expresado por el verbo, II:136
introducir algo que para el hablante se acerca mucho a lo que le parecería una información o una formulación lingüística satisfactoria, II:292
introducir el único elemento que se quiere excluir de un grupo, II:113

introducir la finalidad, II:230
introducir nuevos elementos, II:101
introducir o recordar los argumentos por los que el hablante no logra aceptar lo expresado en la oración principal, II:217
introducir soluciones de emergencia, II:264
introducir un elemento de información que viene a justificar y aumentar el peso de lo dicho, II:299
introducir un elemento que rompe con lo dicho anteriormente, II:103
introducir un nuevo suceso en un relato, 228
introducir un predicado afirmativo después de uno negativo, subrayando que se trata de un - predicado afirmativo, II:298
introducir una acción más como inmediatamente posterior a otras que ya se han mencionado, II:129
introducir una información que contrasta con la principal y que debería constituir una excepción, II:216
introducir una información que contrasta con lo que se ha dicho, II:119
introducir una información subrayando que se trata de algo opuesto a otra información, II:119
introducir una negación más, II:108
introducir una nueva formulación como explicación ulterior, 228
introducir una nueva información a la luz de la que lo expresado en la principal debería parecer menos importante/grave, 213
invitar, II:188, 266, 268
ir, 14, 22, 23, 26, 34, 55, 90, II:154, 323; **ir/irse**, 265
ir + *gerundio*, 153
ir a, 146, II:167, 171, 175, 269, 270, 302, 311
ir a hablar con, II:191
ir a ver, II:191
ir y venir, II:187
irritación, II:160, 288, 300

J

jamás, II:132
junto a, 276, 314, II:180, 183
justificaciones, II:247

justificar el hecho de decir algo con la voluntad de informar al otro, II:293

justificar el hecho de dirigirse a un interlocutor, II:289

justificar el hecho de expresar algo que podría desagradar a nuestro interlocutor, II:292

justificar una precaución, II:226

justificarse, II:321

justo, 239, II:300

L

la gente, II:3, 17, 42, 45

la manera en que, 63

la mar de, II:21, 71, 73, 74

la mayor parte, II:17

la mayoría, II:17

la verdad, II:292

lagos, mares, ríos y océanos, 176, 211

lejos (de), 276, 314, II:180, 181

letras del alfabeto, 177

ligeramente, II:72, 76, 77

limitar el alcance de algo dicho o mencionado, 293, 306, II:294

llamar la atención del interlocutor, II:287

llegar, 158, II:110, 161, 168, 202

llegar a ser, II:55, 56

llevar, II:149, 323

llevar + *cantidad (no de tiempo)* + *participio pasado*, 161

llevar + *cantidad de tiempo/ desde+fecha...*, 159

llevar + gerundio, 154

llevar y traer, II:189

lo, 189, 218, 267, 322, II:84, 88, 305

lo + *adjetivo/adverbio* + que + *verbo*, 219

lo cual, 220

lo de, 219, 227, II:280

lo de / lo que, II:5

lo mío/tuyo/etc., 239

lo que, 64, 70, 219, 227, II:254, 270, 271, 306

lo que pasa es que, II:226

lo que se dice, II:294, 300

lo siento, II:279, 280

localización aproximada, 291

localización espacial, II:51, 184

localizar en el espacio, 286, 291, 298, 304

localizar en el tiempo o en el espacio, 272

localizar en el tiempo, 291, 305

localizar un proceso espontáneo con respecto a un sujeto, 302

localizar/situar un elemento debajo de otro, 288

localizar/situar un elemento delante de otro, 287

locuciones preposicionales, 275

los míos/tuyos/etc. y lo mío/tuyo/etc., 239

los/las + *número*, II:12

los/las demás, II:20

luego, II:124, 153, 229

lugar en donde, 304

lugar hacia donde, 305

M

mal, 58, 271

malo, 60, 188

mañana, 62, 291, II:121, 122, 144, 146, 174

marcadores de frecuencia, II:132

marcadores espaciales, II:180

marcadores que expresan la instantaneidad, II:130

marcadores que sirven para hablar del pasado, II:166

marcadores temporales para hablar del futuro, II:176

marcadores temporales, 113, II:121, 123, 130, 132, 163

marcar la continuidad del discurso y, a la vez, subrayar el cambio de sujeto o de hablante, 248

marcas características de cada persona en la conjugación, 7

marco contextual, II:165

marco temporal, 107, 283

mares, ríos, lagos y océanos, 176

mas, II:103

más, II:19, 23, 90, 153

más aún, II:117

más bien, II:71, 76

más/mas, 342

más/menos, II:96, 98

más tarde, II:124, 129, 199

matar/matarse, 265

materia/material, II:51

material, 308

matizar el uso de un verbo, II:82

matizar lo dicho, 296, II:115, 119

mayor parte, II:17

mayoría, II:17

me, 252

media, II:144, 145

medianoche, 292, II:144

mediante, 275, 280

medio, II:25

medio de transporte, 304, II:187

mediodía, 292, II:144

mejor, 60, 271

mejor dicho, II:117

mencionar dos o más elementos como una alternativa, II:104

mencionar el último elemento que se nos podía ocurrir tener que mencionar, II:109

mencionar nuevos elementos señalando que hay el mismo número que el de los del grupo anterior: **sendos/as**, II:13

mencionar un nuevo elemento señalando que se incluye entre lo que ya se ha dicho, II:112

mencionar un nuevo elemento señalando que se trata del límite mínimo que podemos mencionar, II:112

mencionar un nuevo elemento subrayando que los que ya habíamos mencionado nos parecían suficientes, II:110

mencionar un nuevo elemento subrayando que no debería ser necesario mencionarlo, II:111

menester, II:65

Mengano/Menganito, II:3

menos, II:90, 144

menos mal, II:282

menos/más, II:96, 98

mes, II:124, 174, 198, 199

meses del año, 176

meses, II:140

mí, 256, 261

mí/mi, 341

mi/mis, 232, II:58

mientras, II:194

mientras que, II:118, 119

mío/a/os/as, 235, II:60, 61

mira/mire, II:322

mira que, II:320

mirándolo bien, II:293

mismo/a/os/as, 263, II:20

mitad, II:25

modales, II:44

modalidades, II:312

modificar lo dicho anteriormente, II:293

modo del verbo, 2, 3, II:99, 219

modo, 107, 277, 310, 311, II:86, 224, 230

momento, II:122, 123, 131, 153, 290, 318

momento del pasado posterior a otro momento del estamos hablando, II:166
momentos, 284
momentos del desarrollo de algo, 281
momentos del día, II:146
momentos del futuro con respecto al momento del que se habla, II:174
monoptongación en posición átona, II:33
montañas, montes, sistemas montañosos, 176
morir, 53, 99, 106, **morir(se)**, 264, II:227
morir + *participio pasado, 130*
mostrarse amable al pedir algo, II:316
motivo, II:219
movimiento en el interior de un sitio, 289
movimiento hacia el interior de algún espacio, 305
movimientos espaciales, 286, 289, 304, II:185
movimientos físicos o figurados, 290
mucho, II:83, 167
mucho/a/os/as, II:20, 23
mujer, 181, II:319
muy, II:71, 73, 81
muy/mucho, II:231
muy señor/a mío/a/etc., 238

N

nacionalidad, 308
nada, II:6, 23, 71, 72, 83, 255
nada + *adjetivo*, II:8
nada más, II:195
nadie, II:6
nadie + *adjetivo*, II:8
necesario, 60, II:64
necesidad de que se haga algo como elemento todavía pendiente, II:66
necesidad, II:63
necesitar, II:65, 66
negar un elemento para sustituirlo inmediatamente después por otro, II:115
neutralizar rasgos semánticos, 47
neutro (usos), 227
ni, II:102
ni hablar, II:243, 303
ni idea, II:252
ni que, II:283
ni siquiera, II:112
ninguno, 188, II:9, 23
ninguno de + *grupo*, II:11

no, 248, II:6, 7, 11, 243, 255, 284
no... antes bien..., II:116
no bien, 62, II:195
no dejar de + *infinitivo*, 163
no llegar a, II:161
no... más..., II:136
no más de, II:28
no... más que..., II:28
no me digas, II:277
no pasar de, II:161, 168
no puede ser (que), 59, II:277
no sé, II:252
no sé/no lo sé, II:273
no sea que, II:270
no sólo... sino..., II:116
no vaya(s)/vayamos/etc. + *infinitivo*, 151
no... sino, II:115
noche, 62, 291, II:121, 146
nombre de pila, II:1
nombre propio, II, 1, 181, 287
nos, 252, 267
nosotros, 266, 282, 241, 256
nuestro/a/os/as, 232, 235, II:58, 60, 61
numerales, II:31
numerales ordinales, II:18
números cardinales, II:37
números y fechas, II:142
nunca, II:132, 139

O

o/u, II:103, 104
o bien, II:104
o sea que, II:228
objeto/destinatario de un sentimiento o actitud mental, 286, 294
objetos personales, 214
obstáculo en un camino/recorrido, 287
obtener de los demás: pedir y preguntar, II:313
océanos, mares, ríos y lagos, 176
ocurrirse, 257, II:237
ofrecer, II:314
ojalá, 70, II:265, 266
olvidar(se de), 257, 264
operadores y tipos de oraciones condicionales, II:201
opiniones, 280, 296
opiniones contrapuestas, 287
oponer, II:115
oración concesiva, II:107
oraciones con valor adverbial, 270; concesivas, 66; condicionales, 39,

65, II:201, 207, 208; de relativo, 68, II:8, 11, 16, 18, 99; especificativa, 316, 317; explicativa, 316, 320; impersonales con se, 262; interrogativas indirectas, II:253; con la partícula si (tipo sí/no), 83; interrogativas, 64; interrogativas en futuro, II:87; interrogativas indirectas en las que falta un elemento de información, 83; que definen en el futuro cronológico, 39; que definen lugares, modos, etc., 63; que definen momentos (temporales), 62; que definen personas, objetos o entidades, 63; impersonales, II:41; oraciones que expresan la finalidad, 64; subordinadas que se refieren al futuro, 62; en infinitivo, 83
oraciones subordinadas, II:176
orden de ideas, 306
orden de las palabras, 274, II:7, 10, 105, 106, 132, 308
orden de las palabras: combinación de dos formas átonas de pronombre complemento, 253
orden de las palabras: posición del adverbio en la oración, 271
orden de las palabras: posición del pronombre sujeto, 249
ordenarse las ideas en la mente, II:266
órdenes, 80, 92, 312, II:314, 315, 325
órdenes negativas, II:316
ordinales, II:35, 39
organismos e instituciones, 213
origen, 308
origen/nacionalidad/procedencia, II:50
os, 252
otra vez, 169, II:134
otro, 207, 262, II:23
otro/a/os/as, II:18, 23
oye/oiga, II:287, 322

P

países, 210
palabras interrogativas y exclamativas, 342, II:173, 175
papas, reyes, etc., II:38, 39
para (que), II:230
para + *infinitivo*, II:295
para que, 64
para qué, II:220

preguntas sobre la intensidad de un adjetivo o de un adverbio, II:253

preposiciones, 273, 341; II:141, 250, 271, 295, 306; preposiciones compuestas, 275

presencia/ausencia del pronombre sujeto, 246

presencia/disponibilidad de la información: **acordarse** y **recordar**, II:236

presencia/existencia de un elemento, 277, 278

presentar algo como obsesión o manía del sujeto, II:222

presentar algo dicho como estrechamente relacionado con lo que se acaba de decir, II:291

presentar algo dicho como resultado de una observación o de un análisis atento que nos lleva a modificar lo dicho anteriormente, II:293

presentar como obsesión el modo de lograr algo, II:227

presentar dos cosas como análogas o equivalentes, II:95

presentar dos informaciones nuevas oponiéndolas, II:118

presentar dos sucesos como paralelos, II:193.

presentar dos sucesos progresivos y paralelos, II:197

presentar el medio de transporte en el que se produce un movimiento, II:187

presentar el modo de obtener un resultado, II:227

presentar el punto de partida de un movimiento espacial, II:186

presentar el sitio dentro de cuyos límites se produce un movimiento, II:186

presentar el último elemento de una enumeración, II:157

presentar la cantidad como límite máximo que no se quiere superar, II:28

presentar la causa de algo bien aceptado, II:225

presentar la causa de algo como resultado de una acción, II:227

presentar la causa de algo con connotaciones negativas, II:222

presentar la causa de algo mal aceptado, II:225

presentar la causa de algún problema, II:225

presentar la consecuencia de lo que se acaba de decir, II:228

presentar la consecuencia en registros cultos como algo implicado automáticamente por lo que se acaba de decir, II:228

presentar la consecuencia haciendo más hincapié en la relación *causa - efecto*, II:228

presentar la situación previa que explica algo, II:223

presentar las consecuencias o conclusiones, II:229

presentar lo dicho como algo que retoma, confirma o de alguna manera se refiere a la información que se acababa de dar, II:291

presentar lo expresado por un verbo como algo que no llega/llegó a producirse, II:83

presentar los elementos de una serie progresiva señalando el orden en que aparecen: *numerales ordinales*, II:18

presentar un argumento como una etapa intermedia que se ha alcanzado antes de pasar a otra nueva, II:290

presentar un comportamiento como indiferente con respecto al contrario, II:271

presentar un elemento como único elemento que se quiere considerar: **solo/a/os/as**, II:17

presentar un elemento nuevo informando a la vez sobre su relación con una persona, 236

presentar un suceso como algo instantáneo e imprevisto, II:130

presentar un suceso como algo instantáneo que destaca en el transcurso del tiempo, II:130

presentar un suceso como algo que sucede después de varios intentos frustrados, II:131

presentar un suceso como contemporáneo de otro, II:193

presentar un suceso como inmediatamente posterior a otro, II:195

presentar un suceso como una etapa alcanzada, II:197

presentar una cantidad aproximada señalando el límite máximo y el mínimo que puede alcanzar, II:28

presentar una cantidad como inferior a las previsiones o expectativas, II:28

presentar una cantidad como muy limitada o insuficiente, II:23

presentar una cantidad como una valoración subjetiva de quien habla, II:26

presentar una característica de una categoría subrayando que se aplica a toda la categoría: **todo +** *sustantivo*, II:15

presentar una deducción lógica, II:229

presentar una explicación como pretexto, II:221

presentar una información como origen de otra, II:229

presentar una información como una sensación del hablante, de la que no está seguro, II:265

presentar una información como una sensación o noticia oída de otros, de la que el hablante no está seguro, II:265

presentar una información presumiblemente conocida como explicación o argumento que llama la atención sobre un problema, II:226

presentar una información presumiblemente no conocida como explicación o argumento que llama la atención sobre un problema, II:226

presentar una información que el hablante percibe como última etapa en un recorrido de posibilidades, II:161

presentar una información que el hablante percibe como última etapa de un recorrido figurado entre las distintas posibilidades, II:168

presentar una respuesta como una suposición del hablante, II:253

presentarse como único punto de origen de lo dicho, II:160

presente, 8, II:159, 172, 173, 174, 175, 323,, 328

presente de subjuntivo, 51

presente de virtual, 31, 41

presuponer, 57, 58

presuposiciones socioculturales, 212

pretérito indefinido, 19, II:163, 164, 324

pretérito perfecto, II:163

primero, 63, 188, II:35, 36, 153

principio de cooperación, II:244

SUMARIO